Beck'sche Reihe
BsR 470

Die Welt der Religionen ist zugleich faszinierend und verwirrend. Faszinierend, weil Religionen die letzten Fragen des Menschen zu beantworten suchen; verwirrend, weil diese Antworten auf den ersten Blick so unterschiedlich ausfallen. Die Geschichte der Religionen ist deshalb auch immer die Geschichte der Auseinandersetzung des Menschen mit den Religionen und des Kampfes der Religionen untereinander. Dabei geht es gar nicht immer nur um religiöse Fragen, sondern ethnische, wirtschaftliche, politische und kulturelle Interessen spielen eine oft verhängnisvolle Rolle.

Seit Beginn der Neuzeit sind die Religionen in eine Legitimationskrise geraten. Religionskriege und religiöse Geschäftemacherei haben die Institutionen in Verruf gebracht. Intoleranz und Fanatismus sind kein Vorbild für eine zusammenwachsende Welt. Doch trotz der Entzauberung der Welt durch die Naturwissenschaften und trotz der Propagierung atheistischer Ideologien gibt es heute wieder verstärkt Anzeichen für ein fortdauerndes religiöses Bedürfnis der Menschen: ob die traditionellen Religionen davon profitieren, bleibt abzuwarten.

Dieses Lesebuch aus dem umfangreichen kultur- und religionsgeschichtlichen Programm des Verlages C. H. Beck zeigt an vergleichbaren Texten zu zentralen Themen der Religionen sowohl deren Übereinstimmung wie Differenzen.

Stephan Wehowsky, Dr. theol., geboren 1950, studierte Theologie, Philosophie und Gesellschaftswissenschaften, arbeitete als Vikar, Redakteur und Verlagslektor und ist als fester freier Mitarbeiter der Süddeutschen Zeitung journalistisch und publizistisch tätig.

Die Welt der Religionen

Ein Lesebuch

Herausgegeben von
Stephan Wehowsky

VERLAG C.H.BECK MÜNCHEN

Mit 8 Abbildungen

Die Deutsche Bibliothek – CIP-Einheitsaufnahme

Die Welt der Religionen : ein Lesebuch / hrsg. von Stephan Wehowsky. – Orig.-Ausg. – München : Beck, 1991
(Beck'sche Reihe ; 470)
ISBN 3-406-34062-8
NE: Wehowsky, Stephan [Hrsg.]; GT

Originalausgabe
ISBN 3 406 34062 8

Umschlagentwurf: Uwe Göbel, München
Umschlagbild: IFA-Bilderteam, München-Taufkirchen

Gesamtherstellung: Presse-Druck- und Verlags-GmbH Augsburg
Gedruckt auf alterungsbeständigem (säurefreiem) Papier
gemäß der ANSI-Norm für Bibliotheken
Printed in Germany

Inhalt

4. Das Göttliche in der Natur

5. Der Weltenlauf

6. Engel, Dämonen, Hexen

7. Tod und Jenseits

8. Priester, Mönche, Nonnen

9. Kulte und heilige Stätten

10. Staat und Religion

11. Erobern und Missionieren

12. Ketzer, Häretiker, Sekten

13. Wissenschaft, Kunst, Theologie

14. Arbeit und Geschäft

15. Krise und Aufbruch der Religionen

VORWORT

Die Welt der Religionen, das zeigen die Texte dieses Lesebuches, ist zugleich faszinierend und verwirrend.

Faszinierend, weil Religionen letzte Fragen des Menschen zu beantworten suchen: Gibt es höhere Wesen, Gott und Götter, Engel, Dämonen und Hexen? (Kapitel 2 und 6) Gibt es ernstzunehmende religiöse Erfahrungen und Erkenntnisse im Umgang mit der Natur, in der Betrachtung des Weltenlaufs, im Angesicht von Tod und Vergehen? (Kapitel 4, 5, 7) Erstaunlich sind auch die kulturellen Leistungen der Religionen: ihre Kulte und heiligen Stätten, ihre Auswirkungen auf Wissenschaft und Kunst, selbst auf Arbeit und Geschäft. (Kapitel 9, 13, 14) Anziehend und beklemmend zugleich sind die Existenzweisen der Priester, Mönche und Nonnen. (Kapitel 8)

Doch die Welt der Religionen ist auch verwirrend: zunächst durch die Vielfalt und Buntheit der Glaubensformen im Laufe der Geschichte und in den verschiedenen Kulturen, von der Verehrung der Sonnenscheibe in Ägypten bis zu den afrobrasilianischen Kulten der Gegenwart. (Kapitel 1) Unterschiedlich sind auch die Weisen des Umgangs mit der staatlichen Macht, vom intoleranten „Gottesstaat" bis zum religiösen Widerstand gegen die Staatsgewalt. (Kapitel 10) Erschreckend ist das Ausmaß an Fanatismus und Intoleranz nach innen und außen: zwischen den jeweils „Rechtgläubigen" und den Ketzern, Häretikern und Sekten; gegen die „Un- und Andersgläubigen", die erobert und missioniert werden. (Kapitel 11 und 12)

So überrascht es nicht, daß sich die Religionen selbst immer wieder in die Krise bringen und Anlaß genug bieten für Religionskritik. Verblüffend sind eher die Zunahme des religiösen Interesses heute und die Renaissance mancher etablierter Religionen. (Kapitel 14)

Diese Zusammenstellung von Texten aus dem umfangreichen kultur- und religionsgeschichtlichen Programm des Verlages C.H. Beck verfährt thematisch und innerhalb der Themenbereiche mehr oder weniger chronologisch. Auf diese Weise werden einerseits Übereinstimmungen und Unterschiede in den Antworten und Verhaltensweisen der Religionen sichtbar, anderseits zeigt sich hin und wieder so etwas wie eine Entwicklungsgeschichte der Themen.

München, Juni 1991 *Stephan Wehowsky*

Editorischer Hinweis: Anmerkungen und Quellenhinweise der Originaltexte wurden für diesen Band gestrichen; Textkürzungen des Herausgebers sind durch eckige Klammern gekennzeichnet. Die bei den einzelnen Autoren verschiedene Schreibweise religiöser Namen und Ausdrücke wurde nicht vereinheitlicht. Die Titelüberschriften stammen zum Teil vom Herausgeber.

1. RELIGIONEN DER WELT

Egon Friedell
Echnaton – die Verehrung der Sonnenscheibe

Echnaton (der nach Breasted und Steindorff von 1375 bis 1358, nach Meyer von 1370 bis 1352, nach beiden [...] zirka 17½ Jahre regierte) ist die erste Persönlichkeit der Weltgeschichte, die greifbar vor uns steht. Alle früheren verschwimmen im Nebel des Mythus oder sind unter dem Prozeß der historischen Verdichtung zu fleischlosen Gattungsbegriffen geworden. Echnaton aber ist unser Bruder, ja fast unser Zeitgenosse: die Ballade seines Lebens, wie sie durch geheimnisvolle Fernwirkung bis zu uns gelangt ist, ist mit unserem Blute geschrieben. Bei allen seinen Irrtümern und Schwächen war er etwas Ergreifendes, Einmaliges und Denkwürdiges; ein moderner Mensch auf einem uralten Thron. Nur sehr selten im Verlaufe der uns bekannten Geschichte hat sich dieses Schauspiel ereignet: Man darf vielleicht an Philipp und seinen Sohn Alexander denken, an Friedrich den Zweiten den Hohenstaufen und Friedrich den Zweiten den Hohenzollern, und mehr als doppelt oder dreimal so lang wird die Liste kaum werden. Fast endlos hingegen würde das Verzeichnis derer ausfallen, die, vom goldenen Stirnreif in einen magischen Kreis gebannt, immer nur Erben geblieben sind und es niemals über sich vermochten, Weiser in die Zukunft zu sein. Das Werk Echnatons ist zergangen, denn es war ja nicht mehr als ein königliches Kartenhaus, eine schimmernde Luftspiegelung am Rande der Wüste; aber sein edler verirrter Geist grüßt uns noch heute.

Das Ziel, das Echnaton sich gesteckt hatte, war nicht mehr und nicht weniger als: Abschaffung der ägyptischen Religion mit allen ihren Göttergestalten, Personifikationen und Kulten und alleinige Verehrung des Aton, der Sonnenscheibe. Ihr Symbol ist ein goldener Kreis, dessen Strahlen in Hände auslaufen, zum Zeichen, daß sie es ist, die alles Leben spendet. Von der Gottheit selbst aber kann kein Bild hergestellt werden, denn sie ist gestaltlos, unfaßbar, bloße Kraft: „die Glut, die in der Sonne ist". Leichte Spuren eines gewissen Atonkults finden sich schon unter Amenophis dem Dritten. Dieser hatte in fürstlicher Laune innerhalb von vierzehn Tagen zur Überraschung für seine Gattin einen zwei Kilometer langen See aus der Erde zaubern lassen und nannte die Prunkbarke, mit der er ihn bei der Einweihung befuhr, „Schönheit des Aton"; andrerseits hat dieser König dem Amon nicht minder großartige Tempel errichtet als seine Vorfahren. Es ist auch nicht unwahrscheinlich, daß in Heliopolis, der alten Sonnenstadt, deren Priester längst auf Amon von Theben eifersüchtig waren, schon vor Echnaton der Kult der Sonnenscheibe favorisiert wurde. Anfangs errichtete der junge König seiner Gottheit nur ein Spezialheiligtum in einem neuen Stadtteil Thebens, den er „Glanz des Aton" taufte, und ließ die anderen Götter unangefochten. Sich selbst nannte er nicht mehr „Amon ist zufrieden", sondern „es gefällt dem Aton": echen-Aton. Die Amonpriesterschaft leistete natürlich erbitterten Widerstand, und so kam es zum Bruch: der König verließ Theben und erbaute sich an der Stelle des heutigen Tell el Amarna, fast genau in der Mitte zwischen Theben und Memphis, an der Grenze zwischen Mittelägypten und Oberägypten, eine neue Residenz: Achetaton, „Horizont des Aton". Zwei andere Atonstädte gründete er in Syrien und Nubien, damit jeder der drei „Weltteile" eine neue Metropole habe. Bruchstücke des Edikts über die Gründung von Achetaton, die sich erhalten haben, lassen vermuten, daß es dabei zu bedenklichen Aufständen der Bevölkerung gekommen ist, die mit Waffengewalt unterdrückt werden mußten. Eine neue Stadt zu errichten, war im alten Ägypten keine so sensationelle Unternehmung wie heutzutage, um so mehr, als in Achetaton nicht nur die Häuser, sondern auch die Tempel aus Holz und ungebrannten Lehmziegeln mit Stukkaturverkleidung bestanden, also nicht viel mehr technischen Aufwand erforderten als etwa ein Ausstellungspalast oder eine große Strandanlage.

Indem Echnaton nach allen Seiten gegen gehässige Resistenz zu kämpfen hatte und zugleich sein eigenes System nach allen Richtungen ausbaute, wurde er immer mehr in eine zelotische Unduldsamkeit hineingedrängt, die schließlich von Monomanie kaum mehr zu unterscheiden war. Aller Dienst anderer Götter sollte verschwinden. Amons Namenszug wurde ausgetilgt, wo man ihn fand: an Wänden und Bildsäulen, in Schulbüchern und Zaubertexten, auf den Felsen in Nubien und den Klippen im Nil, auf den Särgen der Totenkammern und den Amuletten der Lebedamen. Die Säuberung war so gründlich, daß ein unversehrter „Amon" aus der Zeit vor Echnaton zu den größten Seltenheiten gehört. Sogar den Namen seines Vaters ließ der König überall ausmeißeln, weil darin Amon vorkam, und wenn er in Inschriften von seiner Mutter Teje sprach, so mußte das Wort *mwt* in Buchstaben ausgeschrieben werden, weil die Hieroglyphe für Mutter, der Geier 𓅐, zugleich das Zeichen für die Göttin Mut, die Gemahlin Amons war. Anfangs hatte er sich „Herr der beiden Horizonte" genannt; aber auch dies wurde bald anstößig: zunächst wurde die Hieroglyphe für „Herr", der Falke 𓅃, da sie auch den Gott Horos bezeichnete, durch die Buchstaben *hr* ersetzt, und schließlich wurde auch dieses Wort verpönt und an dessen Stelle die Hieroglyphe für „Herrscher", der Krummstab 𓋾, gesetzt. Selbst von Osiris, dem ägyptischsten aller Götter, hört man nichts mehr; auch das Leben nach dem Tode steht unter dem Walten Atons: ein einfaches Gebet an ihn genügt für die ewige Seligkeit. An den Beerdigungssitten: der Mumifizierung, den reichen Grabbeigaben, der Verschüttung der Leichenkammer ist aber nichts geändert worden.

Albert Schweitzer
Hinduismus und Brahmanen

Wie nun ist das hinduistische Denken aufgekommen, dem der spätere Buddhismus und der spätere Brahmanismus in ihrer Lehre Zugeständnisse machen müssen?

Etwa 1000 v. Chr. ist der indische Polytheismus, wie aus den späteren vedischen Hymnen ersichtlich wird, bereits in Bewegung auf den ethischen Monotheismus hin begriffen. Für diese in Gang befindliche Entwicklung setzen sich die Brahmanen aber nicht ein. Sie bringen der Veredelung der Volksreligion kein Interesse entgegen, weil sie in dem Nachdenken über das Brahman einen anderen Ausgangspunkt des Weges zu höherer Erkenntnis gefunden haben.

Aber die in der Volksreligion auf den ethischen Monotheismus hintreibenden Kräfte bleiben lebendig. Daß die Brahmanen die in Gang befindliche Entwicklung nicht fördern, bedeutet sicherlich eine Hemmung derselben, aber nicht ihr Ende. Außerhalb des Brahmanentums treten dann Propheten-Persönlichkeiten auf, die der ethisch-monotheistischen Volksreligion zum Durchbruch verhelfen.

Von dem Verlauf dieser Höherentwicklung besitzen wir keine genaue Kunde, da wir für jene ältere Zeit ganz auf das, was die Brahmanen zu überliefern für gut befanden, angewiesen sind. Nur soviel wissen wir, daß der Monotheismus wohl erstmalig unter den Verehrern des Gottes Krishṇa aufkomme.

Die Entstehung des Krishṇa-Kultes wiederum liegt für uns im Dunkel. Krishṇa (das heißt der Schwarze), der Sohn des Vasudeva und der Devakī, ist wahrscheinlich ein vergotteter Stammesheros, der dann später als eine Erscheinung des Gottes Vishṇu gilt. In den vedischen Hymnen steht Vishṇu nicht in der ersten Reihe der Götter. Mit der Zeit gewinnt er aber immer mehr an Ansehen, bis er zuletzt, wohl in außer-brahmanischen Kreisen, als der all-eine Gott verehrt wird.

Diese sich zum Monotheismus bekennende Volksreligion behält aber den Polytheismus bei. Sie faßt die anderen Gottheiten als Erscheinungen (Avatāras) des einzigen Gottes auf. In den Göttern wird ihr zufolge Gott verehrt. So heißt es schon in einem Hymnus des Rig-Veda: „Sie sprechen von Indra, Mitra, Varuṇa, Agni... Obwohl es nur ein Wesen ist, benennen die Sänger es auf vielerlei Weise."

In manchen hinduistischen Religionsgemeinschaften nimmt der Gott Śiva die Stelle Vishṇus ein. In anderen ist die Brahman-Gottheit der All-Gott.

Der Hinduismus ist nichts Einheitliches. Er begreift viele Kulte in sich, nicht nur solche, die arischen, sondern auch solche, die ur-indischen Ursprungs sind, und nicht nur solche, die schon monotheistische Orientierung zeigen, sondern auch solche, die noch durchaus im Polytheismus verbleiben.

Vermutlich war Krishṇa, der schwarze Gott, ursprünglich eine drawidische Urgottheit. Von Śiva und der Göttin Kālī, das heißt der Schwarzen, die im Hinduismus eine so große Rolle spielt, kann man das mit Sicherheit annehmen.

Wenn im folgenden von Hinduismus die Rede ist, so ist damit nur die höherentwickelte Volksreligion gemeint, für die Krishṇa, Vishṇu, Śiva, Rāma, der Brahman-Gott und andere höchste Gottheiten nur Erscheinungen des all-einen Gottes sind.

Für diesen Hinduismus bilden Vishṇu, Śiva und die Brahman-Gottheit eine Art von Trinität (Trimūrti). Derselbe Gott hat drei Namen, denen drei Arten seiner Offenbarung und seines Wirkens entsprechen.

Die gewöhnliche Bezeichnung Gottes im Hinduismus ist Bhagavat, das heißt der Erhabene.

Die neben der Brahmanenlehre aufgekommene monotheistische Volksreligion stellt sich nicht in Gegensatz zu ihr. Sie kann es nicht. Die vedischen Schriften gelten der Volksreligion ja als heilig, und die Brahmanen sind für sie die Vertreter des Priestertums. Noch mehr: diese Volksreligion steht auch unter dem Einfluß des brahmanischen Denkens, und deshalb entwickelt sie sich in der Richtung des Monotheismus. Der hinduistische Monotheismus unterscheidet sich von dem Zarathustras und dem der israelitischen Propheten in zweifacher Hinsicht. Er sieht Gott nicht als den neben und über der Welt existierenden Weltschöpfer an, sondern als den Urgrund, aus dem sie hervorgegangen ist. Ferner verlangt er von dem Menschen nicht einfach Gehorsam gegen Gott, sondern Eins-Werden mit ihm in völliger Hingabe (Bhakti) an ihn. Er ist also mystischer Art. Darin zeigt sich, daß er sich unter der Einwirkung brahmanischer Denkweise entwickelt hat. Die mystische Lehre des Hinduismus verhält sich zur brahmanischen wie ein Mond zu der Sonne, von der er seine Helligkeit empfängt.

Die Bhakti-Frömmigkeit geht auf die Religion der Urbevölkerung zurück. Die Vorstellung von der demütigen Hingebung an Gott ist den Ariern Indiens fremd. Aber unter dem Einwirken der brahmanischen Mystik nimmt die aus prähistorischen Zeiten herrührende Volksfrömmigkeit der Hingebung an Gott einen mystischen Charakter an.

Der Hinduismus ist also eine Volksreligion, die unter dem Einwirken der brahmanischen Mystik monotheistisch und mystisch wird.

Viele Gelehrte haben die begründete Auffassung geäußert, daß die Bhakti-Frömmigkeit im Hinduismus Südindiens beheimatet gewesen sei und dann auf den Norden übergegriffen habe.

Bemerkenswert ist, daß Śaṃkara, der brahmanische Lehrer, der als erster der Erlösungslehre, wie sie von der Bhakti-Religion gelehrt wird, neben der brahmanischen Mystik Berechtigung zugesteht, aus dem Süden kommt.

Anders geartet als die brahmanische Mystik ist die hinduistische insofern, als es sich bei ihr nicht um ein Aufgehen der Einzelseele in der All-Seele, sondern um ein Eins-Werden der Menschenpersönlichkeit mit der Götterpersönlichkeit handelt. Der Hinduismus verliert sich nicht ins abstrakte Denken, sondern bestrebt sich, lebendige Frömmigkeit zu bleiben. Das Verhältnis, in dem sich der Mensch Gott gegenüber befinden soll, beschreibt er als Liebe (Bhakti). Alle Verehrung, die Gott in kultischen Handlungen erwiesen wird, wertet er als etwas Nebensächliches, verglichen mit dem Streben nach immer völligerer Hingebung an ihn.

In manchen hinduistischen Liedern wird die Liebe zu Gott unter dem Bilde sinnlicher Liebe verherrlicht, wie bei den christlichen Mystikern das eigentlich von irdischer Liebe handelnde Hohelied auf die Sehnsucht der Seele nach ihrem Erlöser gedeutet wird.

Ein weiterer Unterschied der hinduistischen Mystik von der brahmanischen – und auch von der christlichen – besteht darin, daß ihr das quietistische Ideal fernliegt. Sie hält den Menschen nicht an, aus dem gewöhnlichen Dasein herauszutreten, sondern mutet ihm zu [...], daß er in allem, im Denken wie im Tun, Hingebung an Gott bewahrt.

Obwohl er tätige Hingebung an Gott fordert, bekennt sich der Hinduismus dennoch zur Welt- und Lebensverneinung. So sehr steht er unter dem Einfluß des brahmanischen Denkens, daß er die der Volksreligion ursprünglich zugehörende Welt- und Lebensbejahung preisgibt. Er wagt es also nicht, die Ansicht zu vertreten, daß die Welt irgendwie einen Sinn habe und daß menschliches Wirken sich in ihr eine Aufgabe setzen könne. Nirgends stellt er die dem Christentum so selbstverständliche Forderung auf, daß die Liebe zu Gott sich in der Liebe zu den Menschen zu betätigen habe. Wie die Brahmanen fordert er kein anderes Tun als das, das durch die Kastenpflicht geboten ist.

Weil er sich in solcher Abhängigkeit vom brahmanischen Denken befindet, gelangt der ältere Hinduismus auch nur zum Monotheismus, nicht zum ethischen Monotheismus. Gott ist ihm eine über Ethisch und Nicht-Ethisch völlig erhabene Größe.

Egon Friedell
Jahwe und das Judentum

Im übrigen läßt sich eine gewisse urwüchsige Religiosität den alten Israeliten gewiß nicht absprechen. Sie äußerte sich vor allem darin, daß alles: das Größte und Kleinste, Heiligste und Profanste, als von Gott gesetzt empfunden wurde. Wie bei allen primitiven Völkern waren auch in Israel Brauch und Sitte die Grundlage der Moral; aber dieses durch Alter geweihte Herkommen galt eben als eine Stiftung der Gottheit. Deshalb gibt es nur *göttliche* Gesetze und nur Sünden, aber keine Verbrechen, denn jedes Unrecht, vom Vatermord bis zur geringsten rituellen Verfehlung, ist eine Auflehnung gegen Jahwe, von dem allein alle Gebote und Verbote herrühren. Hierin berührt sich der Mosaismus mit dem Christentum, das zwischen der schwärzesten Missetat und der kleinsten Alltagsschwäche nur einen Gradunterschied kennt, aber keinen Wesensunterschied, und alle seine Gebote in dem einen zusammenfaßt, in Gott zu leben. Trotzdem kann man nicht in demselben Sinne von einer mosaischen wie von einer christlichen Religion reden, denn der Mosaismus war und ist eine Nationalreligion, die, einem einzelnen Volke gegeben, sich nur in diesem und mit diesem entwickelt hat, und daher noch vervollkommnungsfähig war, während das Christentum von allem Anfang an eine Menschheitsreligion war und von ihrem Stifter sogleich in der höchsten Vollkommenheit geoffenbart wurde. Daher nimmt auch Mose im Mosaismus keinerlei Zentralstellung ein, er ist ein Prophet neben anderen und überhaupt keine metaphysische, sondern eine rein historische Größe. Mose ist kein Heilsmittler, wie Jahwe kein Heilspender im christlichen Sinne. Was dieser schenkt, sind irdische Güter: Sieg über die Feinde, Ernteglück, Familiensegen. Auch ist er, als ein rechter Regen- und Gewittergott, ebenso wohltätig wie schrecklich, auch launenhaft, jähzornig, nachträgerisch, ja bisweilen geradezu boshaft, indem er schadenfroh zur Sünde verleitet: Gott und Satan in einer Person.

Jahwe ist auch keineswegs der Vater im Himmel. Als seine Wohnung denkt man sich entweder den Sinai oder bestimmte Heiligtümer oder das Land Kanaan, das eben darum das Heilige Land heißt; dort weilt er auf verschiedenen Bergen: dem Karmel, dem Tabor, dem Ölberg, dem Garizim. Immer aber, auch wenn er auf den Wolken daherkommt, ist sein Sitz die Erde. Der Himmel ist so wenig sein Reich, daß der Prophet Amos die Sünder vor ihm dorthin fließen läßt. Er redet am liebsten im Krachen des Donners, im Beben der Erde, im Heulen des Sturms; der Wüstenwind ist sein Atem, der Blitz heißt „Jahwes Pfeil", der Regenbogen „Jahwes Bogen". Er entführt Elias auf feurigem Wagen und offenbart sich Mose im feurigen Busch, noch Ezechiel erscheint er als feuerumflossene Gestalt in der Wetterwolke. Und sein Walten ist auch ebenso imposant und furchteinflößend, elementar und unberechenbar wie eine Feuersbrunst: sein Zorn verzehrt Schuldige und Unschuldige. Gerade dies, daß sein Wesen sich menschlichem Verstehen entzieht, verleiht ihm seine katastrophale Gewalt und Größe.

Es stimmt zu diesen grimmigen Zügen, daß Jahwe in erster Linie ein Kriegsgott ist. Hermann Gunkel drückt dies einmal sehr prägnant aus, indem er sagt, die Griechen hätten von den Israeliten, wenn sie sie auf der damaligen Stufe beobachtet hätten, wahrscheinlich erklärt, daß sie den Ares verehren. Jahwe führt den Beinamen *sebaoth,* (Herr) „der

Heerscharen"; der Kampfruf lautet: „für Jahwe!" Die Krieger befanden sich, als die „Jahwe Geweihten", in einer Art Zustand der Heiligkeit; vor der Schlacht fasteten sie, enthielten sich der Weiber, brachten Opfer und salbten die Waffen. Vom Kriegsdienst befreit war: wer ein Haus im Bau hatte, wer einen jungen Weinberg besaß, wer vor der Hochzeit stand, wer sich zaghaft fühlte. Dies hatte gar nichts mit Humanität zu tun, sondern durch Hausbau, Pflanzung, Verlöbnis war man zu bestimmten Landesgottheiten in Beziehung getreten, deren Rechte nicht gekürzt werden durften. [...]

Jahwe ist der Gott Israels und Israel das Volk Jahwes. Daß er die ganze Welt beherrschte oder gar geschaffen habe, ist erst eine viel spätere Vorstellung. Er besitzt keineswegs Allmacht, höchstens Übermacht, die er im Kampfe mit den übrigen Göttern an seinem Volke bewährt. Noch weniger ist er allgütig: Grausamkeit und Hinterlist gegen Feinde billigt, ja befiehlt er. Schon daß er einen Eigennamen trägt, setzt die Existenz anderer Götter voraus. [...]

Diese anstößige Tatsache ist der Grund, warum man später den Namen Jahwes nicht aussprechen durfte: wo er stand, mußte *adonai*, „Herr", gelesen werden. Der Jahwismus ist also als Monolatrie zu bezeichnen. Daß die Israeliten sogar einmal reine Polytheisten waren, zeigt eine andere Gottesbezeichnung: *elohim*, „die göttlichen Mächte"; sie wurde später zum pluralis maiestaticus und ist schließlich auch grammatisch als Singular behandelt worden. Mythologische Vorstellungen haben in Israel aber von allem Anfang an gefehlt, und auch dies hat im Altertum keine Parallele. Andrerseits ist es aber ganz natürlich, denn sie setzen gewisse Familienverhältnisse unter den Göttern voraus, und Jahwe hat weder Weib noch Kind. Die hebräische Sprache hat für „Göttin" nicht einmal ein Wort, und wenn sie von der phoinikischen Astarte redete, so blieb ihr nichts übrig, als sie „den Gott der Sidonier" zu nennen.

Egon Friedell
Der Kult der Griechen

Jakob Burckhardt nennt die griechische Religion sehr schlagend „eine Temperamentsform des griechischen Volkes“. Sie war die prachtvollste Mythologie, die ein Volk je besessen hat, und später bei einigen Philosophen Metaphysik und Ethik, aber eine Religion im höheren Sinne kann man sie schon deshalb nicht nennen, weil sie den Schicksalsbegriff nie losgeworden ist. Auch dieser ist, wie alle Glaubensvorstellungen der Griechen, etwas recht Widerspruchsvolles: er bedeutet bald eherne Notwendigkeit, bald launischen Zufall, bald klare Vergeltung, bald geheimnisvollen Erbfluch, immer aber ist er höchst fatalistisch. *Ananke* ist das fühllose Verhängnis, *heimarmene* die unentrinnbare Bestimmung, *aisa* (= ἡ ᾽ίση, episch ἐίση) das für alle Geschick; *tyche* das unberechenbare Glück (oder Unglück), *potmos* das fallende Los, *ate* die gottgesandte Verblendung; auch *agos*, die Blutschuld, und *alastor*, der Rachegeist, sind, wie jedermann aus der Tragödie weiß, blindwaltende Mächte. Der landläufigste Begriff aber ist die *moira*, der „Anteil“, der dem Menschen bei seiner Geburt unwiderruflich zugesponnen wurde. Gegen die Moira vermögen die Götter nichts, wenigstens für gewöhnlich: denn manchmal sieht es auch so aus, als ob sie ihr Werkzeug sei. Manchmal auch versuchen sie sie wenigstens zu beeinflussen oder mit ihr sozusagen auf Teilung zu arbeiten. Und es kommt sogar der Fall vor, daß einzelne besonders begnadete oder besonders ruchlose Menschen gegen Götter *und* Moira ihren Weg gehen: dies ist das *hypermoron*: was „über das Geschick hinaus“, gegen die Fügung geschieht, eine ebenso furchtbare wie bewunderte Sache, die Schuld und Verdienst zugleich ist.

Nach alledem ist es verständlich, daß die Griechen überhaupt kein Wort für „Religion“ besitzen. *Eusebes* (von *sebein*, verehren), das wir mit „fromm“ übersetzen, bedeutet:

den heiligen Gebräuchen getreu, und *eusebeia*, „Frömmigkeit", ist nach der Definition der Stoa δικαιοσύνη πρὸς θεούς, Gerechtigkeit gegen die Götter (die ihnen an Ehren zuwendet, was ihnen gebührt). Fromm sein heißt für den Griechen, die Himmlischen kultisch verehren, und weiter nichts. Da diese nicht den Weltlauf lenken, liegt auch kein Anlaß vor, sie sich als besonders moralisch zu denken. „Das Sittliche", sagt Wilamowitz, „haben die Götter nicht gelehrt, man kann sagen, sie haben es von den Menschen lernen müssen." Ihr Zorn braucht durchaus nicht immer Verschuldung zur Ursache zu haben; der Mensch empfindet ihn auch gar nicht als Strafe, sondern bloß als Unheil. Am meisten erbittert werden sie, wenn der Irdische sich vermißt, es ihnen gleichzutun, und ihre weitaus stärkste Triebfeder ist der Neid: man kann daraus schließen, wie neidisch die Griechen selber waren. Das Grundverhältnis zu ihnen ist daher das Mißtrauen, und wenn man ihren Geboten gehorcht, so tut man es nicht aus Ergebenheit, sondern aus Klugheit, um sie nicht zu reizen. Frevel ist: wenn man sie beleidigt; anderes Unrecht erregt nicht ihren Unwillen. Prozesse wegen „Beleidigung der Götter" waren ziemlich häufig; aber man fragt sich, was denn eigentlich an diesen Göttern zu beleidigen war. Mitleid, und oft ein sehr unangebrachtes, haben sie nur mit ihren Lieblingen; sonst sind sie ganz erbarmungslos. Auch untereinander lieben sie sich nicht. In der Ilias entspricht der Zustand im Himmel genau dem der menschlichen Gesellschaft: Zeus ist Agamemnon, die Götter sind bloße Titularvasallen, ihm ebenbürtig und stets zur Renitenz bereit. Der Olymp ist eine Akropolis, und seine Bewohner sind Ritter und Rosse, beide gleich göttlich, gleich unvergänglich, von Nektar und Ambrosia genährt.

Die Natur und überhaupt die „Wirklichkeit" ist amoralisch. Von echter Religion kann man daher erst reden, wenn eine andere und höhere Welt der natürlichen entgegengesetzt wird. Dies tut aber die homerische Religion nie: ihre

Götterwelt ist eine gesteigerte Wiederholung der irdischen: verklärte Animalität, schlackenlose Physik. Die Olympier unterscheiden sich von den Erdenbewohnern lediglich dadurch, daß sie unsterblich sind, also in ihnen die menschliche Unvollkommenheit verewigt ist, und daß kein Alter, keine Schwäche, kein Kummer, keine Krankheit sie berührt, was aber auch nicht konsequent durchgeführt ist: auch ihr Dasein verläuft nicht ungetrübt (schon allein ihr ewiger Neid vergällt es ihnen); sie haben einen Arzt, Paieon, der Hades und Ares von ihren Verletzungen heilt, auch Aphrodite wird verwundet; Hermes ist vom weiten Weg ermüdet, Zeus schläft sogar einmal ein. Den Höhepunkt dieses in seiner Naivität und Bildhaftigkeit bezaubernden Realismus bildet der Moment, wo Ares in der Wolke, die ihm Kleid, Bett, Fahrzeug und Inkognito ist, vom Kampf ausruht, nachdem er den Speer an sie gelehnt hat. Die Orphik mit ihren Ansätzen zu einer wirklichen Theologie war niemals Nationalreligion, man kann sie nicht einmal (wie wir vorhin taten) eine Sekte nennen, da es ja nicht den Gegenbegriff der orthodoxen Kirche gab. Die Religion war nur Kultus, nur dieser Pflicht, nur dessen Verletzung Gottlosigkeit, „Asebie". Es war ähnlich wie in der Renaissance, wo man denken, reden und schreiben durfte, was man wollte, wenn man sich nur der Kirche, ihrer Macht und ihren heiligen Bräuchen unterwarf: in Hellas spielte diese Rolle die Polis.

Schließlich ist diese ganze Konzeption von finsterm, fühllosem Schicksal, wahllos würfelnder Tyche, eiteln und jähzornigen Göttern gerade wegen ihrer Irrationalität dazu da, *damit irgend jemand schuld habe*, wenn der Mensch sich nicht zu seinen Handlungen bekennen will, den Geburten seiner Leidenschaft und seiner Torheit. Die Gottheit ist nicht das Lamm, das die Erbschuld der Menschheit trägt, sondern der Bock, dem die Sünde aufgeladen wird. Nur unter einem solchen Regiment wurde die Last des Frevels überhaupt ertragbar, unter einem sittlichen Gott wäre der Grieche der *durchschnittlichen* Moralität zusammengebrochen. Von Ausnahmsnaturen, die uns an allen Wegmarken begegnen werden, ist hier nicht die Rede. Die Gottheit des Sokrates zum Beispiel war dem Volk so unfaßbar, daß es ihn, und zwar in voller Ehrlichkeit, für einen Gotteslästerer hielt.

Bei Homer ist bekanntlich alles göttlich: nicht bloß die Sonne und die Morgenröte, der Tag und die Nacht, sondern auch der Ölbaum und der Weinstock, der Arzt und der Herold, der Bettler und der Sauhirt, selbst der verächtliche Paris und die abscheuliche Schar der Freier, und es fehlte nur noch, daß Thersites göttlich genannt wird. Kein Wunder, da das Göttliche ja nichts anderes ist als das Menschliche. Die Griechen waren Lehrer der Humanität, aber in einem ganz anderen Sinne, als der Neuhumanismus es meinte, nämlich der Nurmenschlichkeit, indem sie alles in rein anthropomorphen Formen und Dimensionen sahen. Der Satz „der Mensch ist das Maß der Dinge", den die Sophisten als ihr Programm aufstellten, leuchtete von allem Anfang an als Leitstern über der Erdenbahn der Griechen. Darum haben sie nie den Sinn des Daseins erfahren; aber darum sind sie auch das größte Künstlervolk geworden.

Albert Schweitzer
Buddhismus für das Volk

Einem Worte zufolge, das er an Ānanda richtet, erwartet Buddha, daß die von ihm verkündete Wahrheit nur 500 Jahre bestehen werde. Alsdann müsse ein neuer Offenbarer der Erlösung auftreten.

Diese Weissagung geht nicht in Erfüllung. 500 Jahre nach Buddhas Tod, das heißt um die Wende unserer Zeitrechnung, beginnt die höchste Blüte seiner Lehre. Freilich, es ist nicht mehr ganz die, die er selber verkündet hat. Sie hat sich fortentwickelt.

Im späteren Buddhismus bildet sich die Anschauung aus, daß der Welt von jeher die zur Erlösung führende Wahrheit durch Buddha verkündet worden sei. Gotama Buddha, aus dem Geschlechte der Śākyas, ist also nur einer unter den vielen. In jeder Weltperiode – der Spät-Buddhismus übernimmt von der Sāṃkhya-Lehre die Vorstellung aufeinanderfolgender Weltperioden – und in jeder Weltgegend (also nicht nur auf Erden) treten von Zeit zu Zeit Buddhas auf. Gotama Buddha ist nicht der letzte. Nach ihm werden noch andere kommen.

Der spät-buddhistischen Lehre zufolge gehen alle Buddhas auf einen himmlischen, durch sich selbst existierenden Ur-Buddha (Ādi-Buddha) zurück, von dem auch die Welt ihren Ausgang nimmt. Unter den sich direkt von ihm herleitenden ewigen Buddhas ragt Buddha Amitābha (der vom unermeßlichen Licht), der Schirmherr der jetzigen Welt, hervor. Seine Wohnstätte ist die Paradies-Welt Sukhāvatī. Auch Gotama Buddha ist nach der Dogmatik des Spät-Buddhismus ein himmlisches Wesen, das Menschengestalt annahm, um die Erkenntnis von der Erlösung in die Welt zu bringen. In einzelnen Schriften des Spät-Buddhismus wird er sogar, wie der Ur-Buddha, als der „aus sich selbst entstandene Vater der Welt" bezeichnet. Die spät-buddhistische Lehre von den Buddhas wird nicht einheitlich durchgeführt. Sie trägt viele Unklarheiten und Widersprüche in sich.

Der Spät-Buddhismus wird also zu einer Religion. Und zwar bleibt er nicht dabei stehen, nur die Verehrung der Buddhas gutzuheißen, sondern läßt auch den Kult der Götter überhaupt, dem Gotama Buddha jede Bedeutung abgesprochen hatte, wieder zu Ehren kommen.

Indem er sich so zu einer volkstümlichen Religion entwickelt, entfernt sich der Spät-Buddhismus von der Lehre des geschichtlichen Buddha, daß die Erlösung von der Wiedergeburt nur durch mönchisches Leben und Weltentsagung erlangt werden könne. Er behauptet, daß sie auch denen, die im gewöhnlichen Leben verbleiben, zuteil wird, wenn sie den göttlichen Buddha gläubig verehren und sich ihm vertrauensvoll hingeben.

Diese neue Lehre, die den für alle zugänglichen und leichter begehbaren Weg der Erlösung verkündet, nennt sich die Lehre von dem „großen Fahrzeug“ (Mahāyāna). Die ursprüngliche, vom geschichtlichen Buddha herrührende, wird als die vom „kleinen Fahrzeug“ (Hīnayāna) bezeichnet. Gemeint ist das Fahrzeug, das über den Strom der Wiedergeburten und des Leidens zum Ufer des Nirvāṇa übersetzt.

Über die Lehre des geschichtlichen Buddha geht der Mahāyāna-Buddhismus auch darin hinaus, daß er das Freiwerden von der Wiedergeburt nicht mehr als das höchste zu erstrebende Ziel ansieht. Die Idee des Mitleids ist in ihm so stark entwickelt, daß ihm unbegreiflich wird, wie Buddha den Menschen nur mit seiner eigenen Erlösung und nicht auch mit der der Welt beschäftigt sein lassen kann. Darum stellt er als Ideal auf, daß der Mensch, der das Freiwerden von der Wiedergeburt erlangt habe, darauf verzichte, ins Nirvāṇa einzugehen, um weiterhin immerfort auf Erden zu erscheinen und sich um die Erlösung aller Wesen zu bemühen. Diesen fort und fort wieder freiwillig Menschenexistenz annehmenden Heiligen erkennt der Mahāyāna-Buddhismus den Rang und die Würde von Bodhisattvas, das heißt von Anwärtern auf die Buddhaschaft, zu.

Der Mahāyāna-Buddhismus ist eine folgerichtige Weiterbildung des ursprünglichen Buddhismus.

Buddha denkt die Idee des Mitleids aus. Zugleich aber läßt er den Menschen noch in ganz egoistischer Weise nur auf sein eigenes Freiwerden von dem Kreislauf der Wiedergeburten sinnen.

Der Mahāyāna-Buddhismus gibt sich Rechenschaft davon, daß die Idee des Mitleids, wenn sie einmal vorhanden ist, sich nicht mit irgendeiner ihr zugewiesenen Rolle zufriedengeben kann, sondern das Denken ganz beherrschen will und also jegliche egoistische Erlösungssehnsucht beanstanden muß.

In großartiger Wahrhaftigkeit widersteht der Mahāyāna-Buddhismus der Versuchung, sich durch ein Zurechtmachen der Überlieferung auf Buddha selber zurückzuführen. Er stellt nicht in Abrede, daß Buddha die Menschen dazu anhielt, vor allem nach dem Freiwerden von der Wiedergeburt zu trachten, und daß er selber von seinem Eingehen ins Nirvāṇa redete. Dies habe er, erklären die Mahāyāna-Lehrer, aber nur deswegen getan, weil seine Zeitgenossen nicht fähig gewesen seien, die höhere Wahrheit, daß man auf das Nirvāṇa verzichten solle, zu begreifen. Darum sei die sich aus dem Geiste seines Mitleids ergebende Lehre über diejenige, die durch seinen Mund verkündet wurde, zu stellen.

Der Mahāyāna-Lehre zufolge ist Gotama Buddha also gar nicht in das Nirvāṇa eingegangen, sondern wirkt in den himmlischen Regionen fort und fort für das Bekanntwerden der Erkenntnis der Erlösung in der Welt. „Er gießt den großen Regen der Religion hernieder und läßt die große Trommel der Religion erdröhnen."

Egon Friedell
Die frommen Römer

Was die römische Religion angeht, so hatte sie ursprünglich mit der griechischen gar nichts gemeinsam; erst durch die Hellenisierung ist eine Angleichung zwischen beiden erfolgt. Man unterschied auch stets zwischen den *di indigetes*, den einheimischen Göttern, und den *di novensides*, den von außen eingeführten. Hegel bemerkt sehr fein, uns sei bei den Reden von Jupiter, Juno, Minerva zumute, als ob wir dergleichen auf dem Theater hörten. Ob die römische Religion die tiefere war, läßt sich schwer entscheiden: jedenfalls war sie die ernstere. Wenn man Frömmigkeit mit Ritualismus gleichsetzt, so waren die Römer sogar die frömmsten Menschen der Welt. Cicero leitet *religio* von *religare* her; aber hierbei ist nicht etwa eine Bindung an die Gottheit im Sinne der viel innerlicher gefaßten „schlechthinigen Abhängigkeit" Schleiermachers gemeint, sondern lediglich Bindung an die heiligen Gebräuche und deren peinlich genaue Ausübung. Man kann *religio* auch als Götterfurcht bezeichnen, aber ebenfalls nur in einem für unsere Begriffe sehr äußerlichen Sinne. Das Adjektiv *religiosus* ließe sich vielleicht mit „nicht geheuer" übersetzen: *loca religiosa, dies religiosi* sind tabuierte Orte und Tage, zum Beispiel: wo der Blitz eingeschlagen, wann eine Niederlage stattgefunden hat; solche Orte betritt man nicht oder nur unter Zeremonien, an solchen Tagen vermeidet man jede Art von Unternehmungen oder geht am besten gar nicht aus.

Der Römer kennt keine Kosmogonie, wie sie in den Veden, der Genesis, der Edda und anderwärts, auch bei den Griechen, so reich und eigenartig entwickelt ist, sondern Himmel und Erde sind einfach da: zum Scheinen und Regnen, Grünen und Fruchten; wie sie entstanden sind, wird nicht gefragt. Es gab auch ursprünglich keine Göttersagen und keine Götterbilder und daher auch keine Gotteshäuser: *templum* bedeutet in der archaischen Sprache bloß einen heiligen Ort. Als Altar diente ein Rasenhügel, als Sinnbild für Mars ein Speer, für Vesta die Herdflamme, für Jupiter ein Kieselstein: erst die Tarquinier stifteten sein tönernes Kultbild auf dem Kapitol. Die Götter sind *numina*; Träger von Willensäußerungen, abstrakte Energien, keine eigentlichen Personen. Aber gerade infolge ihrer formelhaften Unmenschlichkeit webt um sie ein Schleier und Schauer der Größe, der auch den herrlichsten Gebilden der griechischen Phantasie fehlt, und der Gläubige konnte daher in ihnen je nach seiner religiösen Veranlagung das Erhabenste und Leerste, Mysteriöseste und Platteste erblicken, was dem Hellenen nicht freistand, der zu einer Vertiefung seines

Weltgefühls nur um den Preis der Götterleugnung zu gelangen vermochte. Man leitet *numen* von *nuere* ab: der zustimmenden Bewegung des Hauptes. Den Römern nickten ihre Götter nur von fern.

Die Hauptgottheiten waren Jupiter, Mars und Quirinus, die beiden letzteren wahrscheinlich ursprünglich identisch. Mars war der Gott des Krieges, aber auch des Feldbaus; nach ihm hieß der erste Monat des Jahres, das im Frühling begann, *mensis Martius.* Jupiter ist Fulgurator, Tonans, Pluvius, Serenator: Blitzer und Donnerer, Regner und Aufheiterer. Der *arbor Jovis* ist die Eiche, die auch den meisten anderen indogermanischen Völkern, den Slawen und Kelten, Germanen und Hellenen, als heiliger Baum galt; in Dodona, dem ältesten griechischen Heiligtum, stand die Eiche des Zeus, und das Rauschen ihrer Krone und der Flug der heiligen Tauben, die auf ihr nisteten, kündete die Zukunft. Außerdem aber gab es noch für alle erdenklichen Tätigkeiten und Vorgänge eigene *numina:* zum Beispiel Vervactor für die erste, Redarator für die zweite, Imporcitor für die dritte Durchpflügung des Ackers, Convector für die Einfahrt, Conditor für die Aufspeicherung, Promitor für die Herausgabe des Getreides; Ossipago ist die Gottheit, die den Kindern die Knochen festmacht, Statilinus, die sie stehen, Fabulinus, die sie reden lehrt. Auch die schlimmen Dinge: Pest, Hunger, Fieber, Getreidebrand haben ihre Spezialgötter, und auf dieselbe Weise sind die wichtigsten moralischen und politischen Begriffe personifiziert: Spes und Fides, Pietas und Aequitas, Concordia und Clementia, Salus und Victoria. Sehr wichtig für den Bauern ist Terminus, der Gott der Grenzsteine, dem alljährlich ein eigenes Fest gefeiert wird, die *Terminalia.* Dem Saturnus, dem Gott der Aussaat, waren die Saturnalien geweiht, die eine gewisse Ähnlichkeit mit unseren Weihnachten hatten: sie fielen in die zweite Dezemberhälfte, alle Geschäfte ruhten, man beschenkte sich gegenseitig, wünschte einander „bona Saturnalia“, brannte Kerzen und hielt ein Festmahl [...].

Im Hause regierten Janus und Vesta, die Verkörperungen der Tür und des Herdes, die Penaten, Manen und Laren und die Genien, deren allgemeinste Erscheinungsform die Schlange war. Einen Genius oder Schutzgeist hat im Grunde alles: nicht bloß jedes Individuum, sondern auch jede Örtlichkeit, jede Körperschaft und das römische Volk in seiner Gesamtheit. Der Begriff des *genius loci* bedeutet eine geistigere Naturbeseelung als die griechische, die doch immer mehr oder weniger auf eine Allegorie hinauslief. Die Hausopfer waren meist vegetabilisch: Milch, Bohnen, Kuchen, auch Kränze, Räucherwerk, Lichter, die Staatsopfer Tierspenden: Schwein, Schaf, Rind, zusammengefaßt in den Suovetaurilien (aus *sus, ovis, taurus*). Hierbei wurden zum Schlachten Messer aus Stein oder Bronze verwendet, auch die Gefäße waren von betont altertümlicher Einfachheit, und das Feuer wurde durch Reiben von Holzstäben entzündet. Hüter des göttlichen Rechts war das Kollegium der Pontifices, das die alleinige Kenntnis des richtigen Verkehrs mit den Göttern besaß. Wie die Opfer nichts sind als eine Handwerkstechnik zur praktischen Beherrschung der Gegenwart und Zukunft, so ist auch das Gelübde, *votum*, ein pures Geschäft, ein Vertrag auf Sicht, mit Liquidation bei Lieferung, wie denn auch die *evocatio*, das Heraufrufen des feindlichen Gottes aus der belagerten Stadt, eine rein juristische Prozedur darstellt, die auf uns fast komisch wirkt.

Die Lehre von den Prodigien stammte aus Etrurien. Ein Vorzeichen konnte vor einem Beschluß zustimmen oder warnen, nach einem Beschluß den Ausgang weissagen, aber auch ohne bestimmten Anlaß einfach „mahnen“. Als Orakel diente die (sehr komplizierte) Beobachtung der Blitze nach Form, Länge, Richtung, Himmelsstand, Zeitfolge, der Flug der Adler, Geier, Raben, Nachteulen und in bestimmten Fällen auch aller anderen Vögel und daneben jede ungewöhnliche Naturerscheinung: Sonnen- und Mondfinsternisse, Regenbogen, Sternschnuppen, Mißgeburten, plötzliche Bienenschwärme und dergleichen. Nur die Etrusker verstanden dies alles angemessen zu deuten und wurden daher bis in die Kaiserzeit als Auguren bevorzugt. Daß die Römer noch auf der Höhe ihrer Entwicklung, im Besitz der gesamten antiken Bildung und einer bis heute unerreichten Rechtspraxis und Staatsorganisation, an diese Dinge glaubten, steht außer Zweifel. Cato mit seinem berühmten Hohnwort über die *haruspices* kann hier ebensowenig als ausschlaggebendes Gegenzeugnis verwendet werden wie etwa Voltaires Sottisen über die Pfaffen.

Walter Burkert
Antike Mysterien

Als Grundlage und zur Orientierung sei eine skizzenhafte Beschreibung der fünf genannten Formen von Mysterien vorangestellt. Die Eleusinischen Mysterien galten den „Zwei Göttinnen", der Korngöttin Demeter und ihrer Tochter Persephone, die im attischen Dialekt Pherephatta hieß, meist aber einfach „das Mädchen", Kore, genannt wurde. Die Mysterien wurden von der Polis Athen organisiert und vom „König", dem *archon basileus*, beaufsichtigt. Für die Athener waren dies „die Mysterien" schlechthin, und das literarische Prestige von Athen sicherte ihnen ihren weltweiten Ruf. Zu den literarischen Angaben und Anspielungen treten die Ausgrabungen, die Inschriften und eine reiche eleusinische Ikonographie, so daß die Eleusinischen Mysterien als der bestdokumentierte Kult der antiken Welt gelten können. Der bekannte Mythos erzählt vom Raub des „Mädchens" durch Hades, den Gott der Unterwelt, von der Suche der Mutter nach ihrer Tochter: Kore kommt schließlich zurück, wenn auch nur für eine begrenzte Zeit, und zwar eben in Eleusis. Hier feierten die Athener im Herbst das große Fest, ihre „Mysterien". Man zog in Prozession auf der „Heiligen Straße“ von Athen nach Eleusis, um an der nächtlichen Feier teilzunehmen. Im „Telesterion“, der großen Halle, die Tausende von Mysten aufnehmen konnte, „zeigte“ der Hierophant „das Heilige“. Zwei Gaben, sagte man, habe die Göttin in Eleusis den Menschen gebracht, das Getreide als die Grundlage zivilisierten Lebens und die Mysterien mit der Gewähr einer „besseren Hoffnung“ für das Dasein nach dem Tode. Diese Mysterien konnten nur in Eleusis und nirgends sonst gefeiert werden.

Dionysos, der Gott des Weins und der Ekstase, ist allerorts in mannigfacher Weise verehrt worden. Jeder Zecher konnte sich als Diener des Gottes fühlen. Daß es besondere Mysterienweihen für Dionysos gab, geheime, persönliche Rituale mit dem Versprechen seligen Lebens im Jenseits, ist erst in jüngster Zeit durch sensationelle Neufunde von Goldblättchen aus Gräbern bestätigt worden. Ein Text aus Hipponion in Unteritalien läßt den Toten unter den „Mysten und Bakchen“ den „Heiligen Weg“ in der Unterwelt beschreiten; zwei Texte aus Thessalien sprechen von der „Geburt“ im Tod und einer „Lösung“ durch Bakchios, die Persephone anerkennt. Es gibt für Dionysos-Mysterien aber kein festes Zentrum, im Gegensatz zu Eleusis. Sie sind sozusagen allgegenwärtig, vom Schwarzen Meer bis Ägypten und von Kleinasien bis Süditalien. Besonderes Aufsehen erregten die dann brutal unterdrückten „Bacchanalia“ in Italien und Rom 186 v. Chr. Ihren faszinierendsten künstlerischen Ausdruck fanden die Dionysos-Mysterien in den Fresken der *Villa dei Misteri* bei Pompeii, die aus der Cäsar-Zeit stammen. Offensichtlich waren die dionysischen Mysterien sehr vielgestaltig. Einige Male wird der Mythos von der Zerreißung des Dionysos ausdrücklich mit diesen Mysterien verbunden, aber daß dies für sie alle und allgemein gültig war, ist keineswegs gesichert. Ein eigenes Problem ist die Beziehung der Bakchischen Mysterien zu jenen Schriften und Gruppen, die man „orphisch“ nennt, weil sie auf Orpheus, den mythischen Sänger, zurückgeführt wurden.

Für die kleinasiatische Göttermutter hat sich der Ausdruck Magna Mater eingebürgert, der in dieser Form nicht antik ist; der offizielle Kulttitel in Rom war *Mater Deum Magna Idaea*, verkürzt *Mater Magna*. Hier sei der griechische Titel, „Meter", vorgezogen. Der Kult einer großen Muttergöttin läßt sich in Anatolien bis weit vor die Erfindung der Schrift, ja bis in die neolithische Epoche zurückverfolgen. Für die Griechen wurde ihr phrygischer Name, *Matar Kubileya*, bestimmend. Sie hieß dementsprechend Kybeleia oder Kybele, meist freilich einfach Meter Oreia, die „Mutter vom Berg", oder mit Hinzufügung eines bestimmten Bergnamens Meter Idaia, Meter Dindymene und dergleichen. Was die Aufmerksamkeit vor allem auf sich zog, war die Kultform des alten Priesterstaates Pessinus: Hier gab es die *galloi*, die Eunuchenpriester, die sich zu Ehren der Muttergöttin selbst entmannt hatten. Dazu gehört der Mythos von Attis, dem Geliebten der Meter, der kastriert wird und unter einer Fichte stirbt und doch der *parhedros* der Göttin bleibt. Der Kult wurde während des Hannibal-Krieges im Jahre 204 v. Chr. auf Grund von Orakeln offiziell in Rom eingeführt und strahlte künftig von diesem neuen Zentrum aus. Nachrichten über geheime persönliche Weihen im Kult der Meter, *mysteria* und *teletai*, sind vielfältig verstreut und nicht immer explizit. Seit dem 2. Jh. n. Chr. nachweisbar ist ein besonders spektakuläres Ritual, das „Stier-Erlegen", *taurobolium*: der Myste kauert in einer balkengedeckten Grube, über der der Stier geschlachtet wird, so daß das ausströmende Blut auf ihn niederfließt – eine Bluttaufe im vollen Sinn.

Unter den vielerlei ägyptischen Göttern haben die Griechen seit der archaischen Zeit ihre besondere Aufmerksamkeit dem Paar Isis und Osiris zugewandt, wobei wohl von Anfang an die Assoziation, ja Gleichsetzung mit Demeter und Dionysos im Spiele ist. Mit der Ptolemäischen Epoche kommt Serapis dazu, d. h. Osiris-Apis, der dann aber allmählich wieder hinter Isis zurücktritt. Vielerorts entstehen

Isis-Heiligtümer mit ägyptischer oder ägyptisierender Priesterschaft. Am wichtigsten ist wieder Rom, wo nach langem Auf und Ab unter Caligula mit einem großen Tempelbau der Isis-Kult endgültig etabliert wird. Bekannt ist der Mythos vom Tod und von der Zerstückelung des Osiris durch Seth, von der Trauer und Suche der Isis, dem Wiederfinden und der Wiederkehr der Lebenskraft des Osiris, der Geburt des Horos; am vollständigsten ist der Bericht des Plutarch in seinem Buch *Über Isis und Osiris.* Von den Mysterien der Isis handelt der ausführlichste Mysterientext der antiken Literatur, das letzte Buch des Eselsromans von Apuleius.

Mithras schließlich ist ein alter indoiranischer Gott, bezeugt seit dem zweiten vorchristlichen Jahrtausend und überall anzutreffen, wo iranische Tradition bestimmend war. Sein Name bedeutet „Mittler“ im Sinne von Vertrag und Gefolgschaft. Die charakteristischen „Mysterien“ des Mithras jedoch sind nicht vor etwa 100 n. Chr. nachweisbar; wo, durch wen und wie sie gegründet wurden und welcher Art ihre Beziehung zur älteren und eigentlichen iranischen Tradition ist, bleibt ein heiß diskutiertes Problem. Als Kultraum für Mithras-Mysterien dienen unterirdische Räume, „Höhlen“ genannt, wo kleine Männergruppen sich zur Einweihungsfeier und zum Opfermahl versammeln. Es gibt sieben Grade der Einweihung und eine sehr feste und einheitliche Symbolik und Ikonographie. In der Apsis der „Höhle“ steht in der Regel das Reliefbild des stiertötenden Mithras. Der zugehörige Mythos ist literarisch nicht überliefert. Getragen ist der Kult von den römischen Soldaten, Beamten und Kaufleuten; seine Verbreitung folgt den Marschrouten der Legionen.

Albert Schweitzer
Jesu religiöse Weltanschauung

Die spätgriechische Frömmigkeit ist ausschließlich mit dem Schicksal des Geistigen in der Welt der Materie beschäftigt. Sie sucht zu begreifen, in welcher Weise das Leben von oben in das Leben von unten herabgekommen ist und wie es aus dieser Gefangenschaft wieder frei werden könne. Nur für die Rückbringung des Geistigen, nicht auch für das Schicksal der Menschheit und der Welt ist sie interessiert. Das Christentum aber lebt von der glühenden Hoffnung auf eine bessere Welt. Es läßt die Erlösung darin bestehen, daß Gott diese bessere Welt, das Reich Gottes, herbeiführt und die Menschen, die sich als fromm und sittlich bewährt haben, darin aufnimmt.

Des näheren ist Jesu und Pauli Lehre vom Reich Gottes die, daß sie das Ende dieser Welt und den Anbruch der übernatürlichen Welt für ganz bald erwarten. In dem Reiche Gottes werden dann die „Heiligen", die sich durch ihr „Anders-Sein als die Welt" als Erwählte zum Reiche Gottes erwiesen haben, in verklärter Gestalt mit dem Messias zusammen leben, bis, nach I. Cor. 15, das Ende kommt und alle Dinge in Gott zurückkehren, damit Gott sei, wie zu Anfang. Alles in Allem.

Von einer solchen Erwartung einer Endzeit der Welt und einer Verklärung der Welt – mit dem wissenschaftlichen Ausdruck nennt man es „eschatologische Hoffnung", das heißt Hoffnung auf das Ende der Dinge – findet sich in den griechisch-orientalischen Mysterien-Religionen nichts.

Wo irgendwo Weltend-Erwartung und Reich-Gottes-Erwartung vorliegen, ist also eine Religiosität gegeben, die nicht aus den griechisch-orientalischen Mysterien-Religionen herleitbar ist, sondern ihre Wurzeln in der jüdisch-prophetischen Weltanschauung hat. Amos und Jesaja haben die Vorstellung des Reiches Gottes geschaffen. Das Spätjudentum hat dieselbe, zum Teil wohl unter Mitwirkung von Vorstellungen der Religion Zarathustras, die ihm durch das Exil vermittelt waren, ins Phantastische ausgedacht. Jesus gibt ihr, ohne gegen ihre spätjüdische Fassung zu polemisieren, ihre ethische Vollendung.

In jeder Hinsicht ist es also eine religionsgeschichtliche Phantasie, daß das Christentum aus griechisch-orientalischer Religiosität zu begreifen und aus ihr herzuleiten sei. Es ist eine originale Schöpfung Jesu, der in der Vorstellungswelt der spätjüdischen Frömmigkeit lebt.

Nachher, als das Christentum die Hoffnung auf das baldige Kommen des Weltendes und des Reiches Gottes aufgeben mußte und als durch die Christen aus dem Griechentum griechische Denkweise sich an ihm bestätigte, ist es bis zu einem gewissen Grade in die Religiosität der griechisch-orientalischen Mysterien-Religionen eingegangen... und in ihr verarmt. [...]

Die griechisch-orientalische Frömmigkeit sagt zum Menschen – schon bei Plato, dann in den Mysterien-Religionen und bei den Gnostikern –: „Mache dich frei von der Welt!" Jesus sagt zu ihm: „Werde frei von der Welt, um dich im Geiste und der Liebe Gottes in dieser Welt zu betätigen, bis Gott dich in eine andere, vollkommenere versetzt!" Worauf beruht der Unterschied? In der griechisch-orientalischen Frömmigkeit waltet eine tote Vorstellung Gottes. Er ist ihr nur die reine Geistigkeit. Der Gott Jesu ist ein wirkender, der in dem Menschen wirkt. Darum ist die Religion Jesu nicht einheitlicher, zu Ende gedachter Pessimismus, sondern ein Ineinander von Pessimismus und Optimismus.

Jesu religiöse Weltanschauung ist also uneinheitlich. Sein Urteil über die natürliche Welt lautet zwar pessimistisch. Aber Gott ist ihm etwas anderes als der Inbegriff der in der Welt wirkenden Kräfte oder ein Rein-Geistiges, von dem etwas in der Welt verlorenging und aus ihr wieder zurückgebracht werden muß. Er ist wirkende Kraft zum Guten, ein geheimnisvoller Wille, der anders ist als die Welt und höher als die Welt. Ihm geben wir unseren Willen hin; ihm stellen wir die Zukunft der Welt anheim. In dem Gegensatz zwischen der Welt und dem Gotte, der ethische Persönlichkeit ist, und in der damit gegebenen eigentümlichen Spannung zwischen Pessimismus und Optimismus besteht das Eigentümliche der Religion Jesu. In der Uneinheitlichkeit liegt ihre Größe, ihre Wahrheit, ihre Tiefe, ihre Kraft.

Hier muß ich nun bemerken, daß wir modernen Menschen geneigt sind, die Gedanken Jesu modern zu deuten. Uns ist die Vorstellung geläufig, daß durch tätiges ethisches Verhalten der einzelnen auf Erden Zustände des Reiches Gottes verwirklicht werden sollen. Wenn wir nun bei Jesus tätige Ethik und den Gedanken des Reiches Gottes finden, so meinen wir, er habe beides ebenfalls in der uns natürlich erscheinenden Weise verbunden. In Wirklichkeit aber kommt das Reich Gottes bei Jesus nicht in dieser Welt und nicht in einer Entwicklung der menschlichen Gesellschaft zustande, sondern wird durch Gott verwirklicht, wenn er die unvollkommene Welt in eine vollkommene umschafft. Das ethische Tun des Menschen ist, in dem Gedanken Jesu, nur wie eine mächtige Bitte zu Gott, daß er das Reich bald möge anbrechen lassen. In diesem Sinne ist sein Wort im 11. Kapitel des Evangeliums Matthäus zu verstehen, daß seit den Tagen Johannis des Täufers dem Himmelreich von Gewalttätigen Gewalt angetan wird. [...]

Weil Jesus gar nicht zweckmäßig, sondern nur in den Gedanken der absoluten Ethik des „Anders-Sein als die Welt" denkt, stehen seine Gedanken in so merkwürdiger Spannung mit unseren modernen Anschauungen. Erst wenn wir diese Spannung erleben, sind wir mit dem wahren Jesus in Beziehung getreten. Darum dürfen wir uns nicht verleiten lassen, seine Anschauungen zu modernisieren und unversehens seine Gedanken, wie wir sie denken, in seine Worte hineinzulegen. Seine Bedeutung für uns ist, daß er mit dem Geiste der modernen Welt kämpft und ihn aus der Niederung, in der er sich auch mit seinen besten Gedanken bewegt, auf die Höhe hinaufzwingt, auf der wir die Dinge nach dem höheren Wollen Gottes, das sich in uns regt, beurteilen, und nicht mehr in menschlicher Zweckmäßigkeit, sondern einzig in dem Müssen im Willen Gottes denken. [...]

Die ersten Christen erwarteten das Reich Gottes in Bälde, als eine totale Umgestaltung der natürlichen Welt in eine vollkommene. Wir sind bescheidener geworden. Nicht mehr dehnen wir das Reich Gottes aus auf die Welt. Wir beschränken es auf die Menschheit und erwarten es als das Wunder, in dem der Geist Gottes sich alle menschliche Gesinnung unterwirft. Die Generationen vor uns wollten und konnten glauben, daß sich dieses Wunder in einer stetigen, langsamen Entwicklung auswirke. Wir aber, in all dem grausigen und sinnlosen Geschehen, das wir erlebt haben und noch erleben, fühlen uns, wie durch eine furchtbare Welle, weit von dem Hafen des Reiches Gottes zurückgeworfen und müssen gegen Sturm und Flut darauf zurudern, ohne die Gewißheit zu haben, voranzukommen. So nimmt Gott auch uns, wie die ersten Christen, in die furchtbare Schule des Wortes: „Meine Gedanken sind nicht eure Gedanken." Er verlangt von uns das Schwere, daß wir dem Reiche Gottes treu sind als solche, die nicht sehen und doch glauben. Wir vermögen es, wenn wir von ihm ergriffen sind.

Gerhard Endreß

Islam – Religion der Hingabe

Islam ist ein Bekenntnis und ein Verhalten; es ist das „ausschließliche Bekenntnis" des einzigen, allmächtigen Gottes; es ist die „vollkommene Hingabe" an sein offenbartes Gebot; denn die Offenbarung ist Theophanie und Gesetz.

„Islam“ bezeichnet darum die Annahme der Offenbarung und die Verwirklichung des Gebotes, im weiteren Sinne die historisch gewachsene Rechtsordnung, die wiederum sowohl den Gottesdienst wie das Verhalten der Gläubigen in der Gesellschaft regelt. Die Bekenner des Islams *(muslimun)* bilden eine nach Gottes Willen von seinem Propheten begründete religiöse und politische Gemeinschaft (die *umma*). Die *umma* ist darüber hinaus – auch nach dem Scheitern der Civitas Dei und dem Zerfall der politischen Einheit – die Gemeinschaft der Menschen, der Völker und der Staaten, die sich in ihrem Glauben, in ihrem Gottesdienst, in ihrem privaten und öffentlichen Handeln unter das im Koran offenbarte Gesetz stellen. Dieses Gesetz ist gegründet auf Offenbarung; aber in seiner Ausgestaltung, Systematisierung und Formulierung ist es das Ergebnis geschichtlicher, politischer Erfahrung; und die Auseinandersetzung um Glaube und Gesetz hat die politische Geschichte des Islams bis heute bewegt. [...]

Muhammad, der Prophet, war nach seiner und seiner Gemeinde Überzeugung Empfänger der Offenbarung, Gottes menschliches Werkzeug. Die Botschaft des himmlischen Offenbarungsbuches „nachzusprechen“ und „vorzutragen“ war seine Sendung. „Sprich nach: Im Namen deines Herrn“ – mit diesem Eingangswort der ersten Offenbarung (Sure 96) sieht er sich zum Propheten berufen; dann folgt die Aufforderung „Steh auf und warne!“ (Sure 74), die ihn zum Gesandten Gottes an sein Volk designiert. Gläubige sammelten sich um ihn, und sie begannen alsbald, die einzelnen Offenbarungen aufzuzeichnen; im Koran selbst gibt es Anspielungen darauf – die Kenntnis der Schrift war in der Handelsstadt Mekka verbreitet genug. Für die Gemeinde der Gläubigen wurden diese Aufzeichnungen fortan Bestandteil des Gottesdienstes: Rezitationstext (*qur'an* „Vortrag“), Heilige Schrift, welche den Büchern der alten Schriftreligionen zur Seite trat und sie ablöste. Aber die Aufzeichnungen und Sammlungen der Offenbarungen wurden zu Lebzeiten Muhammads noch nicht zu einem Ganzen zusammengefügt. Eine neuere Untersuchung versucht mit scharfsinnigen Argumenten, das Gegenteil zu beweisen (John Burton): Erst die islamische Jurisprudenz habe die Differenz zwischen dem offenbarten Buch Gottes und dem kodifizierten Koran für sich entdeckt, um Lesarten und apokryphes Material in ihren Dienst stellen zu können; sie habe daher dem Propheten die Sammlung des Korans abgesprochen. Doch die Tradition ist einhellig – und wollten wir alle Tradition als Fabrikat von Tendenz und frommer Absicht relativieren, könnte Geschichte nicht geschrieben werden –: einhellig darin, daß erst der dritte Kalif (Utman, 644–656) das Buch des Islams insgesamt, einheitlich und unabänderlich, redigieren ließ. [...]

Die Zeichen und Symbole des Korans sind die seiner Umwelt. Anders wäre seine Verkündigung nicht vernommen worden. Der Islam hat Ethik, Rechtsvorstellungen und Kultus des alten Arabien, Gottesvorstellungen und religiöse Paradigmen des Judentums und des Christentums in sich aufgenommen. Die Frage nach den Quellen – geistigen Strömen im allgemeinen und literarischen „Vorlagen“ im besonderen – ist darum legitim. Die europäische Forschung hat große Anstrengungen auf die Ermittlung und Analyse der jüdischen und christlichen Elemente im Koran verwendet, der biblischen Stoffe und anderer Überlieferungen der orientalischen Religionsgemeinschaften. Sie hat damit manche wichtige Klärung erreicht, aber doch auch falsche Akzente gesetzt: aus den Versatzstücken anderer Religionen allein ist das Wesen und die Wirkung der islamischen Botschaft nicht zu erklären. Diese Religionen hatten sich nicht nur unter den seßhaften Arabern Syriens und des Irak verbreitet, sondern waren auch nach Innerarabien eingedrungen. Muhammad hatte auf den Handelsreisen entlang der Weihrauchstraße in seinen jungen Jahren das Christentum kennengelernt, und nach der Emigration begegnete er den Juden von Medina. Er selbst lernte im Laufe seiner religiösen und politischen Erfahrung, seine Religion als legitime Fortsetzung des älteren Monotheismus zu sehen. Aber die paradigmatische Bedeutung dessen, was er übernahm, wird weit in den Schatten gestellt durch die pragmatische Bedeutung des neuen Kerygmas, das ihm daraus erwuchs.

Worin lag das Neue? Die Gesellschaft, in der Muhammad aufwuchs, war eine Gesellschaft im Übergang: von der nomadischen zur seßhaften Lebensweise, vom Stammeskollektiv zum Individualismus, vom magischen Polytheismus zum Monotheismus; eine Gesellschaft, die zwischen alter Ordnung und neuen Interessen, zwischen eigener und fremder Religion eine neue Orientierung und einen Weg aus ihren Konflikten nicht finden konnte. Der Prophet ließ an sie das Gebot zur Besinnung und Umkehr ergehen, aber nicht durch radikale Negation, sondern durch Transformation des Bestehenden. Er sprach zu ihr in ihrer Sprache – im weitesten Sinne. [...]

Allah (aus *al-ilah* „*der* Gott") war schon vor dem Islam Gottesname und Gegenstand der Verehrung; schon vorher auch hatten einzelne Männer und Frauen – im Koran heißen sie *hanif* – den Schritt zum Monotheismus getan. Das Heiligtum der Gottheiten von Mekka, die Kaʿba, blieb Heiligtum, wurde geistliches Zentrum des monotheistischen Islam, selbst die Riten des alten Kultus wurden in die islamische Wallfahrt (den *hağğ*) hineingenommen. Aber was zusehends leere Schale geworden war, wegen der Märkte, der heiligen Monate und des mit ihnen verbundenen Landfriedens vor allem von wirtschaftlicher Bedeutung, bekam nun neuen Inhalt: Als Gründung Abrahams wurde die Kaʿba Eckstein der Heilsgeschichte, Symbol der wahren Religion, die vordem schon eingesetzt, im arabischen Koran erneuert und vollendet wurde. [...]

Selbstbesinnung, genauere Kenntnis der großen Schriftreligionen und die Auseinandersetzung mit dem Unglauben und den Angriffen der heidnischen Mekkaner führen Muhammad nach seinem öffentlichen Auftreten in Mekka zu einem erhöhten Selbstverständnis seiner Sendung. Er wird seiner Stellung im göttlichen Heilsplan inne, er nimmt Bezug auf die Offenbarungsreligionen und erläutert den monotheistischen Gottesglauben. [...]

Das Wirken Muhammads in Medina stellt andere Themen in den Vordergrund der Verkündigung. Aber stets bleiben Glanz und unfaßliche Größe des Herrn die Grunderfahrung seiner Religion, einer Religion, die Gesetzesstrenge und mystische Gottsuche gleichermaßen enthält.

Manfred Wöhlcke
Afro-brasilianische Kulte

Darunter verstehen wir die zahlreichen kleinen, sektenartigen Kultgruppen mit einer „animistisch-fetischistischen" Religion, wie wir sie vor allem in den unteren Schichten der großen Städte vorfinden; animistische Religionen sind solche, in denen an Geister (umgedeutete Götter oder Geister Verstorbener) geglaubt wird, mit denen die Menschen auf unterschiedliche Weise – häufig über „Medien" – in direkten Kontakt treten können, wobei dem Moment der Trance bzw. der Besessenheit eine besondere Bedeutung zukommt; fetischistische Religionen sind solche, in denen an die Übertragung geheimer Kräfte auf bestimmte Objekte (Fetische) geglaubt wird, die von ausgewählten Schamanen, Hexern oder Priestern gezielt zum Guten (weiße Magie) oder zum Bösen (schwarze Magie) eingesetzt werden können. In den „cultos afro-brasileiros" geht es also hauptsächlich um den direkten Kontakt mit den übernatürlichen Wesen und um die Anwendung geheimer Kräfte.

Die Urform dieser Religionen wurde in Brasilien mit den Sklaven aus Afrika importiert, entwickelte sich jedoch später unter dem Einfluß des Katholizismus und des Spiritismus zu unterschiedlichen Mischformen. Die ursprünglich gehegte Hoffnung, daß sich diese Kulte – die als ein Indiz für Rückständigkeit und zuweilen regelrecht als eine „nationale Schande“ angesehen wurden – im Zuge der Industrialisierung und Urbanisierung allmählich auflösen würden, erfüllte sich nicht. Im Gegenteil, heute erfreuen sie sich einer außerordentlichen Verbreitung und nehmen von Tag zu Tag zu.

2. GÖTTER UND GOTTESBILDER

Upanischaden
Die Sonne – das Brahman

In dem Schöpfungsmythos Chāndogya-Upaniṣad 3,19 wird das Nichtseiende an den Anfang gestellt, doch sogleich im nächsten Satz das Nichtseiende zum Seienden erklärt. Die aus diesem Seienden erfolgende Evolution wird sehr gegenständlich dargestellt und die Sonne als das Brahman betrachtet.

Die Sonne ist das Brahman. So lautet die Anweisung. Und für diese Anweisung gibt es diese Erläuterung: Nichtseiend war dieses am Anfang. Und dieses Nichtseiende war das Seiende. Dieses entstand. Da entwickelte sich ein Ei. Das lag für die Dauer eines Jahres da. Darauf teilte es sich. Eine von den beiden Eierschalen war aus Silber, die andere aus Gold. Welches die silberne ist, das ist die Erde, und was die goldene ist, das ist der Himmel dort. Die äußere Eihaut (Chorion) sind die Berge, die innere (Amnion) sind Wolken und Nebel, die Gefäßadern sind die Flüsse, das Fruchtwasser ist der Ozean.

Und was da geboren wurde, das ist die Sonne. Und als sie geboren war, erhoben sich lärmende Jubelschreie und alle Wesen und alle Wünsche. Aus diesem Grunde erheben sich bei ihrem Aufgang und bei ihrer regelmäßigen Wiederkehr lärmende Jubelschreie und alle Wesen und alle Wünsche.

Wer dieses weiß und die Sonne als das Brahman verehrt, für den besteht die Hoffnung, daß ihm gewogene Jubelschreie entgegenhallen und ihn erquicken.

Herbert J. Rose
Griechische Götter

Das urerste Paar, Himmel und Erde, ist freilich keineswegs nur dem griechischen Mythos eigen, sondern es wird zum Beispiel auch in dem weit entfernten Neuseeland gefunden, wo es als Rangi und Papa erscheint und wo auch sonst der Mythos in den Hauptzügen Ähnlichkeiten mit Hesiod zeigt. Da an irgendwelche ethnographische oder kulturelle Verbindungen zwischen den Griechen der Zeit Hesiods und den Maoris nicht zu denken ist, wird man annehmen müssen, daß beide Mythen an den verschiedenen Orten unabhängig voneinander entstanden sind. Der Himmel (Uranos) kann kaum als ein Gott bezeichnet werden, d. h. es spricht nichts dafür, daß die Griechen ihn jemals kultisch verehrt haben. Sein Platz wurde von Zeus eingenommen, den wir später betrachten werden. Da Uranos offenbar ohne Kult war, bestand keine Notwendigkeit, ihn in der Kunst darzustellen, so daß sich auch kein bestimmter bildlicher Typus für ihn herausbildete. Aus dem gleichen Grunde wechselten die Angaben über seine Abstammung und Verwandtschaft. Nicht selten wird er Akmonides genannt, d. h. Sohn des Akmon. Die Bedeutung dieses Namens ist unklar, man könnte ihn vielleicht als „unermüdlich" verstehen, es wurde aber auch scharfsinnig vermutet, daß er mit açman, einem Wort des Altpersischen und Sanskrit, zusammenhängt, in welchem Fall er „Stein" bedeuten würde. Wie wir schon gesehen haben, stellten die Griechen sich den Himmel materiell, aus Eisen oder Bronze bestehend, vor. Daher ist es wahrscheinlich, daß Uranos mit açman gleichgesetzt werden darf, zumal da auch Hyperion manchmal die Sonne, manchmal der Vater der Sonne ist. Gelegentlich erscheint Uranos auch als der Sohn des Äther, mit anderen Worten, der Himmel ist vom Äther erzeugt.

Im Gegensatz zu Uranos ist die Erde (Gaia, Ge) eine echte Göttin und hat einen weitverbreiteten und wohlbekannten Kult. Vermutlich verkörperte sie, wenigstens in der Frühzeit, nicht die Erde als Ganzes, sondern nur das besondere Stück (ein oder mehrere Landgüter oder das Gebiet eines kleinen Staates), mit dem die Verehrer verbunden waren, oder, besser gesagt, die Kraft, die in diesem Stück Boden wohnte und ihn alle Arten von Pflanzen hervorbringen ließ. So erklärt es sich, daß in der Kunst Gaia häufig dargestellt wird, wie sie sich aus dem Erdboden erhebt, ähnlich wie man sich Zeus vom Himmel herabsteigend oder Poseidon über das Meer reitend vorstellte. Trotzdem bleibt sie im Kult und in der Mythologie eine etwas unbestimmte Gestalt und wird weitgehend durch Göttinnen, die einen ähnlichen Ursprung haben, aber stärker vermenschlicht sind, ersetzt.

Die bisher erwähnten Kinder dieses ersten Paares werden in ihrer Gesamtheit mit einem Namen von unbekannter Bedeutung „Titanen“ genannt. Ebenso unklar sind Art und Ort ihres Ursprungs sowie ihre Bedeutung für die Menschen, die zuerst an sie glaubten. Die langen und sehr widerspruchsvollen Artikel von Bapp und Mayer in Roschers Lexikon zeigen zur Genüge, wie sehr unsere Vorstellungen von ihnen nur das Ergebnis geistvoller und gelehrter Kombinationen aus dürftigen und zweifelhaften Angaben sind. Als sicher kann wohl nur gelten, daß die Titanen sehr alte Göttergestalten waren, die im historischen Griechenland wenig verehrt wurden und einer so entfernten Vergangenheit angehörten, daß selbst die frühesten Griechen, von deren Glauben wir etwas wissen, sie nur im Nebel der grauen Vorzeit sahen. Zu der Liste, die Hesiod gibt und die aus anderen Autoren ergänzt werden kann, bilden sechs Namen eine besondere Gruppe: Kronos, Okeanos und Iapetos mit ihren Gefährtinnen Rhea, Tethys und Themis. Von Kronos und Rhea wird gleich zu handeln sein, Okeanos und Tethys werden an einer berühmten Stelle der Ilias als Vorfahren der Götter genannt, Iapetos wird von Homer zusammen mit

Kronos erwähnt, und Aischylos stellt gelegentlich fest, daß Themis dieselbe sei wie Gaia. Die Namen Kronos, Iapetos, Okeanos, Tethys sind aller Wahrscheinlichkeit nach nicht griechisch, Rhea oder Rheia ist ein Wort zweifelhaften Ursprungs, ebenso Themis, das aber vielleicht eine griechische Wurzel hat.

Nach allgemeiner Ansicht verkörpern die Titanen Naturgewalten. Hyperion ist anscheinend ein Sonnengott; Themis, wie schon erwähnt, eine Erdgottheit; Okeanos' Name deutet auf seine Verbindung zu dem mythischen Strom, der die Welt umfließt. Name und Art von Koios und Krios sind unbestimmt; Theia und Phoibe sind „die Göttliche" und „die Helle", letztere steht auch gelegentlich in Verbindung mit dem Mond, aber nur bei späten Schriftstellern, anscheinend infolge Gleichsetzung mit ihrer Enkelin Artemis. Nach dem gewichtigen Zeugnis des Aischylos war sie die dritte Besitzerin des delphischen Orakels vor Apollon, dem sie es übergab. Mnemosyne ist eine reine Abstraktion, das personifizierte Gedächtnis, und hat eigentlich nichts bei den Titanen zu suchen. Wir haben also eine Gruppe von Gottheiten, die größtenteils nicht griechisch sind, möglicherweise mit dem Himmel, sehr wahrscheinlich mit der Erde verbunden waren und die man wohl mit Recht für vorgriechische Götter hält, an welche die Erinnerung durch eine gewisse Verehrung an manchen Orten noch lange wachgehalten wurde. Die Sage von den Titanen besteht hauptsächlich in der Erzählung ihres Kampfes mit den olympischen Göttern, der wahrscheinlich alte Kämpfe der Einwanderer mit den Eingeborenen widerspiegelt, wobei natürlich die von jeder der beiden Gruppen verehrten Götter an Sieg oder Niederlage teilhatten.

Außerdem waren noch die drei Hekatoncheires, hunderthändige Riesen, Kottos, Briareos (oder Obriareos; nach Homer nannten ihn die Menschen Aigaion) und Gyes, sowie die drei Kyklopen, Brontes, Steropes und Arges (Donnerer, Blitzer und Strahler) geboren worden. Die letzteren wurden Kyklopen („Rundaugen“) genannt, so erklärt ein früher Interpolator des Hesiod-Textes, weil jeder nur ein Auge in der Mitte der Stirn hatte; sie waren göttliche Schmiede, die Zeus’ Blitze verfertigten. Homer freilich gibt uns ein völlig anderes Bild von ihnen. Für ihn sind sie ein Geschlecht wilder Riesen, die auf einer Insel (möglicherweise auf Sizilien, später galt das als sicher) in einem Zustand rauher Hirtenkultur lebten. Da er nichts von „edlen Wilden“ weiß, schildert er den Kyklopen Polyphemos, den Odysseus trifft, als einen rauhen und brutalen Unhold, völlig gefühllos gegenüber jeglichen moralischen Verpflichtungen und durch den überlegenen Verstand des kultivierten Achaiers leicht zu überlisten. Über beide Arten von Kyklopen wird noch mehr zu sagen sein, wenn wir von Hephaistos, Odysseus und Galateia sprechen. Das Trio der Hekatoncheires besteht aus recht schemenhaften Gestalten.

Manfred Clauss
Mithras als Gott der Zeit

Mithras selbst ist als Gott der Zeit, genauer gesagt, als Gott des Jahres angesehen worden. Die griechische Form seines Namens Μείθρας, in der das ει als langes „i“ gesprochen wurde, ist als verschlüsselte Anspielung darauf verstanden worden. Da das griechische Ziffernsystem sich aus den Buchstaben des Alphabets zusammensetzte, war in der Astronomie die Umwandlung von Buchstaben eines Namens in die entsprechenden Zahlwerte, deren Addition dann charakteristische Größen ergaben, sehr beliebt. Für den Namen des Μείθρας ließ sich auf diese Weise folgende Rechnung aufmachen, die einige antike Autoren bestätigen:

Abb. 1: Mithras als „Zeitgott“ (Relief aus Rom)

μ	=	40
ε	=	5
ι	=	10
ϑ	=	9
ϱ	=	100
α	=	1
ς	=	200
Μείϑϱας	=	365

Mithras war damit der Gott des Jahres und wurde so vielleicht auch mit dem löwenköpfigen Zeitgott identifiziert.

Die Gottheit hat aber ebenso Aspekte von Sarapis, Apollo, Jupiter, Pluto, Aesculap, Pan und anderen Göttergestalten. Sie ist ein ideales Beispiel für das Zusammentreffen unterschiedlicher religiöser Vorstellungen, die sich durchaus nicht immer miteinander in Einklang bringen lassen müssen. Dies sei an einem Relief illustriert, das ursprünglich wohl aus Rom stammt, sich nun aber in Modena befindet; diese Darstellung vereinigt in sich ebenfalls eine Fülle von Elementen unterschiedlichen Ursprungs. Die folgenden Zeilen können die einzelnen Elemente nur beschreiben, eine Erklärung verbietet sich zumeist, da wir nicht entscheiden können, ob astrologische, orphische, chaldäische, persische oder griechisch-römische Vorstellungen dominieren.

Im Mittelfeld steht ein nackter Jüngling mit einem Stab in seiner Linken und einem Donnerkeil in seiner Rechten (Abb.). Er ist geflügelt, als Herr der Winde, und steht mit seinen Füßen, hufartig wie diejenigen des Pan, auf der einen Hälfte eines eiförmigen Gebildes, aus dem Flammen schlagen. Die zweite Hälfte des Gegenstandes befindet sich über seinem Kopf, der von Strahlen umgeben ist und die Sonne symbolisiert. Gleichzeitig ragen hinter seinen Schultern an beiden Seiten die Spitzen einer Mondsichel hervor. Um seinen Körper windet sich eine Schlange, deren Kopf sich unmittelbar über dem Haupt des Jünglings befindet. Auf seiner Brust sieht man ein Löwenhaupt, seitlich davon befinden sich ein Widder und ein Bock, möglicherweise als Bild der Vergangenheit und der Zukunft deutbar. Um die Figur liegt ein ellipsenförmiges Band, das wiederum ein Ei, das Welt-Ei, symbolisiert, aus dem der Himmelskreis entsteht; denn auf ihm sind die Zeichen des Zodiacus abgebildet. In den Ecken befinden sich auch hier die Köpfe der vier Windgötter. Das Relief trägt ferner die Namen der Stifter Euphrosynus und Felix, letzterer ist *pater*.

Virginia R. Mollenkott

Gott als Mutter

Am verbreitetsten unter allen biblischen Bildern von einem weiblichen Gott ist das einer mütterlichen Gottheit. Nicht nur vom Schöpfer gibt es Schilderungen, wie er die Schöpfung im Schoß trägt und gebärt, sondern auch Christus und der Heilige Geist werden in ähnlichen Rollen vorgestellt.

Jesaja 42,14 werden Jahwes Schmerzen mit Wehen verglichen. Wie ein Held geht Jahwe gegen unrechte Götzendiener vor und sagt: „Ich hatte sehr lange geschwiegen, ich war still und hielt mich zurück. *Wie eine Gebärende will ich nun schreien,* ich schnaube und schnaufe.“ (Hervorhebung d. A.) Gottes Schmerz angesichts des menschlichen Versagens, Gerechtigkeit zu verwirklichen, ist machtvoll eingefangen in dem Bild einer Frau, die sich schwer atmend vor Geburtsschmerzen windet. In diesem Bild erscheint Gott denen sehr nahe, die von den Wirrnissen und Leiden der Welt niedergedrückt werden. Aus Gottes Geburtsschmerzen entsteht eine neue Welt, in der die Blinden sicher geführt werden, ihre Finsternis zu Licht gemacht wird (Jes 42,16).

Ein helleres, transzendentes Bild von Gott als Mutter findet sich in Paulus’ Rede an den Athenischen Rat auf dem

Areopag (Apg 17,26 + 28). Paulus erklärt, daß Gott auf niemanden angewiesen ist, da er allein allen Menschen Leben und Atem gegeben habe. Überdies ist er nicht fern von uns, denn *in* ihm leben wir, bewegen wir uns und sind wir. Obwohl Paulus nicht ausdrücklich davon spricht, ist klar, daß wir außer im Mutterleib nie *in* einem anderen Menschen leben. Darum beschreibt er die gesamte Menschheit – Menschen aller Hautfarben, Religionen, aller politischen und ökonomischen Systeme – als lebend, sich bewegend und seiend im kosmischen Schoß des einen Gottes.

Paulus wird ein solches Bild gewiß nicht fremdartig empfunden haben, denn durch seine gründliche jüdische Erziehung war er sicher vertraut mit der Vorstellung Gottes als Zeuger und Gebärer in Deuteronomium 32,18: „An den Fels, der dich gezeugt hat, dachtest du nicht mehr, und vergaßest den Gott, der dich geboren hat." Ihm wird auch Ijob 38,28–29 bekannt gewesen sein, wo die beiden Bilder nebeneinander stehen, wie Gott den Regen zeugt und das Eis aus seinem Schoß hervorbringt. Zweifellos wird er sich erinnert haben, daß es Ijob 38,8 vom Meer heißt, es sprudle ungestüm aus dem Mutterleib hervor. Aus diesem alles umschließenden Schoß hat Gott nicht nur alle Menschen, sondern auch die ganze Schöpfung geboren.

Noch bedeutsamer für die bei Paulus in Apostelgeschichte 17,28 implizierte Mutterleibsvorstellung ist sicher seine Kenntnis davon, daß das hebräische Wort *rachum* oder *racham* – gewöhnlich mit *Erbarmen* wiedergegeben – eng verwandt ist mit dem Wort für Mutterleib (*racham* oder *rechem*). Daher könnten hebräische Bezugnahmen auf Gottes Erbarmen sinnvollerweise mit „Gottes Mutterliebe" übersetzt werden, wie Phyllis Trible es vorgeschlagen hat. Man kann dann Apostelgeschichte 17,28 als Beteuerung verstehen, daß alle Menschen nicht nur im Leib, sondern auch in der sehnsüchtigen „Mutter*liebe*" Gottes existieren.

Vielleicht hatte Jesus all dies im Sinn, als er darauf hinwies, daß sein Leiden am Kreuz die Geburtsschmerzen oder

Wehen bei der Hervorbringung der Neuen Menschheit einleite: Er tröstet die Jünger angesichts der Schwierigkeiten, denen sie in der Welt gegenüberstehen werden, mit dem Bild einer Geburt (Joh 16,21). Eine Frau, sagt er, ist bekümmert, wenn ihre *Stunde da ist* und die Wehen beginnen. Aber später wendet sich ihre Not in Freude durch die tatsächliche Ankunft des Kindes. Nach dem Bericht des Johannes begann Jesus wenige Minuten später mit den Worten zu beten: „Vater, *die Stunde ist da*" (17,1). Welche Stunde? Für Christus, die Mutter, die Stunde der Schmerzen und Not, die Stunde der Geburtswehen.

Paulus verwendet ähnliche Bilder in Römer 8,28: „Denn wir wissen, daß die gesamte Schöpfung bis zum heutigen Tag seufzt und in Geburtswehen liegt. Aber auch wir, obwohl wir als Erstlingsgabe den Geist haben, seufzen in unseren Herzen und warten darauf, daß wir mit der Erlösung unseres Leibes als Söhne offenbar werden." Erlösung wird hier als Geburtsvorgang dargestellt, der sich nicht nur in jedem einzelnen (Mikrokosmos), sondern auch in der Schöpfung als ganzer (Makrokosmos) ereignet. Wenn wir über das Bild im Licht tatsächlicher weiblicher Erfahrung nachdenken, wird uns gegenwärtig, wie beschwert eine Frau sich kurz vor der Geburt fühlt, wie bestrebt sie ist, frei zu werden von ihrer neunmonatigen „Beengtheit". Wir wissen auch, daß Spannung und Anstrengung die Geburt nur schmerzhafter machen und erschweren. Die Grundidee bei der natürlichen Geburt ist, sich zu entspannen, rhythmisch zu atmen und den körperlichen Vorgängen zu folgen. Auf ähnliche Weise werden wir eher Christus gleich, wenn wir lernen, geduldig zu sein mit uns selbst, und wenn wir in Harmonie mit unserem Körper leben, statt ihn zu strafen um dessen willen, was wir für spirituelles Fortkommen halten. Der Körper darf nicht mißhandelt werden, um die Seele zu erfreuen, könnte man mit William Butler Yeats sagen.

Weil Paulus meinte, wir Christen sollten Gottes Mutterschaft bei der Pflege unseres Geistes und in der gegenseitigen Fürsorge widerspiegeln, wandte er ohne Zögern weibliche Bilder auf sich selbst an. An die Christen in Galatien schrieb er: „Für euch, meine Kinder, (erleide) ich von neuem Geburtswehen, bis Christus in euch Gestalt annimmt" (4,19) – eine zweifache Geburtsvorstellung, denn Paulus sagt, daß er wiederholt Geburtsschmerzen leiden müsse, bis Christi Bild in den Galatern voll empfangen sei und Gestalt angenommen habe. Dann erst könnten sie selbst gebären.

Da Paulus die Mutterbilder in Nachahmung der Gott-als-Mutter-Vorstellung gebraucht, überrascht es nicht, daß die Zisterzienser des 12. Jahrhunderts ihre Arbeit in Begriffen der Mutterschaft beschrieben haben. Bernhard von Clairvaux z. B. schärft seinen Prälaten ein: „Lernt, daß ihr Mütter, nicht Herren sein sollt gegenüber denen, die euch anvertraut sind."

Jesus sprach Johannes 3,6 vom Heiligen Geist als Mutter: „Was aus dem Fleisch geboren ist, das ist Fleisch; was aber aus dem Geist geboren ist, das ist Geist." Aus dem Fleisch geboren zu sein heißt, aus einer menschlichen Mutter hervorgegangen zu sein; aus dem Geist geboren zu sein bedeutet, von einer göttlichen Mutter zu stammen. Ähnlich erklärt das Johannes-Evangelium, daß wer an das *Wort* glaubt, das nicht aus menschlichem Geschlecht geboren ist, selbst „Kind Gottes" wird oder in anderen Worten „aus Gott geboren" ist (1,12). Und im ersten Johannesbrief heißt es, daß jeder, der liebt, „von Gott stammt" (4,7). Solche Abschnitte ermutigen uns, alle Bilder vom „Neu- oder Wiedergeborenwerden" als Bestätigung der weiblichen Komponente in der Natur Gottes zu sehen. Die Verkündigung, daß die Menschen „wiedergeboren werden müssen", ist eine Aufforderung, Gottes Mutterleib und die Geburt aus ihm wirklich zu erfahren.

Praktisch bedeutet das die Abwendung von der Ichbezogenheit und die vollkommene Einstimmung in Gottes Willen, so wie ein Fötus sich im Einklang mit der Frau befindet, deren Leben sein Leben trägt. Der große deutsche Mystiker Jakob Böhme beschreibt den Prozeß des Neugeborenwerdens so: „Gleich wie das Fleisch sterben muß, also muß auch das Leben und der Wille der Sünden sterben, und muß werden als ein Kind, das nichts weiß, und ächtzet allein nach der Mutter, die es geboren hat. Also ganz muß eines Christen Wille wieder in die Mutter, als in den Geist Christi, eingehen ..." Diese Mutter, sagt Böhme, ist das Wort Gottes: „Welches Wort unsere ewige Mutter ist, in dero Leib wir gezeugt und ernähret werden ..." Und Böhme seufzt: „Wenn wir nicht halb so viel wußten, und waren viel kindischer, ... und lebten als Kinder einer Mutter, als wie die Zweige an einem Baume, die alle von einer Wurzel stammen, wären wir viel heiliger."

In der Tat, das Trachten nach heiligem inneren Frieden und nach Frieden auf Erden ist wohl der beste aller Gründe, das biblische Bild von Gott als unserer Einen Mutter neu zu entdecken.

Manfred Wöhlcke

Götterfamilie brasilianisch

Das Glaubensgebäude der Kulte des Typs Candomblé ist sehr kompliziert. Die Mythologie bezieht sich im wesentlichen auf eine hierarchisch gegliederte Götterfamilie, deren Mitglieder bei besonderen festlichen Anlässen von der „terra da vida" (Land des Lebens, gemeint ist Afrika) herbeikommen und sich in der Besitzergreifung ihrer „filhos" (Kinder) körperlich manifestieren. Jeder dieser „orixás" ist vielgestaltig. Den einzelnen orixás sind bestimmte Analogien wie Pflanzen, Farben, Metalle, Tiere, Wochentage und anderes mehr zugeordnet.

Die einzelnen „filhas de santo" (wörtlich: Töchter des Heiligen), d. h. die zumeist weiblichen Mitglieder des Kults, die von einem orixá ergriffen werden, sind bei der Weihe auf je einen bestimmten orixá fixiert worden, dem sie vordringlich dienen und der allein diese Person bei der Besitzergreifung in seine Gewalt nimmt und dadurch persönlich erscheint. Die wichtigsten der nahezu hundert bekannten orixás sind folgende:

olorún – Ein entrückter Gottvater, der allerdings weitgehend in Vergessenheit geraten ist und nur noch spurenweise in der Mythologie nachgewiesen werden kann.

oxalá – Dessen Sohn, Vater der übrigen Götter und Schöpfer der Menschheit; in der katholischen Entsprechung Senhor do Bonfim (Jesus als Schutzpatron von São Salvador), seltener der Heilige Geist; Geschlecht: männlich und weiblich; Fetisch: Bleiring, Muscheln; Insignie: Schellenstab; Opferspeise: Ziege, Taube; Kleiderfarbe: weiß; Farbe der Halsketten: weiß; Armreife: weise Ketten, Blei; Wochentag: Freitag.

xangô – Gott der Gewitter (Blitz, Donner) mit bisexuellem, aber zunehmend phallisch-maskulinem Charakter. Die Mythologie sieht in ihm einen ehemaligen König der Nagô. In der katholischen Entsprechung: Heiliger Hieronimus und Heilige Barbara; Fetisch: Feuerstein; Insignie: Lanze und kleines Beil; Opferspeise: Hahn, Schildkröte, Bock, „carurú" (afrikanisches Fisch- und Gemüsegericht); Kleiderfarbe: hauptsächlich rot; Farbe der Halskette: rot und weiß; Armreife: Messing; Wochentag: Mittwoch; Jahresfest am 30. September. Ferner mit ähnlich detaillierten Zuordnungen:

ogún – Gott des Krieges und des Eisens (Hl. Antonius)

oxóssi – Gott der Jagd (Hl. Georg)

omolú – Gott der Pest und der Pocken (Hl. Rochus, Hl. Benedikt)

yemanjá – Göttin des Salzwassers (Nossa Senhora do Rosário/Heilige Jungfrau vom Rosenkranz)

yansan – Göttin des Windes und des Gewitters (Hl. Barbara)

oxún – Göttin des Flusses Oshun (Nigeria) (Nossa Senhora das Candeias, Nossa Senhora de Conceição)

anamburucú – Göttin des Regens (Nossa Senhora de Sant'Ana)
oxumarê – Göttin des Regenbogens.

Höhepunkte des religiösen Erlebnisses sind die Anwesenheit der lebendigen, leibhaftigen Götter und der Vollzug der weißen und gelegentlich schwarzen Magie.

Die Zeremonien in diesen Kulten sind ernst und würdig und folgen den überlieferten rituellen Vorschriften. Der rituelle Kalender dieser Kulte kennt tägliche rituelle Pflichten und besondere festliche Zeremonien. Ein Candomblé-Kult in Bahia, dessen Oberpriester (pai de santo) z. B. dem Gott ogún geweiht ist, beginnt das religiöse Jahr in der zweiten Septemberwoche; je ein Sonntag wird in der folgenden Reihenfolge den einzelnen orixás gewidmet: oxalá-velho, oxalá-jovem, ogún, ogún, ogún, xangô, oxún, oxóssi, yemanjá, yansan. Am elften Sonntag und dem folgenden Montag wird dem Pockengott omolú gehuldigt und am darauffolgenden Sonntag und Montag allen weiblichen Wassergottheiten. Am abschließenden Sonntag wird dem Gott ogún eine „feijoada" (spezielle Bohnenspeise) nach einem komplizierten Ritual dargebracht. Das restliche Jahr über, mit Ausnahme der Fastenzeit, werden einige besondere Zeremonien abgehalten, die zum Teil öffentlich sind und aus mehreren Teilen mit zahlreichen komplizierten Einzelriten bestehen.

Es läßt sich zeigen, daß die Kulte des Typs Candomblé sehr „passend" für eine Schicht sind, deren Unterprivilegierung in diesen noch sehr traditionell geprägten Regionen paternalistisch entschärft ist, wo die wirtschaftlichen und sozialen Konkurrenzen und die Mobilität gering sind und wo die objektive Misere als einigermaßen lebensmöglich und erträglich erlebt wird; in einem etwas zynischen Jargon ist dies die „pittoreske Armut".

3. MYSTISCHE GOTTESERFAHRUNG

Albert Schweitzer
Brahmanische Mystik

Mystik ist die vollendete Art von Weltanschauung. In der Weltanschauung sucht der Mensch zu dem unendlichen Sein, dem er in natürlicher Weise angehört, auch in ein geistiges Verhältnis zu gelangen. Er setzt sich mit der Welt auseinander, ob er den geheimnisvollen Willen, der in ihr waltet, erfassen und mit ihm eins werden könne. Nur im geistigen Eins-Werden mit dem unendlichen Sein kann er seinem Leben einen Sinn geben und Kraft zum Erleiden und zum Wirken finden.

Handelt es sich in der Weltanschauung letzten Endes um unser geistiges Eins-Werden mit dem unendlichen Sein, so ist die vollendete Weltanschauung notwendigerweise Mystik. In der Mystik verwirklicht der Mensch das geistige Einswerden mit dem unendlichen Sein.

Nur die Mystik entspricht dem Ideal der Weltanschauung. Alle anderen Weltanschauungen sind der Art nach unvollkommen und unsachlich. Statt eine Lösung der fundamentalen Frage des geistigen Eins-Werdens des Menschen mit dem unendlichen Sein zu geben und von dieser aus dann im einzelnen zu entscheiden, wie er sich zu sich selbst und zu den Dingen der Welt zu verhalten hat, stellen diese anderen Weltanschauungen Lehren über die Welt auf, die den Menschen über das, was er in ihr soll, unterrichten.

Die Lehre über die Welt, die diese doktrinären Weltanschauungen vertreten, ist dualistisch. Sie nehmen im Urgrund des Seins zwei Prinzipien des Geschehens an. Das eine wird als ethische Persönlichkeit aufgefaßt, die gewährleistet, daß dem Weltgeschehen ein ethisches Ziel gesetzt ist; das andere wird als die der Welt innewohnende natürliche Kraft vorgestellt, die in dem gesetzmäßigen Ablauf des Geschehens wirksam ist. Diese dualistische Weltanschauung existiert in zahlreichen Varianten. In der Lehre Zarathustras, in der der israelitischen Propheten und im Christentum wird das Weltgeschehen als ein Kampf, in dem sich die übernatürliche, ethische Macht gegen die natürliche, nichtethische durchsetzt, gedeutet. Wo ein mehr kritisches Denken am Werk ist, sucht es den Dualismus nach Möglichkeit zuzudecken. Aber vorhanden ist er dennoch. Auch Kants Philosophie ist dualistisch. Sie operiert mit der dem Christentum entstammenden Vorstellung des ethischen Weltschöpfers, ohne sich darüber zu rechtfertigen, wie sie ihn mit dem Urgrund des Seins zu identifizieren vermag.

Die dualistische Weltanschauung ist unsachlich. Sie enthält eine mit den Tatsachen nicht in Übereinstimmung zu bringende Lehre von der Welt. Sie kommt aus einem Denken, das durch Glauben beeinflußt ist.

Während das indische Denken also bei der vollendeten Art von Weltanschauung, der Mystik, verbleibt, bemüht sich das unsere um eine, die ihrem Wesen nach naiv und unsachlich ist.

Wie ist dies zu erklären?

Wohl ist die Mystik die der Art nach vollendete Art von Weltanschauung. Aber dem Inhalt nach ist alle bisherige Mystik unbefriedigend, weil sie welt- und lebensverneinend ist und keinen ethischen Gehalt hat. Dies liegt daran, daß in dem Weltgeschehen, und also auch in dem Urgrunde des Seins, kein ethisches Prinzip zu entdecken ist.

Aus Welterkenntnis läßt sich keine Ethik gewinnen. Ethik läßt sich auch nicht mit Welterkenntnis in Übereinstimmung bringen.

Aus diesem Grunde befindet sich das Denken in der Unmöglichkeit, zu der Vorstellung eines geistigen Eins-Werdens mit dem unendlichen Sein zu gelangen, aus dem sich die Idee der Hingabe an die Welt in ethischem Wirken ergibt. So erklärt sich, daß die bisherige Mystik unter dem geistigen Eins-Werden des Menschen mit dem unendlichen Sein eigentlich nur ein tatenloses Aufgehen in ihm versteht.

Es ereignet sich also das Merkwürdige, daß das Denken, wenn es sachlich verfährt, die Weltanschauung ethischer Welt- und Lebensbejahung nicht zu rechtfertigen vermag. Will es sie dennoch vertreten, weil das natürliche Empfinden sie für wahr und wertvoll hält, so muß es an die Stelle der wirklichen Welterkenntnis eine dualistische ethische Welterklärung setzen. Es darf die Welt nicht mehr als etwas ansehen, das aus dem geheimnisvollen Urgrund des Seins hervorgegangen ist und fort und fort hervorgeht, sondern es muß einen Weltenschöpfer annehmen, der ethischen Charakter hat und dem Weltgeschehen ein ethisches Ziel setzt.

Dieser ethischen Welterklärung zufolge tritt der Mensch durch ethisches Wirken in den Dienst des göttlichen Weltzieles.

Solange das Denken noch naiv ist, bereitet ihm die ethisch-dualistische Welterklärung keine Schwierigkeiten. In dem Maße aber, als es sich entwickelt, kommt es dazu, sich von ihrer Unzulässigkeit mehr oder weniger deutlich Rechenschaft zu geben. Darum bleibt die dualistische Denkweise in der europäischen Philosophie nicht unangefochten. [...]

Als ein großes Geheimnis lehren die Brahmanen also die Mystik des Eins-Seins der Seelen aller Wesen und aller Dinge mit der All-Seele. Dieser Mystik zufolge gehört alles Seelische der All-Seele an. Der Mensch trägt die All-Seele in sich. Und weil die All-Seele allem Sein innewohnt, findet er sein eigenes Selbst in allem Sein wieder, in dem der Pflanzen wie in dem der Götter. Dies ist der Sinn des berühmten „Tat tvam asi“ (Das bist du selbst) der Upanishads. [...]

Die brahmanische Mystik des Einswerdens mit dem Unendlichen ist also ganz anderer Art als die europäische. In der europäischen gibt sich der Mensch dem Unendlichen in Demut hin und geht in ihm auf; in der brahmanischen vergegenwärtigt er sich mit Stolz, daß er in dem eigenen Sein das unendliche in sich trägt.

Verglichen mit dem brahmanischen Übermenschen ist der Nietzsches ein armseliges Geschöpf. Der brahmanische ist über die ganze Welt erhaben, der Nietzsches nur über die menschliche Gesellschaft.

Aus der Freiheit der Seele von der Sinnenwelt, wie sie die brahmanische Mystik verkündet, ergibt sich, daß der Mensch sein Leben in völliger Abkehr von allem Irdischen zu verbringen habe. Sein Sinnen muß ganz auf die Welt des reinen Seins gerichtet sein. Wie einer, der mit verbundenen Augen aus seinem Lande entführt und in der Fremde freigelassen wurde, sich nun von Dorf zu Dorf den Weg nach seiner Heimat erfragt und nicht ruht, bis er in ihr angelangt ist: also hat sich, nach einem in den Upanishads gebrauchten Bilde, der Mensch in dieser Welt zu verhalten.

„Wenn alle Wünsche schwinden, die in seinem Herzen wohnen, dann wird der Mensch unsterblich. Schon hier erlangt er das Brahman. Wie eine alte abgeworfene Schlangenhaut auf einem Ameisenhaufen liegt, also liegt der Körper jetzt da."

Schon in einem der Brāhmaṇas heißt es, daß die Himmelswelt nicht von dem, der den Göttern opfert, erlangt werden kann, sondern nur von dem, der sich selber opfert.

Aufgrund der brahmanischen Lehre von dem Eins-Sein mit dem reinen Sein wird die Welt- und Lebensverneinung also zu einer Forderung der Weltanschauung. Sie hört auf, nur für die Brahmanen und Yogins Bedeutung zu haben. Anstelle der ursprünglichen Anschauung, daß nur die Brahmanen und Yogins mit dem Brahman eins werden können, ist ja nun die andere getreten, daß jede Menschenseele ihm zugehört. Also gilt die Welt- und Lebensverneinung nunmehr für den Menschen als solchen. [...]

Mit Ethik hat die brahmanische Mystik nichts zu tun. Sie ist durch und durch überethisch.

Die Brahmanen wagen es, sich einzugestehen, daß sich aus dem Nachdenken über die Welt nichts Ethisches ergibt. Sie legen dem übersinnlichen Urgrunde der Welt keine ethischen Eigenschaften bei. Dies erlaubt ihnen, ganz in der monistischen Denkweise zu verbleiben. Es zwingt sie aber auch, das Einswerden mit dem unendlichen Sein als eine rein geistige Tat, die mit dem Ethischen nichts zu tun hat, aufzufassen.

Über die Welt erhaben sein, will für die Brahmanen heißen: über allem Tun stehen, dem guten sowohl wie dem bösen. Dies sprechen sie offen aus.

In einer Upanishad heißt es: „Die Gedanken ‚Ich tat Übles' oder ‚Ich tat Gutes' überwindet der Unsterbliche beide. Gut und schlecht, getan oder nicht getan, schmerzt ihn nicht."

Die Brahmanen der Upanishad-Zeit machen keinen Versuch, der Welt- oder Lebensverneinung und der Mystik des Eins-Seins mit dem Brahman eine ethische Bedeutung zu geben. So nahe es läge, die Lehre vom Tat tvam asi ins Ethische zu wenden, so tun sie es dennoch nicht. Daß der Mensch in allen Wesen sich und sich in allen Wesen zu sehen habe, meinen sie nur so, daß er in ihnen dieselbe Weltseele anzunehmen habe, die er in sich selbst trage. Sie fordern nicht, daß er aufgrund solcher Verbundenheit mit ihnen Teilnahme für sie habe und ihnen Mitleid entgegenbringe. Das große Gebot des Nicht-Tötens und Nicht-Schädigens lebendiger Wesen spielt noch keine Rolle in den Upanishads, wenn seiner in ihnen auch schon – in ganz wenigen Stellen – Erwähnung geschieht.

Wenn gewisse Brahmanen-Kreise sich gegen die Tieropfer aussprechen, so tun sie dies nur, weil sie sie für unnötig halten, nicht weil sie gegen solches Töten sind.

Wohlgemerkt: Die Brahmanen behaupten nicht, daß es gleich sei, ob der Mensch Gutes oder Böses tue. Ihre Lehre von „Jenseits von Gut und Böse“ ist eine ganz andere als die der Gnostiker und Nietzsches. Sie kennen nur ein über Gut und Böse erhabenes Nicht-Tun, nicht aber ein derartiges Tun. Das Recht, von Gut und Böse abzusehen, hat, ihnen zufolge, nur der Mensch, der sich um des Eins-Werdens mit dem Brahman willen der Weltentsagung und der Tatenlosigkeit ergibt. Dieser ist von der Verpflichtung, Gutes zu tun, befreit. Auch kommt das, was er Böses begangen, für ihn ebensowenig mehr in Betracht wie das, was er Gutes vollbracht hat. Das Eins-Werden mit dem Brahman erreicht er einzig und allein durch Erkenntnis, Weltentsagung und Sich-Versenken.

Wer hingegen noch in dem gewöhnlichen Leben verbleibt, hat sich an die für das gewöhnliche Tun und Lassen geltenden hergebrachten Vorstellungen von Gut und Böse zu halten. So finden sich in den Upanishads neben Aussprüchen, die den über-ethischen Charakter der Lehre von dem Einswerden mit dem Brahman festlegen, solche, die die Rechte der überlieferten Ethik wahren. Natürlich handeln sie vornehmlich von den Geboten und Verboten, die für die noch im gewöhnlichen Leben stehenden Brahmanen und Brahmanen-Schüler gelten.

Dem Brahmanen ist geboten, die Wahrheit zu sagen, die Pflicht der Kaste zu erfüllen, das Vedastudium zu betreiben, dafür zu sorgen, daß der Faden seines Geschlechts nicht abreiße, über seinen Besitz zu wachen, die Götter, die Manen, die Eltern und den Gast zu ehren und seine Gelüste zu bändigen. Dem unverheirateten Brahmanenschüler wird strengste Enthaltsamkeit zur Pflicht gemacht. Als besondere Vergehen werden Diebstahl, Trunksucht, Ehebruch mit der Frau des Brahmanenlehrers und Mord eines Brahmanen namhaft gemacht.

Mitleid und Menschenliebe liegen noch außerhalb des Horizontes dieser Ethik. Hingegen wird der Wahrhaftigkeit eine große Bedeutung beigelegt.

Überall in der Welt verläuft die Entwicklung der Ethik in

der Art, daß ihre erste große Errungenschaft die Hochschätzung der Wahrhaftigkeit ist. Nicht dadurch, daß er irgend welche Verpflichtung der Gütigkeit gegen den Nebenmenschen anerkennt, sondern dadurch, daß er Lug, Trug und Hinterlist verurteilt, tut der Mensch den Schritt aus der niederen Ethik in die höhere.

Die Pflicht der Wahrhaftigkeit kommt bei den Brahmanen immer an erster Stelle.

In einer Upanishad kommt ein Jüngling zu einem Brahmanen, um von ihm als Schüler angenommen zu werden. Auf die Frage, ob er wirklich brahmanischer Abkunft sei, gesteht er, daß er einer Magd Sohn sei, die ihn in ihrer Jugend, als sie viel in der Welt herumkam, geboren habe. Seinen Vater habe sie ihm nicht zu nennen gewußt. „Nur ein Brahmane kann so offen sprechen", bemerkt der Lehrer und nimmt ihn als Schüler an.

Nicht nur, daß die Brahmanen Wahrhaftigkeit lehren: sie bewähren sich auch in ihr. Wo ihr Denken sie zu Erkenntnissen führt, durch die ihre Vorurteile und Interessen gefährdet werden, halten sie nicht inne. Sie, die es als ihr Geburts- und Standesprivileg ansehen, mit dem Übersinnlichen in Verbindung zu stehen, gelangen dazu, die Lehre zu verkünden, daß der Mensch als solcher dazu berufen sei. Sie, deren Amt das Darbringen der Opfer ist und die aus ihnen ihre Einkünfte beziehen, setzen den Wert derselben herab und behaupten, daß das einzige, was not tue, rechtes Verhalten und völlige Erkenntnis sei.

Die Brahmanen vollbringen also das Große und so überaus Seltene, als Priester durchaus auf Wahrheit bedacht zu sein! Die Wahrhaftigkeit blüht als Wunderblume in der Gletscherlandschaft ihrer kalten Weltanschauung. Ihre Ethik hat, so unzureichend sie ist, ein vornehmes Wesen an sich.

Die Ehrfurcht vor der Wahrheit begreift bei den Brahmanen die vor dem Recht in sich.

In der Bṛhad-Āraṇyaka-Upanishad, die zu den ältesten gehört, heißt es: „Das Recht ist die Herrschaft über die

Herrschaft. Darum gibt es nichts Höheres als das Recht. Durch das Recht bemeistert der Schwächste den Stärkeren wie durch den König. Das Recht ist gleich mit der Wahrheit."

Neben das Gebot der Wahrhaftigkeit stellen die Brahmanen das der Erfüllung der Kastenpflicht. Das der Kaste entsprechende Tun wird als etwas, das in der göttlichen Weltordnung begründet ist, angesehen. Es ist heilig und setzt der Welt- und Lebensverneinung gewisse Schranken. Aus Gehorsam gegen die Kastenpflicht verbleiben die Brahmanen bis zum beginnenden Alter in dem gewöhnlichen Leben und im Priesteramt, obwohl sie von Jugend auf wissen, daß das Einswerden mit dem Brahman nur in Weltentsagung und Tatenlosigkeit erlangt wird.

Indem die Brahmanen von dem Tun im allgemeinen das der Ausübung der durch die Kaste gebotenen Tätigkeit ausnehmen und ihm eine gewissermaßen durch die Weltordnung geforderte Notwendigkeit beilegen, erkennen sie an, daß die von ihrer Mystik des Einswerdens mit dem Brahman geforderte Welt- und Lebensverneinung nicht ohne ein großes Zugeständnis an die Welt- und Lebensbejahung aufrechtzuerhalten und durchzuführen ist.

Bernd Radtke
Mystik im Islam

Manche Mitglieder frommer Zirkel der ersten islamischen Jahrhunderte strebten nach vertiefter Frömmigkeit in Form einer Verinnerlichung der Forderungen der *sharīʿa* und eines asketischen Lebens. Die asketisch-mystischen Bestrebungen lassen sich bis in die Zeit des Propheten zurückverfolgen. Es muß festgehalten werden, daß diese Strömungen in keiner Weise antinomistisch waren. Antinomistische

Züge traten hingegen bei Leuten auf, die man *Ṣūfīya* (sing. *ṣūfī*) nannte. *Ṣūfī* ist abgeleitet von *ṣūf*, Wolle, und spielt auf die Kleidung des Namensträgers an – wahrscheinlich ist es ursprünglich ein Spottname gewesen.

Die Ur-*ṣūfīya*, die seit der Mitte des 8. Jahrhunderts bezeugt sind, scheinen einer Art emotionaler Religiosität gehuldigt zu haben. So pflegten sie sich durch das Anhören von Musik und Dichtung in ungewöhnliche Stimmungen versetzen zu lassen. Die Vertreter der asketisch-mystischen Richtung standen ihnen ablehnend gegenüber. Diese *viri religiosi* (arab. *nussāk, ʿubbād,* sing. *nāsik, ʿābid*) formten im 8. und 9. Jahrhundert eine eigene Wissenschaft, die von ihnen *ʿilm al-bāṭin*, die „Wissenschaft des Inneren", genannt wurde, im Gegensatz zu Recht *(fiqh)* und Hadith, die als „Wissenschaft des Äußeren" *(ʿilm aẓ-ẓāhir)* bezeichnet wurden. Inhalt der „Wissenschaft vom Inneren" waren die inneren Erfahrungen und Anweisungen zur Seelenführung, Psychagogik. Deutliche Ansätze dieser Art Wissenschaft sind bereits bei Ḥasan al-Baṣrī zu finden. Voll ausgebildet erscheint sie im 9. Jahrhundert bei Muḥāsibī (gest. 857), der, wie wohl viele *viri religiosi*, aus den Kreisen der *ʿulamāʾ* stammte. Zur Psychagogik gesellten sich im Laufe des 9. Jahrhunderts kosmologische Spekulation, Anthropologie sowie dogmatische Erörterungen. Wie in anderen Kreisen spielte auch in den Erörterungen der *religiosi* die Beziehung von göttlicher Allmacht und Einheit (arab. *tauḥīd*) zur menschlichen Handlung die zentrale Rolle. Die Lösung der *religiosi* zielte auf eine vollständige Ausschaltung menschlicher Eigenständigkeit und ganze Hingabe an den als einzig in Wirklichkeit handelnden erlebten Gott. Zeugen dieser Erörterungen sind die Schriften u. a. von Junaid ibn Muḥammad in Bagdad (gest. 910) und Ḥakīm at-Tirmidhī (gest. ca. 910) in Transoxanien.

Im Laufe der zweiten Hälfte des 9. und der ersten Hälfte des 10. Jahrhunderts muß die Bezeichnung *Ṣūfīya*, bisher Name einer Randgruppe, auch auf die *religiosi* übergegangen sein. Die Gründe dafür sind nicht klar. Auch gab es regionale Unterschiede, denn im Osten der islamischen Welt scheint der Name *ṣūfī* noch um 900 weitgehend unbekannt.

Vom 10. Jahrhundert an heißt die ganze mystische Bewegung „Sufitum" (arab. *taṣawwuf*). In den als klassisch zu bezeichnenden sufischen Lehrbüchern, die nach der Mitte des 10. Jahrhunderts verfaßt sind, werden die ursprünglich geschiedenen *Ṣūfīya* und *religiosi* in einen Topf geworfen. Ein *vir religiosus* wie z. B. Fuḍail ibn ʿIyāḍ (gest. 803), in Glaubensbekenntnissen des 10. Jahrhunderts als Autorität sunnitischer *ʿulamāʾ* genannt, wird in der sufischen Literatur des 10. Jahrhunders zu einem Stammvater der *Ṣūfīya*. Als Verfasser klassischer sufischer Lehrbücher des 10. und 11. Jahrhunderts sind zu nennen Kalābādhī (gest. 990 oder 994), Abū Naṣr as-Sarrāj (gest. 988), Sulamī (gest. 1021) und Qushairī (gest. 1074), der sich auch als ashʿaritischer Theologe betätigte.

Aufgrund der von den Ur-*ṣūfīya* übernommenen antinomistischen Elemente, die jedoch bei weitem nicht bei allen Anklang gefunden hatten, waren die *ṣūfīya* manchmal Verfolgungen von staatlicher Seite ausgesetzt, die von den *ʿulamāʾ* befürwortet wurden. Diese Verfolgungen taten der Bewegung im Ganzen jedoch keinen Abbruch.

Eine mächtige Ermunterung fand der *taṣawwuf* durch die Autorität des bereits in anderem Zusammenhang genannten al-Ghazālī. Zwar brachte al-Ghazālī nichts grundsätzlich Neues für den *taṣawwuf* – sein Bemühen, *sharīʿa* und Innerlichkeit, *ʿilm aẓ-ẓāhir* und *ʿilm al-bāṭin* zu vereinigen, hat Vorbilder unter den *religiosi* des 9. Jahrhunderts, deren Schriften ihm bekannt waren –, neu jedoch waren Begriffe und Vorstellungen der griechischen Philosophie, die durch al-Ghazālī in die mystische Bewegung eindrangen. Die Begrifflichkeit der alten *religiosi* und der Systematiker des 10. und 11. Jahrhunderts entstammte der islamischen Tradition, der Dogmatik, der *sharīʿa* und dem Hadith.

Von der Forderung, Gott in allen Dingen wirksam zu sehen und seine Gebote unter größtmöglicher Ausschaltung des eigenen Ich und dem daraus entspringenden Wollen in allen Handlungen zu beachten – so die *tauḥīd*-Lehre des klassischen *taṣawwuf* –, zur Aussage, daß Gott alles ist, ist nur ein kleiner Schritt. Er wurde jedoch erst im 13. Jahrhundert von dem aus Spanien stammenden Ibn ʿArabī (gest. 1240) vollzogen. Seine Lehre von der Einheit des Seins (arab. *waḥdat al-wujūd*) hatte einen gewaltigen Einfluß auf die weitere Entwicklung der islamischen Mystik. Schärfster Gegner Ibn ʿArabis, vor allem jedoch seiner Schüler, war der bereits erwähnte Ibn Taimīya, dessen Kritik jedoch zu seiner Zeit wirkungslos blieb.

Hervorragende Persönlichkeiten haben zu allen Zeiten die Bildung von Schülerkreisen angeregt. Von festen Organisationsformen mystischer Schulen der frühen islamischen Jahrhunderte wissen wir nichts. Ein Autor des 11. Jahrhunderts zählte zwölf Hauptschulen, die zu seiner Zeit bestanden. Es scheint sich dabei eher um Theorie-Strömungen als um feste Organisationsformen gehandelt zu haben. Eine solche Organisationsform, die wir Orden (arab. *ṭarīqa*, pl. *ṭarāʾiq* od. *ṭuruq*) nennen, erhielten die mystischen Schulen vom 13. Jahrhundert an. Es bildete sich eine Vielzahl von Orden, die teilweise bis heute bestehen. Im Spätmittelalter haben sie – so z. B. bei der Entstehung des Safawidenstaates in Iran und im Osmanischen Reich – eine politisch sehr einflußreiche Rolle gespielt.

Die vorangehende Darstellung mußte sich darauf beschränken, Hauptlinien herauszuarbeiten. Manches, vor allem die Entwicklung der ersten drei, vier Jahrhunderte islamischer Geschichte, mußte dabei fast gewaltsam verkürzt werden, in der Hoffnung, die tragende Hauptidee der Darstellung desto schärfer herauszuarbeiten: die Entwicklung der Anschauungen der gemäßigten Mehrheit des islamischen Staatswesens zu einem geschlossenen Gedankensystem, das sich in dogmatischer, rechtlich-staatlicher und mystischer Richtung realisiert. Dies nennt man heute *sunna*.

Gerhard Ruhbach

Ablehnung der Mystik

Die evangelische Kirche und ihre Theologie hat über lange Zeit hin ein gespanntes, wenn nicht gebrochenes Verhältnis zur Mystik gehabt. Um die Jahrhundertwende hat der Altmeister der kirchenhistorischen Wissenschaft, Adolf von Harnack, kategorisch festgestellt: „Die Mystik ist die katholische Frömmigkeit überhaupt, soweit diese nicht bloß kirchlicher Gehorsam, d. h. fides implicita ist.“ Deshalb hielt es Harnack für verfehlt, die Mystik zu differenzieren und zu typisieren; historisch gesehen wertete er sie als Phänomen des mittelalterlichen Katholizismus und folgerte, daß Reformation und Mystik getrennte Welten seien und nichts miteinander zu tun hätten. Zweifellos gründet diese Einschätzung in einem dogmatischen Vorurteil, aber aufgrund der Autorität Harnacks hat sie auch bei denen nachgewirkt, die ihm widersprochen haben. So ist das Verhältnis der Reformation zur Mystik über weite Strecken hin kontrovers und unbefriedigend behandelt worden.

Die dialektische Theologie hat trotz ihrer theologischen Antithese zur liberalen Theologie an der Auffassung Harnacks festgehalten und sie sogar noch verschärft. Emil Brunners bekannte Veröffentlichung „Die Mystik und das Wort“ (1924) bringt den Gegensatz zwischen reformatorischer Wort-Gottes-Theologie und einer in der natürlichen Theologie wurzelnden Mystik prägnant auf den Begriff. Die Gleichsetzung von mystisch und katholisch ist so bis 1945 in Geltung geblieben, zumal die nationalsozialistische Naturmystik und die ihr nahestehende deutsch-christliche Theologie – unter der Akzentuierung des Deutschen – Luther und die (nationalsozialistisch gedeutete) deutsche Mystik nah aneinander gerückt und damit die Mystik einmal mehr für evangelische Theologie verdächtig gemacht hatten.

Erst seit etwa 1965 hat sich eine neue, offenere Einstellung zur Mystik durchgesetzt, veranlaßt durch die zunehmende interkonfessionelle Erforschung des späten Mittelalters einerseits und durch das intensiver gewordene ökumenische Gespräch zwischen den Konfessionen andererseits. So besteht mittlerweile Übereinstimmung darin, daß die ältere Forschung den Begriff Mystik viel zu eng, zu starr, zu konfessionalistisch verstanden hat, um die Vielfalt dieser Erscheinung recht erfassen zu können. Gleichwohl hat auch der neuere Protestantismus seine Reserve gegenüber der Mystik noch nicht aufgegeben, weil sie nämlich nicht definierbar erscheint und man sich deshalb lieber mit einzelnen Mystikern wie Meister Eckhart, Tauler oder Johannes von Kreuz beschäftigt als mit dem Gesamtphänomen Mystik.

Blaise Pascal
Mémorial

Die im „Mémorial" niedergelegte Erfahrung führte den genial Begabten (Konstruktion einer Rechenmaschine, Erfindung der Wahrscheinlichkeitsrechnung, Experimente mit dem „leeren" Raum) endgültig zum religiösen Leben. Über seine Schwester näherte er sich dem Rigorismus des Jansenismus und kämpfte gegen den Laxismus einiger Jesuiten („Lettres à un provincial"). Eine Wunderheilung durch den hl. Dorn (1656) verstärkte seine Religiosität. Er begann seine „Apologie de la religion chrétienne"; sie gedieh nur bis zu dem literarischen und religiösen Meisterwerk der „Pensées".

Mémorial

Im Jahre der Gnade 1654
Montag, den 23. November, Tag des hl. Clemens, Papstes und Martyrers, und anderer im Martyrologium.

Vorabend des hl. Chrysogonus, Martyrers, und anderer. Von ungefähr halb elf abends bis ungefähr eine halbe Stunde nach Mitternacht.

Feuer

Gott Abrahams, Gott Isaaks, Gott Jakobs,
nicht der Philosophen und der Gelehrten.
Gewißheit, Gewißheit, Gespür, Freude, Friede.
Gott Jesu Christi.
Deum meum et Deum vestrum.
[Mein Gott und euer Gott]
Dein Gott wird mein Gott sein.
Vergessen der Welt und aller Dinge außer Gott.
Gefunden wird Er einzig auf den Wegen, die im
Evangelium gelehrt werden.
Erhabenheit der menschlichen Seele.
Gerechter Vater, die Welt hat Dich nicht erkannt, so wie
Ich Dich erkannt habe.
Freude, Freude, Freude, Tränen der Freude.
Ich habe mich von Ihm getrennt.
Dereliquerunt me fontem aquae vivae.
[Mich haben sie verlassen, den Quell
des lebendigen Wassers]
Mein Gott, wirst Du mich verlassen?
Möge ich nicht ewig von Ihm getrennt sein.

Dies ist das ewige Leben, daß sie Dich erkennen, den einzig wahren Gott, und den Du gesandt hast, J[esus] Ch[ristus].
Jesus Christus
Jesus Christus
Ich habe mich von Ihm getrennt. Ich habe Ihn geflohen, verleumdet, gekreuzigt.
Möge ich nie von Ihm getrennt werden!
Man behält Ihn nur auf den Wegen,
die im Evangelium gelehrt werden.

Restlose und sanfte Entsagung.
Völlige Unterwerfung unter Jesus Christus
und meinen Seelenführer.
Ewig in der Freude anstelle eines Tages
der Erprobung auf Erden.
Non obliviscar sermones tuos.
[Ich vergesse deine Worte nicht.]
Amen.

Josef Sudbrack

Martin Bubers „Ich und Du"

Der jüdische Religionsphilosoph Martin Buber bringt uns in „Ich und Du" auf den Weg. Nachdem er die Begegnung von Ich und Du als das unreduzierbare Letzte der Wirklichkeit herausgestellt hat, fragt er: Und die Mystik? Wird dort nicht „Einheit ohne Zweiheit erlebt"? Zur Beantwortung unterscheidet er „zweierlei Geschehen": „Das eine ist das Einswerden der Seele", die „Einheitserfahrung" der Selbstwerdung. Der Mensch kehrt zurück aus dem „Vielen" und wird mit sich selbst eins. Je deutlicher er das „Viele", die Dinge und Vorgänge der Zeit, hinter sich läßt, je tiefer er sich ins eigene Innere sammelt, desto mehr wird er er selbst. „Das ist der entscheidende Augenblick im Menschen", meint Martin Buber. Das ist eine Erfahrung der Einheit ohne Gegenüberstehen, ohne Objekt, ohne Gegenstand, ohne Du.

Doch Martin Buber, der in seiner Jugend dazu neigte, diese Erfahrung als die eigentliche Mystik hinzustellen, unterscheidet davon eine andere Erfahrung, die eigentliche Gottesmystik: „Das andere Geschehen ist jene unausforschliche Art des Beziehungsaktes selbst, darin man Zwei zu Eins werden wähnt... die Beziehung selbst, ihre vitale Einheit wird so vehement empfunden, daß ihre Glieder vor ihr zu verblassen scheinen." Was Buber damit beschreibt, ist in unserer zwischenmenschlichen Erfahrung das Ereignis der Liebe: Zwei Liebende vergessen sich so sehr, daß die Zweiheit nicht mehr wahrgenommen wird, weil die eine Erfahrung der Liebeshingabe das Bewußtsein erfüllt. Eine solche Liebe ist – nach Martin Buber – auch der Kern dessen, was die Mystiker erfahren: Eine unbeschreibliche Einheit mit dem „Anderen", mit Gott; nicht deshalb, weil der Mensch und Gott verschmelzen, sondern weil der Mensch „entrückt" ist (Ek-Stase) in der Liebe zu Gott, sich selbst vergißt und nur noch „Einheit" erfährt.

Die beiden Erfahrungen, die Martin Buber „Geschehnisse" nennt, weil er die psychologisierende Mißdeutung des Wortes „Erfahrung" vermeiden will, ähneln sich im Phänomenbereich: Sie vermitteln „Einheit" des Ganzen. Aber in der Seinswahrheit sind sie grundverschieden. Hier der menschliche Geist, der in sich selbst ruht, dort der Mensch, der, fasziniert vom göttlichen Du, alles andere, auch sich selbst, vergißt.

Die Identifizierung beider Erfahrungen ist der „gigantische Wahn des in sich zurückgebogenen menschlichen Geistes"; als ob eine alles Gegenüber-Stehende transzendierende Selbsterfahrung schon Erfahrung des lebendigen Gottes sei. Mit dem Wort vom „in sich zurückgebogenen menschlichen Geist" erinnert Martin Buber an das klassische Wort der christlichen Spiritualität vom „homo curvatus" (Augustinus, Bernhard, Luther); der „in sich gekrümmte Mensch" ist der Mensch des „Sein-Wollens wie Gott", der Ursünde: die Gefahr einer sich nicht zum Du, zur Gottes- und Nächstenliebe hin öffnenden „mystischen" Einheitserfahrung.

Martin Bubers Abhebung der Identitätsmystik des Menschen von der Beziehungsmystik auf Gott hin ist wohl zu scharf. Die Erfahrungsberichte und Biographien der christlichen Mystik kennen fließendere Übergänge. Auch der Vergleich der Gottesmystik mit zwischenmenschlicher Liebe kann die Tiefe des mystischen „Geschehnisses" nicht ausschöpfen. Aber als kritischer Prüfstein für die Echtheit der Gottesmystik bleibt Bubers Unterscheidung gültig.

Wenn diese „Ek-stase" auf Gott hin dem Menschen zur „Einheits"-Erfahrung wird, beginnt dieser zu ahnen, daß Gott nicht nur das Du ist, dem er in Liebe begegnet, sondern auch der Grund, der die Einheits-Erfahrung trägt. Ein eindimensionales Sprechen von Gott und damit von Gotteserfahrung – nur „gegenüberstehendes Du" oder nur „Meer der Seinseinheit" – wird der göttlichen Wirklichkeit nicht gerecht. Gott, dem das Geschöpf immer und unüberholbar gegenübersteht, ist zugleich die schöpferische Kraft, die diese Erfahrung von Gottes Du erst möglich macht.

4. DAS GÖTTLICHE IN DER NATUR

Bhagavata Purana
Die Anhebung des Govardhana-Berges

Indras Befehl Folge leistend, brachen die Saṃvartaka-Wolken mit gewaltigen Regengüssen über die Siedlung des Nanda herein. Kräftige Blitze und Donner, begleitet von heftigen Stürmen und Hagelschauern gingen nieder. Die Wolken entluden ihr Wasser in großen Säulen, und binnen kurzem war die Erde von einer mächtigen Wasserflut bedeckt, so daß keine Erhebungen und Täler mehr zu erkennen waren. Die Hirten, ihre Frauen und Herden wußten sich vor den heftigen Stürmen und den gewaltigen Regengüssen nicht länger zu retten. Sie froren schrecklich und suchten ihre letzte Zuflucht bei Kṛṣṇa. Zitternd näherten sie sich den Füßen ihres Herrn, während sie mit letzter Kraft versuchten, die Kinder und Jungtiere mit ihren eigenen Körpern zu schützen. „O Kṛṣṇa, o glorreicher Kṛṣṇa!“ riefen sie. „Das ganze Dorf hat außer Dir keinen anderen Beschützer, und Du liebst die Dir Ergebenen. Es liegt nun bei Dir, uns vor der erzürnten Gottheit, vor Indra zu schützen.“

Kṛṣṇa erkannte, daß diese erbarmungslos herabstürzende Flut von Hagelkörnern ein Werk des erzürnten Indra war. „Indra tut unrecht. Nun werde ich kraft meiner Yoga-Mächte eine wirksame Gegenwehr unternehmen und die Verblendung und Finsternis dieser überheblichen Götter hinwegfegen, die sich voll Dummheit selbst für die Herrscher der Welt halten. Es ziemt sich nicht für himmlische Wesen, deren vorzügliche Eigenschaften die Güte (sattva) und Ergebenheit mir gegenüber sein sollen, sich in eitlem Stolz aufzublähen, als ob sie selbst die Herrscher der Welt seien. Wenn ich diese verblendeten Gottheiten durch meine Hand demütige, wird das wie eine Gnadengabe für sie sein. Mit all den mir zu Gebote stehenden magischen Kräften will ich dieses Gokula-Dorf, das bei mir Zuflucht gesucht und mich als seinen Meister anerkannt hat, schützen. Das ist mein ewig gültiger Schwur." Dann entwurzelte Kṛṣṇa, obwohl er die Gestalt eines Kindes angenommen hatte, mit Leichtigkeit den Berg Govardhana. Mit einer Hand hob er den Berg empor und hielt ihn mit einem Finger so leicht wie einen Pilzhut hoch. Wie in einem riesigen Haus standen nun die Höhlen des Berges den Menschen als Wohnstatt zur Verfügung. Zu den Hirten sagte er: „Kommt alle her, Vater, Mutter, Bewohner von Vraja, und fühlt euch in den Höhlen des Berges wohl. Nehmt all eure Herden und euren Reichtum mit. Ihr braucht nicht zu befürchten, daß der Berg meinem Finger entgleiten könnte. Vertreibt eure Furcht vor den Stürmen und Regengüssen. Ich biete euch Schutz und Sicherheit."

Im Vertrauen auf Kṛṣṇa zogen alle in die Höhle, mit ihrem Reichtum, den Rinderherden, ihren Dienern, mit Futter und Nahrung machten sie es sich unter dem Berg bequem.

Die himmlischen Wesen, die Gandharvas und die Apsarās, riefen jedoch erschrocken aus: „Dem Govardhana-Berg sind Flügel gewachsen, er fliegt!" Die Bäume wurden derart geschüttelt, daß ihre Blüten ringsum zu Boden fielen. Die Schlangen kamen erschrocken aus ihren Höhlen hervor, und die Vögel flatterten beunruhigt umher. Die Löwen und Tiger brüllten vor Furcht auf und drehten sich im Kreise wie die Stößel beim Buttern. Die Bewohner des Gipfels und des Waldes auf dem Govardhana waren durch die schwebende Bewegung ihrer ursprünglich so sicheren Behausungen wie von Fieber geschüttelt. Die Regenwolken umgaben den Berg und saßen auf ihm wie die Besitzermarken eines Königs auf seinen unterdrückten Objekten.

Abb. 2: Die Anhebung des Govardhana-Berges

Upanischaden
Weltraum und Herzensraum

Und wenn (der Lehrer sagt): „In dieser Brahman-Stadt (d. i. im Körper) ist ein Haus, eine kleine Lotosblume (d. i. das Herz). Im Inneren davon ist ein Raum (ākāśa). Was in diesem ist, das ist zu erforschen, das soll man zu erkennen versuchen",

dann werden darauf (die Schüler) antworten: „Wenn es in dieser Brahman-Stadt ein Haus gibt, eine kleine Lotosblume, und im Inneren davon ist ein Raum, was ist das, was man dort finden kann, was dort zu erforschen ist und was man zu erkennen versuchen soll?"

Der (Lehrer) möge dann sagen: „Fürwahr, wie groß dieser (Welt-)Raum (ākāśa) ist, so groß ist dieser Raum (ākāśa) im Inneren des Herzens. In ihm sind beide, Himmel und Erde (dyaurpṛthivī), beschlossen, die beiden Feuer und Wind (agni und vāyu), die beiden Sonne und Mond (sūrya und candramas), der Blitz und die Sterne (vidyut und nakṣatra) und was hienieden einem gehört oder nicht gehört, das alles ist in ihm beschlossen."

Dann werden (die Schüler) darauf antworten: „Wenn in dieser Brahman-Stadt dieses alles beschlossen ist, alle Wesen (bhūta) und alle Wünsche (kāma), was bleibt denn davon übrig, wenn sie das Alter erreicht haben und sie zugrunde gehen?"

Dann möge der (Lehrer) sagen: „Dieses altert nicht mit dem Alter des Menschen. Nicht wird dieses getötet, wenn der Mensch getötet wird. Dieses ist die wahrhafte Brahman-Stadt (satyaṃ brahma-puraṃ). In ihr sind die Wünsche vereinigt. Dieses ist der Ātman, der frei von Alter, frei von Tod und frei vom Leiden ist, der keinen Hunger und keinen Durst kennt. Sein Wunsch ist die Wahrheit, sein Entschluß ist die Wahrheit (satyakāmaḥ satyasaṃkalpaḥ). Und welches Ziel auch immer die Menschen begehren, sei es ein Königreich oder sei es ein Ackerstück, für ebendieses Begehren leben sie.

Doch das schwindet genauso wie die hienieden durch Werke ersiegte Welt und ebenso wie die durch gute Werke ersiegte Welt im Jenseits. Darum wird denen, die aus dem Diesseits scheiden, ohne den Ātman erkannt zu haben und diese wahrhaften Wünsche, in allen Welten ein Leben in Unfreiheit zuteil. Wenn die Menschen aber aus dem Diesseits scheiden, nachdem sie den Ātman erkannt haben und diese wahrhaften Wünsche, wird ihnen in allen Welten ein Leben in Freiheit zuteil.

Walter Schubart
Der göttliche Eros

Für den Erlösungsdrang, wie er in den aphroditischen Frühlingsfesten angedeutet war, hatte die christliche Religion eine feine Witterung. Bald gingen der evangelische Auferstehungsgedanke mit seiner männlichen Geistigkeit und der Erneuerungsgedanke der Naturreligion eine enge Verbindung miteinander ein, die vielfachen Ausdruck fand. In den deutschen Ländern trägt das christliche Auferstehungsfest den Namen der Lenz- und Liebesgöttin Ostara. Bei den Russen ist die heidnische Frühlingssehnsucht so stark, daß sie den Ostergedanken in die Mitte der Evangelien rückte und die Osterfeier zum höchsten christlichen Fest erhob. In der Osternacht löst sich der Erlösungsdrang in den enthusiastischen Gesang auf: „Christ ist erstanden, er ist wirklich erstanden." Dieser Augenblick ist der Höhepunkt des höchsten christlichen Festes, das gewaltigste religiöse Erlebnis der russischen Christen. Es ähnelt dem Erlebnis, das die ekstatischen Anhänger des Kybele- oder Istar-Kultes hatten, wenn der Priester nach Tagen der Trauer und Zerknirschung ausrief: Attis ist erstanden, Tamuz ist erstanden.

Das Erlösungsmotiv ist besonders auf griechischem Boden ausgebildet worden, wo sich die Elemente der dionysischen und apollinischen Religion miteinander verflochten. Im Zuge dieser Entwicklung klärten sich an manchen Orten wie in Athen die finsteren Nachtkulte des Dionysos zu hellen Lichtfesten des Tages. Es verbreitete sich der Glaube, daß Dionysos seine Anhänger nicht nur in Raserei versetzte, sondern auch aus der Qual des Erdendaseins befreie. So vergeistigt sich der ekstatische Gott des Rausches und der Rebe zum Heiland, zum „Löser" und Besänftiger, zum Lysios und Meilichios. Das war nur möglich, weil nicht nur Dionysos, sondern jeder große Erotiker mit dem Erlösertypus innerlich verwandt ist. Trotz scheinbarer Gegensätzlichkeit hängen sie in unerforschlicher Tiefe doch zusammen. Der glühend Liebende ist das verschleierte Urbild und Vorbild der Heiligen, auch der Heiligen der Erlösungsreligion. Beide, Liebender und Heiliger, gehören in die Kategorie des Menschen, der sich aus überströmendem Herzen verschwendet. Geschlechtsliebe und Menschenliebe, Erotik und Ethik, Sinnliches und Übersinnliches sind ineinander verschlungen. Die Erotik selbst ist auf Erlösung angelegt. Die Erlösung ist ein Sonderfall der schenkenden Erotik. In einem ganz neuen Sinn erweist sich die Göttlichkeit des Geschlechts, die Heiligkeit seiner verborgensten Kräfte. Erstmals bei den Griechen sucht sich die Erkenntnis zu formen: Der tiefste Sinn des Eros ist Erlösung. Die reifste und erhabenste Erkenntnis, zu der die Betrachtung über Religion und Erotik aufsteigen kann.

Je stärker das Erlösungsmotiv, um so heftiger die Begierde, in den ekstatischen Visionen, zu denen der kultische Orgiasmus verhilft, den Gott zu schauen, sich ihm zu nähern und schließlich mit ihm zu verschmelzen. Überall – ob auf hellenischem oder asiatischem Boden – ist dieser Verschmelzungsdrang eine Ausstrahlung des Erlösungsmotivs.

Gesucht wird die heilsame Berührung des Gottes, die Teilhabe an der Spende seiner Kräfte, die participation mystique (Lévy-Brühl). Jetzt ist die Paarung mit dem Priester oder mit der geweihten Hetäre oder das Beilager mit dem Götterbildnis, ξόανον, nicht mehr als Akt an sich, als Akt der Lebenserschaffung heilig, sondern gewinnt den Sinn einer Vereinigung mit der Gottheit. Da der dionysische Mensch nicht personhaft, sondern gleichnishaft denkt, ist es ihm gegeben, in der Person des Priesters oder der Priesterin die Gottheit selbst zu umschlingen. Dem Gläubigen steht hierbei nicht das Bild einer sterblichen Person, sondern das Bild der Gottheit selbst vor Augen.

Es gibt kaum ein fesselnderes Schauspiel als den *Weltkampf zwischen Schöpfungswonne und Erlösungsmotiv*, zwischen weiblicher und männlicher Religionsform. Er gestaltete schon das seelische und geistige Schicksal des vorchristlichen *Judentums*. Die Hebräer hatten ihr Frühlingsfest, Passah, die Feier der ersten Gerstenernte (daher die ungesäuerten Brote, die als rituelle Speise beibehalten wurden). Erst als man den dionysischen Sinn dieses Festes nicht mehr begriff, schob man ihm den Mythos vom Auszug aus Ägypten unter. Die rationale Veranlagung machte den Juden früher als andere Völker aus einem Naturgeschöpf zu einem geschichtlichen Wesen. Im Gleichklang damit versachlichte sich das Naturfest zu einer historischen Gedächtnisfeier! – Dionysischer Art ist das biblische Gebot: „Seid fruchtbar und mehret euch“, anklingend an die den Naturreligionen eigene Vergottung des unermüdlich gebärenden Muttertums. Im Buch Henoch 10,17 freut sich der Apokalyptiker darauf, daß die Gerechten nach dem Gericht über die Gottlosen bis zu 1000 Kinder zeugen werden; man träumt davon, daß zur Zeit des Messias die Weiber täglich gebären; Erlösungsmotiv und Schöpfungswonne kreuzen sich in vitalem „Messianismus“. Der Same ist heilig (Esra 9, 2). Kinderreichtum gilt als Segen, Unfruchtbarkeit als göttliche Strafe (4. Mak. 18,9; Henoch 96,5). Das unfruchtbare

Weib ist geächtet und wird mitleidlos verstoßen. Als es nach dem Untergang von Sodom und Gomorra bei den Töchtern Lots an Männern fehlt, machen sie den greisen Vater trunken, „um Samen von ihm zu haben". Das blutschänderische Weib ist immer noch besser und Gott wohlgefälliger als das kinderlose. Brutaler als in dieser Erzählung kann die religiöse Pflicht zum Nachwuchs nicht hervorgekehrt werden.

Heinrich Schipperges
Die Heilkraft der Pflanzen

Den größten Heilschatz bietet naturgemäß das Pflanzenreich. Heilpflanzen können äußerlich als Balsam, Salbe oder Pflaster angewendet werden; zur inneren Heilung werden sie wirksam als Trank oder als Pulver, als Sirup oder in Pillenform oder als Leckmittel (electuarium), auch Latwerge genannt.

An der Fuldaer Klosterschule schrieb Walafrid Strabo, der 842 Abt des Klosters Reichenau wurde und 849 auf einer Gesandtschaftsreise verstarb, seinen „Hortulus", der aus 25 Gedichten besteht, die alle Pflanzen seines Klostergartens auf der Reichenau besingen. Dabei werden alle auch als Heilkräuter bezeichnet: Lilien, Rosen, Salbei und Raute, die Iris und Minze, Fenchel, Polei, Kresse und Kümmel, die Bitterwurz und der Bockshornklee, auch die gemeine Bohne, ferner Zitronenkraut, Kürbis, Wermut und Sanddorn, Betonie und Leberklee, der Beifuß und die Katzenminze und schließlich der Meerrettich. Mit Wachstum und Eigenschaften werden jeweils auch die therapeutischen Merkmale beschrieben, so zum Beispiel bei der „ruta", die in der „viridissima silvula" wächst: „Diesen schattigen Hain ziert dunkelfarbiger Raute / Grünes Gebüsch. Ihre Blätter sind klein, und so streut sie wie Schirmchen / Kurz ihre Schatten nur hin, läßt dringen das Wehen des Windes / Und die Strahlen Apollos bis hinab zu den untersten Stengeln. / Rührt man leicht sie nur an, so verbreitet sie starke Gerüche. / Kräftig vermag sie zu wirken, mit vielfacher Heilkraft versehen, / So, wie man sagt, bekämpft sie besonders verborgene Gifte, / Reinigt den Körper von Säften, die ihn verderblich befallen."

Ganz ähnlich besingt Walafrid Strabo in seinem „Hortulus" die Salbei: „Leuchtend blühet Salbei, ganz vorn am Eingang des Gartens, / süß von Geruch, voll wirkender Kräfte und heilsam zu trinken. / Manche Gebresten der Menschen zu heilen, erwies sie sich als nützlich. / Ewig in Grüne der Jugend zu stehen, hat sie dadurch verdienet."

Salbei und auch Pfeffer werden immer wieder als Heilmittel gegen Magenbeschwerden herangezogen. So heißt es in einem frühmittelalterlichen Rezept. „Ad stomachi dolorem": „Salbei und Pfeffer und Salz in altem Weine getrunken heilt."

In seinem „Liber de cultura hortorum" gibt Walafrid in poetischer Form auch zahlreiche, oft überraschend praktische Anweisungen zum Gartenbau. Zuerst habe man den ausgewählten Platz herzurichten, die Brennesseln auszuroden, Maulwürfe zu beseitigen und sich nicht zu scheuen, „die schwieligen Hände tagsüber zu bräunen und in vollen Körben den Dünger im dürren Erdreich zu verteilen". Das alles lerne man freilich nicht aus den Büchern; das bereite Mühe und Arbeit (labor et studium), denn das lerne man allein aus der eigenen Erfahrung. Zugleich aber erlebe man die Pflege des Gartens als „eines der vorzüglichsten Kennzeichen des friedlichen Daseins".

Die Pflege medizinischer Kräutergärten hatten sich vor allem arabische Ärzte und Apotheker zur Aufgabe gemacht. Zur Grundlage ihrer Heilkräuterkultur machten sie das Riesenwerk des Dioskurides, eines griechisch-römischen Militärarztes im ersten nachchristlichen Jahrhundert, dessen

„Materia Medica“ in fünf Büchern im „Haus der Weisheit“ zu Bagdad ins Arabische übersetzt worden war. Der Geograph Aš-Šarīf al-Idrīsī (gestorben 1166) nennt Dioskurides als die Quelle, aus der alles schöpft, und einen Schatz, aus dem alle Nutzen zogen: „Daraus habe ich meinen Koran gemacht, und ich habe mich bemüht, seinen wissenschaftlichen Inhalt fast ganz auswendig zu kennen.“

In seiner Anleitung zur „Großen Zusammenstellung über die Kräfte der bekannten einfachen Heil- und Nahrungsmittel“ schreibt der Arzt und Apotheker Ibn al-Baiṭār (gestorben 1248): „Lob sei Gott, der dem Menschen Mittel schuf, seine Gesundheit zu erhalten, Krankheit durch Umänderung derselben in den gesunden Zustand abzuwenden und zwischen Heilmitteln und Nahrungsstoffen eine feste Grenze zu ziehen. All das, was mir durch Überzeugung und Anschauung als wahr erscheint und bei mir durch Klarheit, nicht durch Erzählung, Festigkeit gewinnt, werde ich als einen kostbaren Schatz aufbewahren, mich ganz allein auf den allvermögenden Gott verlassend. Bei solchem Verfahren habe ich weder den alten noch neueren Ärzten etwas zu entgegnen, die außer mir sich gleichfalls auf die Wahrheit stützen. Mein Vertrauen sind Anschauung und reine Erfahrung, so wie ich es hier ausgesprochen habe.“

Auch Hildegard von Bingen setzte bei allen Heilmaßnahmen ihr Vertrauen letztlich auf „Gottes Macht“, die mit einer wunderbaren Lebendigkeit „im Unbekannten der Pflanzen“ wese, in jenen „geheimen Kräften“ nämlich, „die der Mensch noch nicht erforschen konnte“ (Liber Vitae Meritorum I, 44). Und so sind nach Hildegard in allen Elementen der Welt, in den Pflanzen und Steinen und Tieren, gewisse Wunderwerke eingeborgen, die dem Menschen an die Hand gegeben werden sollen.

In ähnlicher Weise wird in dem berühmten Wiener Kodex 93, einer reich illustrierten Handschrift des 13. Jahrhunderts, nach einer allgemeinen Anrufung der „Mutter Erde“ der Blick auf die Pflanzen gelenkt, auf den tausendfachen

Schatz heilsamer Kräuter, welche die gütige Mutter Erde uns schenkt: „Die Pflanzen, die deine Majestät erzeugt, / schenke allen Völkern zu ihrer Rettung. / Überlasse mir diese deine Medizin, / sie gelange zu mir mit all deiner heilenden Macht. / Was ich auch immer daraus herstelle, es möge gut anschlagen. / Wem immer ich diese Medizin gebe, wer sie auch von mir empfängt, / lasse sie alle gesund werden!" Der Wiener Kodex zeigt dann eine riesige Anzahl von Heiltränken mit je spezifischen Heilanwendungen, so bei Kopfschmerzen, Juckreiz, Blutungen, Magenschwäche, Husten oder Vergiftungen. Da heißt es etwa vom Satirion (Orchis specialis), dem Knabenkraut: „Wenn jemand einer Frau nicht beischlafen kann: Die Wurzel der Pflanze Priapiscus, und zwar den rechten Hoden (Knolle), der größer ist, zerreibe mit 47 weißen Pfefferkörnern, damit sie in sich habe die Hälfte einer Halbunze, die oben genannte Pflanze und 4 Unzen Honig. Löse diese Arznei in bestem Wein, und wer drei Tage hindurch 9 Skrupel davon zu sich nimmt, wird der Frau beischlafen."

Johann Wolfgang von Goethe
Die Natur als göttliches Organ

„Ich glaube einen Gott!" dies ist ein schönes löbliches Wort; aber Gott anerkennen, wo und wie er sich offenbare, das ist eigentlich die Seligkeit auf Erden.

„Wer die Natur als göttliches Organ leugnen will, der leugne nur gleich alle Offenbarung."

„Die Natur verbirgt Gott!" Aber nicht jedem!

Die Natur ist immer Jehovah. Was sie ist, was sie war, und was sie sein wird.

Aus der Natur, nach welcher Seite hin man schaue, entspringt Unendliches.

Alle Verhältnisse der Dinge wahr. Irrtum allein in dem Menschen. An ihm nichts wahr, als daß er irrt, sein Verhältnis zu sich, zu andern, zu den Dingen nicht finden kann.

Die Natur bekümmert sich nicht um irgend einen Irrtum; sie selbst kann nicht anders als ewig recht handeln, unbekümmert, was daraus erfolgen möge.

Kepler sagte: „Mein höchster Wunsch ist, den Gott, den ich im Äußern überall finde, auch innerlich, innerhalb meiner gleichermaßen gewahr zu werden." Der edle Mann fühlte, sich nicht bewußt, daß eben in dem Augenblicke das Göttliche in ihm mit dem Göttlichen des Universums in genauester Verbindung stand.

Den teleologischen Beweis vom Dasein Gottes hat die kritische Vernunft beseitigt; wir lassen es uns gefallen. Was aber nicht als Beweis gilt, soll uns als Gefühl gelten, und wir rufen daher von der Brontotheologie bis zur Niphotheologie alle dergleichen fromme Bemühungen wieder heran. Sollten wir im Blitz, Donner und Sturm nicht die Nähe einer übergewaltigen Macht, in Blütenduft und lauem Luftsäuseln nicht ein liebevoll sich annäherndes Wesen empfinden dürfen?

Die vernünftige Welt ist als ein großes unsterbliches Individuum zu betrachten, das unaufhaltsam das Notwendige bewirkt und dadurch sich sogar über das Zufällige zum Herrn macht.

Das Wahre ist gottähnlich: es erscheint nicht unmittelbar, wir müssen es aus seinen Manifestationen erraten.

Die Idee ist ewig und einzig; daß wir auch den Plural brauchen, ist nicht wohlgetan. Alles, was wir gewahr werden und wovon wir reden können, sind nur Manifestationen der Idee; Begriffe sprechen wir aus, und insofern ist die Idee selbst ein Begriff.

Was man Idee nennt: das, was immer zur Erscheinung kommt und daher als Gesetz aller Erscheinungen uns entgegentritt.

Nur im Höchsten und im Gemeinsten trifft Idee und Erscheinung zusammen; auf allen mittlern Stufen des Betrachtens und Erfahrens trennen sie sich. Das Höchste ist das Anschauen des Verschiednen als identisch; das Gemeinste ist die Tat, das aktive Verbinden des Getrennten zur Identität.

[...]

Wir sind naturforschend Pantheisten, dichtend Polytheisten, sittlich Monotheisten.

Gott, wenn wir hoch stehen, ist alles; stehen wir niedrig, so ist er ein Supplement unsrer Armseligkeit.

Die Kreatur ist sehr schwach; denn sucht sie etwas, findet sie's nicht. Stark aber ist Gott; denn sucht er die Kreatur, so hat er sie gleich in seiner Hand.

Es gibt nur zwei wahre Religionen, die eine, die das Heilige, das in und um uns wohnt, ganz formlos, die andere, die es in der schönsten Form anerkennt und anbetet. Alles, was dazwischen liegt, ist Götzendienst.

Es ist nicht immer nötig, daß das Wahre sich verkörpere; schon genug, wenn es geistig umherschwebt und Übereinstimmung bewirkt, wenn es wie Glockenton ernst-freundlich durch die Lüfte wogt.

Frömmigkeit ist kein Zweck, sondern ein Mittel, um durch die reinste Gemütsruhe zur höchsten Kultur zu gelangen.

Albert Schweitzer
Wie ein Strom heißen Wassers

Alle Probleme der Religion gehen zuletzt auf eines zurück: daß ich Gott in mir anders erlebe, als ich ihn in der Welt erkenne. In der Welt tritt er mir als rätselhafte, wunderbare Schöpferkraft entgegen; in mir offenbart er sich als ethischer Wille. In der Welt ist er unpersönliche Kraft, in mir offenbart er sich als Persönlichkeit. Der Gott, der in dem Denken über die Welt erkannt wird, und der, den ich als ethischen Willen erlebe, lassen sich nicht zusammenbringen. Beide sind eins; aber wie sie es sind, verstehe ich nicht. Welches aber ist die entscheidende Erkenntnis Gottes? Die, die ich als ethischen Willen erfahre. Unsere Erkenntnis Gottes aus der Natur ist immer unvollkommen und inadäquat, weil wir die Dinge in der Welt nur von außen erschauen. Ich sehe den Baum wachsen, grünen und blühen. Aber die Kräfte, die dies bewirken, verstehe ich nicht. Ihre formende Fähigkeit bleibt mir rätselhaft.

In mir aber erkenne ich die Dinge von innen. In mir offenbart sich die schöpferische Kraft, die alles, was ist, hervorbringt und erhält, in einer Art, wie ich sie sonst nicht erkenne, als ethischer Wille, als etwas, das in mir schöpferisch sein will. Dieses erlebte Geheimnis ist für mein Denken, Wollen und Verstehen entscheidend. Daraufhin darf ich alle Geheimnisse der Erkenntnis der Welt und meines Seins in ihr zuletzt als ungelöst und unlösbar dahingestellt sein lassen. Mein Leben ist vollständig und sicher durch das eine, in mir erlebte Geheimnis bestimmt, daß Gott als ethischer Wille sich in mir offenbart und von meinem Leben Besitz ergreifen will.

Lassen Sie mich ein Gleichnis gebrauchen. Es gibt einen Ozean. Kaltes Wasser, unbewegt. In dem Ozean aber ist der Golfstrom, heißes Wasser, das vom Äquator zum Pole fließt. Fragen Sie alle Gelehrten, wie es physikalisch vorstellbar ist, daß zwischen den Wassern des Ozeans, wie zwischen zwei Ufern, ein Strom heißen Wassers fließt, bewegt in dem Unbewegten, heiß in dem Kalten. Sie können es nicht erklären. So ist der Gott der Liebe in dem Gott der Weltkräfte eins mit ihm, und doch so ganz anders als er. Von diesem Strome lassen wir uns ergreifen und dahintragen.

5. DER WELTENLAUF

Bhagavata Purana
Der Anfang der Welt

Als der Große Herr Viṣṇu den Wunsch verspürte, das Weltall zu schaffen, nahm er zunächst selbst die Gestalt eines Menschen mit dessen sechzehn, aus den Grundsubstanzen (tattva) hervorgegangenen Teilen an: den zehn Organen, dem Verstand und den fünf Wesenselementen. Unter diesen ist das Denkvermögen (mahat) das bedeutendste. Von der Schlange Ananta getragen, schwamm er auf den Wassern des Ur-Ozeans und gab sich dem meditierenden yoga-Schlummer hin. Da wurde Brahmā, das Haupt des Erzeugers der Welt, aus dem Lotos geboren, der dem tiefseegleichen Nabel des Viṣṇu entsproß. Wahrlich, diese Form des Gebieters, aus dessen Gliedern das Weltall hervorging, ist in höchstem Maße rein, großartig und voll von Güte und Freundlichkeit. Diese auf der Schlange der Unendlichkeit ruhende ursprüngliche Form des Höchsten Wesens, dieses Ādi-Nārāyaṇa oder Padma-nābha genannte Sein ist der unzerstörbare Samen und der fruchtbare Boden für die verschiedenen Wiedergeburten. Aus seinen Teilen und den Teilen von Teilen wird alles geschaffen: die Götter, die Tiere, die Menschen und anderes.

Rein sei die Verehrung für den Höchsten Geist, den Viṣṇu-Kṛṣṇa, der den bezauberndsten Körper in allen Drei Welten angenommen hat. Er besitzt das Aussehen des Tamāla-Baumes und makellosen, betörenden Schmuck, golden wie die Strahlen der Mittagssonne. Sein lotosgleiches Gesicht wird von herabwallenden Haarlocken eingerahmt. O Bhṛgu-Sohn! Der Herr ist eine strahlend reine Erscheinung mit einer Krone aus leuchtendem Gold, mit der dunklen Hautfarbe und den blitzenden, unvergänglichen Schmuckstücken. Vier wunderbare lange Arme, Ohrringe aus purem Gold und Augen rot wie Blut zieren ihn. Mit einer Keule in der Hand durchschreitet er das Weltall.

Jan Assmann
Das Weltbild der alten Ägypter

Was mit dem kosmogonischen Augenblick anhebt, da der im Urwasser treibende präexistente Urgott, dessen Name Atum „das All" und „das Nichts" bedeutet, „zu Dreien wurde", indem er sich mit den in ihm schlummernden Urkräften „Leben" und „Wahrheit" zu einer Dreiheit vereinigte, ist der Sonnenlauf. Daher heißt dieser Anbeginn ägyptisch „das Erste Mal". Es handelt sich hier nicht um eine Schöpfung, als deren Endresultat eine geschaffene Welt vorliegt, sondern um einen kreisläufigen Prozeß, der mit dem „Ersten Mal" anhebt und sich in unendlichen Wiederholungen vollzieht. Daher würde der Ägypter mit dem, was wir „Kosmos" oder „Weltordnung" nennen und wofür es im Ägyptischen – zumindest auf Wortrang – keine äquivalenten Ausdrücke gibt, weniger an einen wohlgeordneten Raum denken als an einen *gelingenden Prozeß*. In der ägyptischen Konzeptualisierung des Sonnenlaufs als einer Barkenfahrt über den Himmel und durch die Unterwelt artikuliert sich der ägyptische Begriff von Kosmos und Weltordnung.

Der große Unterschied zwischen dem „Ersten Mal" und seinen alltäglichen Wiederholungen, d. h. zwischen der Kosmogonie und der je gegenwärtigen Welt, ist die Anwesenheit des Bösen. Dem Ägypter ist die Vorstellung eines kosmogonischen Kampfes fremd, bei dem der Kosmos aus dem Sieg über das Chaos hervorgeht. Die Kosmogonie wird als widerstandslose Selbstentfaltung des Guten konzipiert. Die Idee einer Präexistenz des Bösen, das dem Guten weichen muß, und damit ein in irgendeiner Weise negativ besetzter Begriff von „Chaos“ ist in den ägyptischen Quellen nicht greifbar. Präexistent ist vielmehr, wie wir gesehen haben, die Ordnung. Der Umschwung in den je gegenwärtigen Weltzustand, der demgegenüber durch die ständige Wirksamkeit zerstörender Gegenkräfte charakterisiert ist, bleibt ziemlich im dunkeln. Einer der Mythen, die davon handeln, wie das Böse in die Welt kam, ist das „Buch von der Himmelskuh“. Hier wird der Umschwung auf eine Empörung der Menschen gegen den altgewordenen Sonnengott zurückgeführt. Zwar kann sich der Sonnengott der Aufrührer erwehren, aber „sein Herz ist es allzu müde, mit ihnen zusammen zu sein“. Er zieht sich an den Himmel zurück, der nun erst über die Erde gewölbt und vom Sonnengott im Zyklus von Tag und Nacht umkreist wird. So entsteht die Trennung von Göttern und Menschen, von Diesseits und Jenseits. Auch der Mythos von der Entstehung der Unterwelt, also einer weiteren Differenzierung der Welt in der Jenseitssphäre, führt diesen Schritt auf eine Empörung zurück; hier sind es „die Kinder der Nut“, die „das Geschaffene zerstört haben“. Das kann sich nach dem Zusammenhang nur auf den Mord an Osiris beziehen.

Alle mythologischen Anspielungen auf diesen „Fall“ sind sich darin einig, daß hier eine ursprüngliche Einheit zerstört wurde und ein Zuwachs an Differenzierung und Trennung eintrat. Der Begriff des „Falles“ *(lapsus)* trifft daher nicht den Kern der ägyptischen Vorstellung. Angemessener ist der Begriff der „Trennung“ oder „Spaltung“. Es handelt sich um „Spaltungsmythen“, die dem Prozeß der Entfaltung und Differenzierung der Welt eine gewaltsame, tragische Bedeutung geben. Es sind schwere Konflikte, die zur Spaltung der Welt führen, zur Trennung von Leben und Tod, Tag und Nacht, Himmel und Erde, Himmel, Erde und Unterwelt, Göttern und Menschen, Frieden und Krieg.

Es handelt sich um einen „sekundären Dualismus". Der Antagonismus gehört nicht zum Urprinzip der Kosmogonie, er kommt nachträglich in die Welt und offenbar in verschiedenen Schüben, die zu einer Steigerung von Differenzierung, Komplexität und Negativität der Welt führen. Auch der Antagonismus von Gut und Böse bzw. Ma'at und Isfet gehört dazu. Die Welt, wie sie ist, der *status quo*, ist geprägt durch diesen Antagonismus. In der „gespaltenen" Welt muß sich das Gute gegen den Widerstand des Bösen durchsetzen. Die ägyptische Kosmologie, die den Begriff des Kosmos als „gelingenden Prozeß" konzipiert, deutet das Gute als „Bewegung", das Böse als „Stillstand". Die täglichen Wiederholungen des „Ersten Males" haben es daher mit einem Feind zu tun, der den Sonnenlauf und damit den als Prozeß konzipierten Kosmos zum Stillstand bringen will. Dadurch verändert der Vorgang seinen Sinn. Stehen beim Ersten Mal die göttlichen Handlungen im Zeichen der Kosmogonie, so stehen sie beim täglichen Kreislauf im Zeichen der Überwindung antagonistischer Gegenkräfte. Diese Gegenkräfte verkörpern die „Isfet" auf kosmischer Ebene. Ma'at ist das Prinzip ihrer Überwindung.

Man hat das ägyptische Weltbild treffend ein *perpetuum mobile* genannt, weil es sich in der ewigen Wiederkehr zyklischer Abläufe vollzieht. Aber dieses „technomorphe" Bild impliziert eine mechanistische Automatik, die der Dramatik des Geschehens, so wie die ägyptischen Texte es darstellen, nicht gerecht wird. Der Ägypter visualisiert den kosmischen Prozeß vielmehr in bio- und soziomorphen Bildern. Der Sonnenlauf erscheint so zum einen als Ausübung von *Herrschaft*, die sich nur in fortwährender Überwindung des „Rebellen" behaupten kann, und zum anderen als die Daseinsform eines *Lebens*, das nur in fortwährender Überwindung des Todes möglich ist: Unter diesem Aspekt altert der Sonnengott täglich und sinkt als gestorbener Greis „jenseitsversorgt" in die Unterwelt hinab, um am Morgen als Kind wiedergeboren zu werden.

Brahmanas
Welten im Brahman

(Frage:) „Welcher Wald war es eigentlich, und welcher Baum war es, aus dem sie Himmel und Erde zimmerten? Ihr Weisen, forscht mit eurem Denken (manas) danach, worauf er sich stellte und (nunmehr) die Welt trägt."

(Anwort:) „Das Brahman war der Wald, das Brahman war der Baum,

aus welchem sie Himmel und Erde zimmerten. Ihr Weisen, mit meinem Denken (manas) sage ich euch: Auf das Brahman stellte er sich (der oberste Gott) und trägt so die Welt (bhuvanāni)."

Das Brahman ist das zuerst Geborene im Osten. Dieses hat der erleuchtete Seher vom Scheitel an enthüllt. Er hat seine untersten und seine höchsten Formen, er hat den Schoß des Seins (sat) und des Nichtseins (asat) enthüllt.

Der Vater, der Herrscher (über die Götter), der Stier der Reichtümer, ist in allen Formen in den Zwischenraum (antarikṣa) zwischen Himmel und Erde eingezogen. Sie besingen das Kalb (der Morgenröte, d. i. die Sonne) mit Preisliedern. Die Sonne, die das Brahman ist, ergötzen sie mit dem Brahman (mit der Formulierung). Das Brahman erzeugte die Götter. Das Brahman ist diese Welt. Aus dem Brahman ist der Fürstenstand erschaffen. Das Brahman ist der Brahmane (als Person und als Angehöriger des ersten Standes) durch sein Selbst (ātman).

In ihm, dem Brahman, sind diese Welten,

in ihm ist diese ganze Welt. Das Brahman ist das Höchste

der Wesen. Wer vermag mit ihm um den Vorrang zu streiten?

Im Brahman sind die dreiunddreißig Götter, im Brahman sind Indra und Prajāpati, im Brahman sind alle Wesen wie in einem Schiff versammelt.

Alfons Deissler
Schöpfungsgeschichten der Bibel

Die Bibel bezeugt in zwei unterschiedlichen Texten (Genesis 1,1–2,4a und Genesis 2,4b–25) auf zwei verschiedene Weisen den einen theologischen „Tatbestand“: „Schöpfung der Welt durch Gott“. Beide Erzählungen zeigen schon durch ihre jeweilige Eigenstruktur und ihre unterschiedliche „mythische Metaphorik“ (K. Hübner), aber erst recht darin, daß in ihrem Hintergrund zwei Weltbilder stehen und ihre Geschehensabläufe bemerkenswert differieren, untrüglich dies auf: Die physische Kosmogenese, wie immer sie sich auch naturwissenschaftlich ergründen und darstellen läßt, ist an sich und für sich selbst kein Gegenstand biblischer Offenbarung noch biblischer Lehre. Vielmehr ist in dem Auftrag „Machet euch die Erde untertan!“ der Mensch bevollmächtigt zur eigenen Erforschung der Welt und dessen, was sie „im Innersten zusammenhält“. Nach der biblischen Schöpfungsbotschaft sind Kosmos und Natur „entgöttert“, sind also in keiner Hinsicht göttlichen Wesens. Darum ist ihr Erforschen, Gestalten und Verwalten (in Verantwortung vor dem Schöpfer!) kein Angriff auf Göttliches, sondern ein Gottesauftrag an den Menschen. Unsere Bestimmung des Formalobjektes der biblischen Schöpfungsbotschaft kommt bereits in Augustinus' „De doctrina christiana“ klar zum Ausdruck: Das Ziel der Bibel ist die Heilsbotschaft! Augustinus hat zwar das biblische Weltbild in den Grundzügen für einigermaßen stimmig angenommen, doch macht er auch Ausnahmen: An Wasser über dem Firmament hat er z. B. nicht geglaubt. Ferner hat er – von Plato angeregt – an eine Art „Evolution“ in den Schöpfungsphasen gedacht (z. B. Ei vor der Henne!). Bezeichnenderweise ist er auch Vertreter des „Generatianismus“. Danach zeugen die Eltern Seele und Leib der Kinder. Auch Thomas von Aquin hat das ptolemäische Weltbild der Bibel ausdrücklich relativiert. Er schreibt zu diesem Thema: „Wenn auch durch solche Annahmen (sc. der Astronomen) der Augenschein erklärt wird, so muß man doch nicht notwendig sagen, diese Annahmen seien wahr; denn vielleicht findet der Augenschein hinsichtlich der Gestirne auf irgendeine andere Weise, die von den Menschen noch nicht gefunden ist, seine Erklärung“ (In libros Aristotelis de coelo et mundo expositio, lib. 2 cap. 12. L. 17). Er warnt darum davor, das alte Weltbild dogmatisieren zu wollen. Verängstigt durch die Katastrophe der Kirchenspaltung im 16. Jahrhundert haben die christlichen Konfessionen diese gewichtigen Stimmen der großen früheren Theologen „verdrängt“.

Die positive theologische Botschaft, die beiden Schöpfungserzählungen gemeinsam ist, läßt sich so formulieren: Was ist und geworden ist, d. h. die ganze Welt mit allen ihren Seinsbereichen, ist durch Gottes Entwurf und Setzung da und so da. Das „All“ steht von jeher und für immer in einem fundamentalen, weil alles fundamentierenden Schöpfungsbezug zu Gott. Damit wird dem wissenschaftlich feststellbaren innerweltlichen Bezugsnetz in allem Seienden eine neue Dimension beigegeben, die nicht in der Linie der welthaften Ursachenverkettung verläuft, sondern diese „meta-physisch“ trägt und in ihrem „Da“ und „So“ je und je begründet. Die biblische Offenbarung bezieht sich, etwas anders formuliert, nicht auf die immanente Entfaltung der Welt, wie sie in den Perspektiven der naturwissenschaftlich erforschbaren Kosmogenese, Biogenese und Anthropogenese aufscheint, sondern auf die alles umfassende Grundbeziehung: Gott und Welt, Welt und Gott. Das ist gewissermaßen die Dimension der „vertikalen“ Weltbetrachtung im Gegensatz zur „horizontalen“ Weltsicht. Diese im Bereich naturwissenschaftlich nachprüfbarer und erforschbarer Phänomene nicht erscheinende „konstitutive“ Grundrelation unseres Kosmos zu Gott wird in der älteren Schöpfungserzählung mythisch-bildhaft in den Kategorien handwerklichen Machens und Gemachtwerdens vergegenwärtigt; im jüngeren Text wird sie vorgestellt als schöpferisches, Dasein und Sosein setzendes und bestimmendes Sprechen Gottes. Die plastische Bildhaftigkeit von Genesis 2 wird in Genesis 1 abgelöst von einer abstrakteren Darstellungsweise. Diese knüpft an die gemeinorientalische Vorstellung von der magischen Kraft des Wortes an und gewiß auch an die israelitische Erfahrung des geschichtlich wirksamen Wortes der Propheten. Um die Tragweite dieser Vorstellung vom schöpferisch wirkenden Sprechen Gottes einigermaßen zu erfassen, muß man die ganze Wort-Theologie des Alten Testamentes in den Blick nehmen. Dann wird klar, daß es hier nicht nur um die „Erstschöpfung“ (creatio prima) geht, sondern daß die ganze Schöpfungsentfaltung, durch geheimnisvolles göttliches „Weitersprechen“ begründet und bestimmt, „fortdauernde Schöpfung“ (creatio continua) ist. Dies bezeugt insbesondere der Prophet Deuterojesaja (um 550 v. Chr.), der als Prediger im babylonischen Exil die Wort-Theologie einsetzt, um das beständige schöpferische Weiterwirken Gottes sowohl im Bereich der Geschichte wie in dem des Kosmos seinen Hörern vor Augen zu führen. Von den Gestirnen sagte er in 40,26: „Er (Jahwe) ist es, der ihr Heer täglich zählt und heraufführt, der *sie alle beim Namen ruft.*“ In 50,2 lesen wir den Gottesspruch: „Durch meine *Drohung* trockne ich das Meer aus, ich mache Flüsse zur Wüste, so daß die Fische verfaulen aus Mangel an Wasser und sterben vor Durst“ (vgl. 44,27). Am ausführlichsten feiert Psalm 147,15ff. das schöpferisch fortwirkende Sprechen Gottes im Bereich der Natur: „Er (Jahwe) sendet sein

Wort zur Erde, rasch eilt sein Befehl dahin. Er spendet Schnee wie Wolle, streut den Reif aus wie Asche. Eis wirft er herab in Brocken, vor seiner Kälte erstarren die Wasser. Er sendet sein Wort aus, und sie schmelzen, er läßt den Wind wehen, dann rieseln die Wasser." Die Vergegenwärtigung des den Anfang setzenden wie den „Fortgang" bestimmenden Schöpfungsbezuges in der Form des wirksamen göttlichen Sprechens ist, so „mythisch" man dies auch einstufen mag, eine sehr geeignete Weise, um im Seinsverhältnis von Schöpfer und Schöpfung sowohl die Distanz (Transzendenz) wie die Nähe (Immanenz) beider in eine ausgewogene Balance zu bringen.

Tilman Nagel
Der Schöpfergott im Koran

Sure 96 „Der Embryo", Vers 1 bis 5: Im Namen Gottes, des Barmherzigen, des Erbarmers! 1 Rezitiere: Im Namen deines Herrn, der geschaffen hat, 2 geschaffen hat den Menschen aus einem Blutklumpen! 3 Rezitiere: Dein Herr ist der edelmütigste, 4 der durch das Schreibrohr gelehrt hat, 5 den Menschen gelehrt hat, was er nicht wußte!

Schon in dieser ältesten Offenbarung gibt sich Gott dem Propheten als der Schöpfer zu erkennen. Die ganze Welt ist Gottes Werk. Dieser Gedanke zieht sich wie ein roter Faden durch den ganzen Koran und enthält die Kernaussage der islamischen Theologie. Daß Gott die Welt erschaffen habe und sie aufrechterhalte, solange es ihm beliebe, ist des weiteren die Grundlage, von der in der islamischen Geistesgeschichte alle Versuche, zu einer Deutung und zu einem Verständnis des Kosmos vorzustoßen, ausgegangen sind.

Sure 16 „Die Bienen", Vers 1 bis 23: Im Namen Gottes, des Barmherzigen, des Erbarmers! 1 Die Fügung Gottes liegt vor, treibt darum Gott nicht zur Eile an! Gepriesen ist er und erhaben über die, die man ihm beigesellt! 2 Er schickt die Engel mit der Offenbarung von seiner Fügung auf diejenigen seiner Knechte herab, die ihm belieben: „Warnt! Es gibt keinen Gott außer mir! Darum fürchtet mich!" 3 Er hat die Himmel und die Erde in Wahrheit geschaffen. Er ist erhaben über die, die man ihm beigesellt. 4 Er hat den Menschen aus einem Samentropfen geschaffen – und gleich zeigte sich der Mensch deutlich als streitsüchtig! 5 Und das Vieh hat er für euch geschaffen. Ihr habt daran Erwärmung und anderen Nutzen, und ihr eßt davon. 6 Und es bietet euch einen schönen Anblick, wenn ihr es abends heimtreibt oder wenn ihr es weiden laßt. 7 Und es trägt eure Lasten zu einem Ort, den ihr sonst nur unter großen Anstrengungen erreichen würdet. Euer Herr ist wirklich gütig und barmherzig! 8 Die Pferde, die Maultiere, die Esel, damit ihr auf ihnen reitet, und zur Zierde! – Und er schafft noch andere Dinge, von denen ihr nichts wißt! 9 Gott obliegt es, den geraden Weg zu führen; denn es gibt auch Irrwege! Hätte es ihm beliebt, hätte er euch insgesamt rechtgeleitet. 10 Er ist es, der Wasser vom Himmel herabsandte. Ihr könnt davon trinken und habt dadurch Gebüsch, das ihr abweiden lassen könnt. 11 Er läßt euch durch das Wasser Getreide, Oliven, Datteln und Weintrauben wachsen und alle Arten von Früchten. Hierin liegt ein Wunderzeichen für Leute, die nachdenken! 12 Nacht und Tag, Sonne und Mond hat er euch dienstbar gemacht. Und auch die Sterne sind durch seine Fügung dienstbar. Darin liegen doch Wunderzeichen für Leute, die Verstand haben! 13 Und was er in verschiedenen Farben für euch auf dem Erdboden hervorgebracht hat – darin liegt ein Zeichen für Leute, die sich mahnen lassen! 14 Er ist es, der euch das Meer nutzbar gemacht hat, damit ihr von dort kommendes frisches Fleisch essen könnt und Schmuck, den ihr anlegt, herausholt. Und du siehst, wie die Schiffe es durchpflügen. Ihr sollt Gottes Gnadengaben zu erwerben suchen. Vielleicht seid ihr dankbar. 15 Und er hat fest verwurzelte Berge auf das Land geworfen, damit es nicht mit euch ins Schwanken gerate – und Flüsse und Wege. Vielleicht laßt ihr euch rechtleiten. 16 Sowie Wegmale! Und durch die Sterne können sie sich gut zurechtfinden. 17 Gleicht etwa derjenige, der schafft, demjenigen, der nicht schafft? Wollt ihr euch wirklich nicht mahnen lassen? 18 Wollt ihr die Gnadengaben Gottes zählen, so könnt ihr sie nicht in Zahlen fassen. Gott ist vergebend und barmherzig. 19 Gott weiß, was ihr insgeheim und was ihr offen sagt. 20 Und was man an Gottes Stelle anruft, sind Wesen, die nichts schaffen können, sondern selber nur geschaffen werden – 21 tot, nicht lebendig! Und sie wissen nicht, wann sie erweckt werden. 22 Euer Gott ist ein einziger Gott. Diejenigen also, die nicht an das Jenseits glauben, haben ein Herz, das dies alles verwirft, und sie sind anmaßend. 23 Wahrlich, Gott weiß, was sie insgeheim und offen reden. Er liebt die Anmaßenden nicht!

Der Koran enthält keinen Schöpfungsbericht, wie wir ihn in zweifacher Ausführung zu Beginn des Alten Testamentes finden. [...] Wie sich aus dem eben angeführten Abschnitt der 16. Sure ergibt, betrachtet der Koran die Schöpfung nicht so sehr als einen einmaligen Vorgang, der am Anfang der Geschichte ablief und diese gewissermaßen in Gang setzte. Schöpfung ist vielmehr ein jederzeit greifbares, in jedem Augenblick erfahrbares Geschehen. Gott hat die Himmel und die Erde gemacht, er hat das Land mit Bergen befestigt, hat es mit Flüssen durchzogen und mit Wegzeichen abgesteckt, damit der Mensch sich nicht verirre. Die Welt als Schöpfung Gottes wird mithin durch die Augen des Menschen betrachtet und auf ihn bezogen. Das gleiche gilt vom Vieh; es dient auf vielfältige Weise dem Menschen und erfüllt ihn mit Besitzerstolz, wenn es auf- oder abgetrieben wird. Das Meer liefert dem Menschen Fische und Schmuck und dient seinen Schiffen als Fahrstraße. Am besten versinnbildlicht der Regen die Schöpferkraft Gottes, die ständig zugunsten des Menschen wirkt: Der Regen belebt die harte, verdorrte Erde, sie bedeckt sich mit Gras und bringt die verschiedensten Früchte hervor. In allen derartigen Abschnitten des Korans bedeutet Schöpfung nicht den Anfang der Welt, sondern ihren Fortbestand. Und mit der Tatsache, daß Gott im Diesseits alle Kreatur zum ersten Mal schafft, wird verdeutlicht, daß Gott am Jüngsten Tag seine Erstschöpfung wiederholen und alles, was bis dahin gestorben ist, ins Leben zurückrufen wird.

Kurt Hübner

Schöpfungsgeschichte und Kosmologie

Die ersten Verse der Genesis lauten in der Übersetzung von Erich Zenger, die ich für den vorliegenden Zusammenhang anderen, auch der Lutherischen vorziehe:

1,1. Als Anfang hat Gott den Himmel und die Erde geschaffen. 1,2. Und die Erde war Wüste und Leere, und Finsternis war über der Urflut. 1,3. Und Gott sprach: Es werde Licht! Und es wurde Licht.

Ich möchte hier nicht auf den Streit unter den Alttestamentlern eingehen, ob diesen Versen zu entnehmen ist, daß Gott die Welt aus dem Nichts erschaffen hat oder aus dem Chaos. Auf jeden Fall wird bereits im zweiten Vers das Chaos beschrieben: Dort ist von Wüste, Leere, Finsternis und Urflut die Rede. Wir stoßen hier auf die mythischen Quellen der Genesis, die altorientalischer, vor allem aber mesopotamischer und ägyptischer Herkunft sind. Denn solche Rede ist mythische Metaphorik, mit welcher das Ungestaltete, Ungeordnete und Lebensfeindliche bezeichnet wird.

Auf dieselbe Art Metaphorik stoßen wir, wenn es heißt: Es werde Licht. Denn wie Wüste, Leere, Finsternis das

Chaos, so bedeutet das Licht den Kosmos, also nicht etwa das Licht der Sonne, die ja erst am vierten Tag mit den anderen Gestirnen geschaffen wird. Das Licht ist hier vielmehr das Prinzip des Gestalthaften. Erst im Lichte erhält alles Kontur und Abgrenzung, werden geordnete Beziehungen erkennbar. In diesem Sinne hat die Sonne am Prinzip des Lichtes teil, nicht aber ist sie der Ausgangspunkt des Lichtes. Das Kennzeichnende der mythischen Metaphorik besteht nun darin, daß mit ihr alles Materielle zugleich einen ideellen Sinn erhält, weil sie es stets in unmittelbare Beziehung zum Göttlichen und Menschlichen setzt. Wüste, Leere, Finsternis, Licht sind gewissermaßen poetische Bezeichnungen, und doch werden sie als Wirklichkeiten verstanden. Die Schöpfung wird durchgängig teleologisch gesehen, sie wird im Lichte numinosen Lebens verstanden und beurteilt.

Dazu steht freilich die Evolutionstheorie der modernen physikalischen Kosmologie in deutlichem Kontrast. Sie ist in der Sprache der Physik geschrieben. Nehmen wir beispielsweise die wichtigste von ihnen, die Relativistische Kosmologie. Sie kann gewissermaßen als ein klassisches Modell bezeichnet werden. Zum einen beruht sie auf der Einsteinschen Feldgleichung, welche die Abhängigkeit der geometrischen Maßverhältnisse des Weltraumes von der Verteilung der gesamten Materie beschreibt. Zum anderen stützt sie sich auf zwei Postulate, das Postulat über das Weltsubstrat (PW) und das sog. Kosmologische Prinzip (KP). Das PW fordert, daß die Materie im Weltraum nach Art eines Gases mit gleichförmiger Dichte verteilt ist, dessen Moleküle, die Galaxienhaufen, sich zu ihrer näheren Umgebung in Ruhe befinden. Das KP besagt, daß das Universum für alle Beobachter, die sich mit dem Weltsubstrat bewegen, den gleichen Anblick bietet. Das KP und das PW werden Prinzipien der Einfachheit genannt, weil sie dem Universum eine durchgängig einheitliche Form unterstellen. Unter diesen Voraussetzungen gelangt man schließlich zu einer Weltformel, die mehrere Lösungstypen enthält und damit mehrere Verläufe der Geschichte des Universums zuläßt. Hat also nach der Genesis Gott die Welt erschaffen, so ist deren Entstehung nach der wissenschaftlichen Kosmologie auf natürliche, und das heißt kausalgesetzliche Weise zu erklären. Schöpfungsgeschichte und Kosmologie stehen daher einander wie These und Antithese gegenüber. Lassen sie sich zu einer Synthese vereinen?

In der Tat gab es immer wieder Versuche, zwischen der modernen wissenschaftlichen Kosmologie und der biblischen Schöpfungsgeschichte zu vermitteln. Einige der erwähnten Lösungstypen für die kosmologische Weltformel enthalten nämlich den sog. Urknall, eine Urexplosion also, woraus das Weltall entstanden sein soll. Es wird nun geglaubt, im Urknall eine Art Indiz für die biblische Behauptung von der Schöpfung aus dem Nichts oder aus dem Chaos erblicken zu können, wobei das Chaos mit jenem Zustand gleichzusetzen wäre, in dem sich die Weltmaterie vor der großen Explosion befand, als sie noch in einem gestaltlosen Punkt zusammengedrängt war, und hinterher, solange sich noch nicht jene Bedingungen herausgebildet hatten, unter denen Leben grundsätzlich möglich ist. Einen weiteren Anhaltspunkt für eine derartige Vermittlung zwischen der religiösen und physikalischen Betrachtungsweise der Weltentstehung bietet die neuerliche Einführung des sog. Anthropischen Prinzips in kosmologische Theorien, die schließlich zu neuen Modellen geführt hat, worauf ich aber nicht näher eingehen kann. Scheint doch dieses anthropische Prinzip eine Rückkehr der Physik zu teleologischen Vorstellungen zu verraten. Der Astrophysiker Carter hat es mit den Worten „cogito, ergo mundus talis est" formuliert. Damit ist gemeint, daß der gegenwärtige Zustand des Universums, sein Alter und seine Dauer, aus der Existenz intelligenter Wesen abgeleitet werden können. Die Stelle in der Zeit, an der sich Menschen befinden, ist insofern eine privilegierte, als nur ein bestimmter Ausschnitt der Weltzeit jenen physikalischen Zustand aufweist, in dem Menschen existieren können.

Man sollte jedoch die Hoffnung fahren lassen, aus solchen Elementen der physikalischen Kosmologie theologischen Honig saugen und zu einer Art Synthese zwischen ihr und der Genesis gelangen zu können. Denn erstens ist der Urknall nicht, wie heute aus Unkenntnis vielfach geglaubt wird, eine wissenschaftliche Tatsache, sondern Gegenstand einer durchaus fragwürdigen Hypothese oder zumindest einer physikalisch unerlaubten Extrapolation. Wie ich schon sagte, hat die relativistische Weltformel verschiedene Lösungstypen, und solche mit einem Urknall sind nur einige von ihnen. Obwohl gegenwärtig manches dafür spricht, daß die Welt explosionsartig entstanden ist (das wichtigste Argument dafür ist die sog. Hintergrundstrahlung), so kann doch von einer hinreichenden Gewißheit keine Rede sein. Zum zweiten stellt das anthropische Prinzip keine Rückkehr zur früheren teleologischen Betrachtungsweise dar, weil es eine ausschließlich heuristische Funktion hat. Es wird also damit nicht etwa unterstellt, daß der Mensch das Ziel des Universums sei, sondern es wird nur gefragt, wie es zu den physikalischen Bedingungen gekommen sein muß, die menschliches Leben möglich machen.

Anstatt also schwächliche Synthesen zu versuchen, sollten wir lieber die radikale Frage stellen, ob es überhaupt zwingende Gründe dafür gibt, diese Kosmologie für den wahrhaft authentischen Bericht über die Entstehung des Universums anzusehen, die Schöpfungsgeschichte aber für das Werk überholten Unwissens oder naiver Phantasie. Um diese Frage zu beantworten, genügt es nicht, sich nur mit dem Inhalt der Relativistischen Theorie zu befassen, wie ich ihn vorhin skizzierte, sondern man muß vor allem prüfen, wie die empirischen Grundlagen aussehen, auf die sich dieser Inhalt doch stützen muß, wenn er nicht eine bloße Fiktion bleiben will.

In der Relativistischen Kosmologie läßt sich eine Gleichung ableiten, welche die Abhängigkeit der beobachteten Strahlungsmenge einer Galaxie von der Rotverschiebung des Lichtes ausdrückt. Diese Gleichung enthält drei Lösungstypen. Also wäre die Relativistische Kosmologie falsifiziert, wenn die beobachtbaren Daten der beiden Parameter mit keinem dieser Typen vereinbar wären. Wie sich nun aber herausgestellt hat, liefert die Gleichung die überprüfbare Abhängigkeit nur dann, wenn man das Kosmologische Prinzip (KP) dabei voraussetzt. Dieses Prinzip ist also in der Relativistischen Kosmologie nicht nur die Grundlage für ihre Weltformel, worauf ich schon hingewiesen habe, sondern es ist auch die Grundlage für die Überprüfung dieser Weltformel. Daraus folgt, daß es kein Gegenstand der Erfahrung sein kann, so daß es dieser vielmehr a priori vorausgeht. Wollte man es rechtfertigen, müßte man es, da es sich wie gesagt um ein Prinzip der Einfachheit handelt, aus einem allgemeineren Prinzip dieser Art ableiten. Das aber wäre nur in einem größeren philosophischen Zusammenhang möglich, ja, man müßte die Grenze zur Metaphysik überschreiten. Dasselbe gilt für das Postulat über das Weltsubstrat (PW).

Diese Feststellung läßt sich verallgemeinern. Letztlich stoßen wir auch bei den von unserem klassischen Modell abweichenden Kosmologien auf philosophische und metaphysische Grundlagen, die sowohl ihren Inhalt wie ihre empirische Überprüfung bestimmen. Nur am Rande kann ich hier erwähnen, daß kürzlich eine Reihe von Kosmologen die wichigsten klassischen Prinzipien der Einfachheit, darunter das Kosmologische Prinzip (KP), auf einen nur kleinen Teil des Universums begrenzt haben, eben jenen, der für uns noch überschaubar ist. Man könnte darin eine gewisse Rückkehr zum Ptolemäismus sehen, weil damit dieser uns bekannte Teil des Universums eine Auszeichnung erfährt.

Bevor ich aus dieser Sachlage die notwendigen Schlußfolgerungen ziehe, muß ich, ohne hier näher darauf eingehen zu können, auf die überraschenden Ergebnisse der heutigen Mythos-Forschung verweisen, die gezeigt hat, daß der Mythos keineswegs ein mehr oder weniger vages oder irrationales Gebilde ist, sondern daß er ein Erfahrungssystem darstellt, dem, wenn auch mit von der Wissenschaft grundverschiedenem Inhalt, eine Gruppe apriorischer Kategorien zugrunde liegt, womit das empirisch Gegebene geordnet und gedeutet wird. Unter Verwendung dieser Entdeckung ergibt sich nun das Fazit aus den vorangegangenen Überlegungen wie folgt: Da der Hinweis auf Tatsachen nicht genügt, weil sie von bestimmten apriorischen Bedingungen abhängen, reduziert sich schließlich die Unvereinbarkeit der Kosmologie mit der Schöpfungsgeschichte auf die Unvereinbarkeit ihrer apriorischen Voraussetzungen.

Wir müssen jetzt aber noch ein weiteres wichtiges Forschungsergebnis heranziehen, diesmal aus dem Bereich der Wissenschaftstheorie. Sie lehrt nämlich, daß apriorische Voraussetzungen niemals auf zwingende Weise als gültig bewiesen werden können, weil alle Versuche, dies zu tun, am Ende nur in einem unendlichen Regreß oder in purer Dogmatik enden können. Auch der Hinweis auf die großen empirischen Erfolge der Wissenschaft ändert daran, entgegen einer immer noch weitverbreiteten Meinung, nichts, weil aus wissenschaftslogischen Gründen der Erfolg einer Theorie keine Garantie für ihre Wahrheit ist. Daraus folgt schließlich, daß eine theoretische Entscheidung darüber unmöglich ist, welche der apriorischen Voraussetzungen, ob diejenigen der Kosmologie oder diejenigen des religiösen Mythos, die wahren oder welche die falschen sind. Eher handelt es sich hier um verschiedene Entwürfe, die jeweils zu verschiedenen Aspekten der Wirklichkeit führen, so wie man auch einen Menschen einmal in seinem rein physisch-physiologischen Betracht, einmal in seinem seelisch-sittlichen Zustand auffassen kann. Der Christ darf also daran glauben, daß Gott es war, der den Kosmos aus dem Chaos oder aus dem Nichts geschaffen hat, während der Wissenschaftler, will er seinen Gegenstand nicht dogmatisch mißdeuten, rein physische Weltmodelle der kosmologischen Theorie nur als Hypothesen vertreten darf, die auf schwankendem Boden stehen. Der Offenbarungsglaube entspringt aber einer Quelle, über die nicht verfügt werden kann.

6. ENGEL, DÄMONEN, HEXEN

Roland Götz
Spätantike Dämonologie

Dämonen sind ein selbstverständlicher Teil des antiken Weltbildes. Man stellte sich das ganze Weltall als von geistigen oder halbgeistigen Mächten beseelt und bewegt vor. Schon in der frühesten griechischen Literatur, bei Homer und Hesiod, ist von Dämonen die Rede. Der griechische Volksglaube kannte sie als die mit übermenschlichen Kräften ausgestatteten, unberechenbaren Geister Verstorbener, als Gespenster und Krankheitserreger. Mit Hilfe von Zauberpraktiken suchte man sie in Dienst zu nehmen oder sich vor ihnen zu schützen.

Grundlage und Anknüpfungspunkt für die in der spätantiken Philosophie systematisch entfaltete Lehre von den Dämonen bildete eine Stelle in Platons (427–347 v. Chr.) „Symposion", in der die Natur des „Eros" besprochen wird: „Alles Dämonische ist zwischen Gott und dem Sterblichen. – Und was für eine Verrichtung hat es? – Zu verdolmetschen und zu überbringen den Göttern, was von den Menschen, und den Menschen, was von den Göttern kommt, der einen Gebete und Opfer und der andern Befehle und Vergeltung der Opfer. In der Mitte zwischen beiden ist es also die Ergänzung, so daß nun das Ganze in sich selbst verbunden ist. Und durch dies Dämonische geht auch alle Weissagung und die Kunst der Priester in bezug auf Opfer, Weihungen und Besprechungen und alle Wahrsagung und Bezauberung. Denn Gott verkehrt nicht mit

Menschen, sondern aller Umgang und Gespräch der Götter mit den Menschen geschieht durch dieses, sowohl im Wachen als im Schlaf. Wer sich nun hierauf versteht, der ist ein dämonischer Mann, wer aber nur auf andere Dinge oder irgend auf Künste und Handarbeiten, der ist ein gemeiner. Solcher Dämonen oder Geister nun gibt es viele und von vielerlei Art, einer aber von ihnen ist auch Eros.“ Hier wird den Dämonen eine Zwischenstellung zwischen Gott und Mensch und die Aufgabe der Vermittlung zwischen beiden zuerkannt. Da die Götter nicht selbst mit den Menschen in Kontakt treten, stellen die Dämonen die Verbindung her und gewinnen so ihre Funktion im Weltsystem. Ihr Wesen wird positiv gesehen. Der Mensch kann ihnen in Kult, Zauberei, Wahrsagerei und Traum begegnen. Schon bei Platon finden sich also die auch später wesentlichen Eigenschaften der Dämonen: Zwischenstellung und Verbindung mit Götterkult und Zauberei. Diese Grundmotive erfahren in der Philosophie der Folgezeit immer reichere Ausgestaltung und verbinden sich zunehmend mit volkstümlich-religiösen Elementen.

In der aus Platons Schülerkreis stammenden „Epinomis“ wird die Mittlerstellung der Dämonen aufgegriffen und empfohlen, sie durch Gebete und Opfer zu ehren, damit sie ihren Dienst bereitwillig verrichten. Die Dämonen sind vernunftbegabt, lieben die guten Menschen und hassen die bösen, weil deren Taten sie schmerzen. Sie sind also im Gegensatz zu den Göttern leidensfähig und durch menschliche Handlungen affizierbar.

Platons Schüler Xenokrates (396/5–312 v. Chr.) benutzt die Vorstellung, daß Dämonen auf Erden Schaden anrichten, um von den Menschen mit Opfern verehrt zu werden, dazu, die Götter von der Schuld an den Übeln der Welt freizuhalten und ihre Weltferne zu betonen. So gewinnen die Dämonen eine Bedeutung in der Frage der Theodizee, der göttlichen Verantwortung für das Böse. Zugleich scheidet Xenokrates die Dämonen in gute und böse. Ihre Zwischenstellung zwischen Himmel und Erde erstreckt sich über ihre Funktion hinaus auch auf ihre Beschaffenheit: Die Dämonen besitzen einen Körper, der aus irdischem und ätherischem Stoff gemischt ist. Bei Xenokrates finden sich auch Aussagen, die Dämonen mit Menschenseelen vor ihrem Eintritt in einen Leib oder nach dem Tod identifizieren.

Die Stoa sieht die Dämonen durch „Sympathie" mit den Menschen verbunden und als ihre Aufseher. Die Luft, die ebenso wie Erde und Wasser bewohnt ist, ist ihr ihrem Wesen entsprechender Aufenthaltsort. Auch Seelen Verstorbener können in diesen reineren Lebensbereich aufsteigen und dort als Dämonen weiterleben. Dämonen sind als Götter zweiter Ordnung unsterblich, besitzen aber wie die Menschen Affekte. Sie dienen und helfen den Menschen vor allem in der Mantik (Seherkunst). Die späte Stoa schreibt jedem Menschen einen eigenen Dämon als eine Art „Schutzengel" zu und identifiziert ihn auch mit der sittlichen Anlage im Menschen.

Bei Plutarch (ca. 45–125 n. Chr.) finden sich wie im gesamten Mittelplatonismus des ersten und zweiten nachchristlichen Jahrhunderts eine verstärkte Aufnahme volkstümlicher Anschauungen und eine Steigerung des Dämonenglaubens. Die Eigenschaften der Dämonen entsprechen ihrer Mittelstellung: Sie sind wie die Menschen Lebewesen, affektbewegt und vernünftig, wie die Götter ewig und besitzen als für sie charakteristisches Merkmal einen luftartigen Leib. Die Dämonen beherrschen die Materie, der die Götter fernstehen. Deshalb müssen die ja an die Materie gebundenen Menschen ihnen gehorchen und sie mit Opfern verehren.

Die Lehre der sogenannten chaldäischen Orakel ist stark von religiös-magischen Vorstellungen geprägt. Durch die Praxis der Theurgie, in der Götter mit Hilfe von Ritualen und Beschwörungen angelockt werden, tritt der Theurge in Kontakt mit ihnen, gewinnt Macht über sie und gelangt so zu übernatürlichen Einsichten. Gute Geister, die den Aufstieg des Menschen in die göttliche Sphäre erleichtern, heißen Engel. Es gibt aber auch böse Dämonen, die den Theurgen aus Verlangen nach Opfern und Verehrung narren und ihm anstatt der Götter erscheinen. Es besteht also ein Dualismus in der Geisterwelt.

Plotin (ca. 205–270 n. Chr.) baut die Dämonen in seine Lehre ein, daß alles Seiende Ausfluß des göttlichen Einen ist und mit zunehmender Entfernung vom geistigen Ursprung immer mehr dem Bereich der Materie zugehört. Entsprechend ihrer Mittelstellung bestehen die Dämonen aus „geistiger Materie“ und besitzen Affekte, weswegen sie durch menschliche Handlungen beeinflußbar und dem Zauber unterworfen sind.

An Plotin anknüpfend, begründet der Neuplatoniker Porphyrios (ca. 234–302 n. Chr.) die Unterscheidung zwischen guten und bösen Dämonen mit ihrem unterschiedlichen Verhältnis zur Materie: Die bösen Dämonen sind der Materie mehr verhaftet als dem Geist, der in den guten die Materie beherrscht. Dementsprechend wohnen sie auch in einer erdnäheren Sphäre als diese und stehen schon räumlich den Menschen näher. So beherrschen sie auch den Bereich der Natur, in dem sie Mißernten, Krankheiten und Unwetter hervorrufen. Während die guten Dämonen dem Menschen in seinem geistigen Aufstieg zum obersten Gott vermittelnd behilflich sind, suchen die bösen Dämonen in ihm Leidenschaften hervorzurufen, wie sie auch selbst Affekten unterworfen sind. Sie wollen den Menschen verwirren und ihn von der rechten Einstellung zu den Göttern abbringen. Deshalb geben sie sich selbst als Götter aus und führen so zu der falschen Vorstellung, auch der oberste Gott könne durch Magie beschworen werden und sei für das Übel in der Welt verantwortlich. Sie sind es, die die Menschen zu bösen Taten anstiften. Alle bösen Dämonen gehorchen einem obersten Anführer, der eine dem Guten entgegengesetzte Kraft ist, durch die auch aller verwerflicher Zauber ausgeführt wird. Sie wollen Götter sein und durch Opfer verehrt werden. Porphyrios entwickelt hier eine stark dualistische Weltordnung, in der sich Gut und Böse in zwei Gruppen von Geistern gegenüberstehen. Während sich der Aufstieg zu Gott rein geistig vollzieht, ist die ganze antike Religion mit ihren Riten und Opfern dazu nutzlos, vielmehr Sache der bösen Dämonen. Das oberste Wesen ist weit davon entfernt.

Noch mehr wird die Transzendenz des höchsten Wesens von Jamblichos (ca. 280–337 n. Chr.) betont, der zwischen Gott und den Menschen eine ganze Reihe von Zwischenwesen kennt: Götter – Dämonen – Heroen – Seelen. Die Dämonen bilden den äußersten Ausfluß des Göttlichen, der den großen Menschen am nächsten steht. Auch Jamblichos unterscheidet gute und böse Dämonen. Letztere erscheinen umgeben von wilden, reißenden Tieren. Ihre Tätigkeit ist der der guten, die auch als Engel bezeichnet werden, entgegengesetzt: Sie erregen Krankheit und Übel, tun das Häßliche und Ungerechte, sie beeinflussen Menschen zum Bösen und werden von bösen Menschen angezogen. Das Dämonische wird mit dem Schlechten gleichgesetzt.

Richard Gombrich
Buddhas und Bodhisattvas

Obwohl die Śrāvakas dem Buddha außergewöhnliche Eigenschaften und Kräfte zuerkannten, sahen sie in ihm doch nur einen Menschen. Sie betrachteten ihn als ihren durch sein Wissen und sein Handeln hervorragenden Meister, den Lehrer von Göttern und Menschen, doch sie wußten, daß er für Götter und Menschen unauffindbar war, seit er ins Nirvana eingegangen war, und daß er für sie nichts mehr tun konnte. Nun war seine Lehre ihr einziges Erbe. Nach ihrer

Meinung war das Erscheinen eines Buddha ein äußerst seltenes Ereignis. In den langen Zwischenzeiten bleibt die Menschheit ohne Führung und ohne Ratgeber.

Ein Gott, der „seit seinem Nirvana tot“ ist – wie H. Kern es definierte –, konnte nur Mönchen genügen; er konnte die Bedürfnisse des Volkes nicht befriedigen, das dringend nach einem höchsten Wesen, einem Pantheon, nach Heiligen, einer Mythologie und einem Kult verlangte.

Die Popularisierung der buddhistischen Lehre und ihre Verbreitung unter den Volksmassen hatte die Wirkung, den „Lehrer der Götter und Menschen“ in einen „Gott, der anderen Göttern überlegen ist“ zu verwandeln und ihn mit einer Schar von niedrigen und höheren Göttern und mit bedeutenden Schülern zu umgeben. Die „Sekten“ *(nikāya)* oder „Schulen“ *(vāda)* des Hīnayāna hatten bereits zu dieser Entwicklung beigetragen: die Sarvāstivādins, indem sie die Legenden über Sākyamuni durch Wundererzählungen bereicherten; die Mahāsāṃghikas, indem sie seine historische Laufbahn als eine nur scheinhafte Existenz darstellten. Und da das Bedürfnis nach hilfreichen Beschützern zunahm, gesellten schon die Śrāvakas dem historischen Buddha den zukünftigen Buddha Maitreya als mitleidsvollen Messias sowie einige Arhats bei, denen man Unsterblichkeit sowie die Bereitschaft zuschrieb, den Gläubigen bei bestimmten Anliegen zu Hilfe zu eilen.

Während derartige Entwicklungen im Śrāvakayāna Einzelfälle blieben, gab es nach Ansicht der Anhänger des Mahāyāna eine ins Uferlose vergrößerte Anzahl von Buddhas und Bodhisattvas. Die Mahāyāna-Buddhisten sprengten damit die überlieferten Vorstellungen vom Kosmos. Sie stellten sich eine riesige Zahl von Welten vor. Jede dieser Welten wird von einem Buddha regiert, dem wiederum ein oder mehrere Bodhisattvas zur Seite stehen. Der Buddha besitzt bereits die höchste Erleuchtung; die großen Bodhisattvas haben die zehnte „Stufe“ erreicht und sind ihr nur nahegekommen. Von diesem Unterschied einmal abgesehen, sind

Buddhas und Bodhisattvas in gleicher Weise von Wohlwollen durchdrungen und bekehren die Wesen in den ihnen zugehörigen Welten; oft erscheinen sie in verschiedenen Welten gleichzeitig in unterschiedlicher Gestalt.

Neben Śākyamuni, dessen historische Existenz niemand bezweifelt, gab es bald eine uferlose Anzahl ähnlicher Wesen. So blieb Śākyamuni zwar der am besten bekannte Buddha, war aber keineswegs mehr der einzige. Von den vielen in den Schriften des Mahāyāna erwähnten, vorher aber unbekannten Buddhas und Bodhisattvas seien hier folgende genannt: *Amitābha* oder *Amitāyus*, dessen Licht und dessen Lebenszeit unermeßlich sind; er regiert im westlichen Paradies *Sukhāvatī*; sodann *Akṣobhya*, der Unerschütterliche, der in der östlichen *Abhirati*-Welt existiert; ferner *Bhaiṣajyaguru*, der große Arzt, der ebenfalls im Osten herrscht. Zu den berühmtesten Bodhisattvas gehören *Maitreya*, der im *Tuṣita*-Himmel darauf wartet, Śākyamunis Nachfolger zu werden, ferner *Avalokiteśvara*, der auf dem Berg *Potalaka* weilte, ehe er sich in China in Gestalt der weiblichen Gottheit *Kuan-yin* manifestierte; sodann *Mañjuśrī*, der liebenswürdige und majestätische Bodhisattva der Weisheit.

Für gelehrte Buddhisten sind diese Buddhas und Bodhisattvas nur Erscheinungsformen der Weisheit und des Mitleids der Buddhas. Die Buddhas sind miteinander identisch in ihrem „Körper der Lehre" *(dharmakāya)*, der nichts anderes ist als die Lehre selbst, also die von ihnen entdeckte und gelehrte Wahrheit; sie thronen in Paradiesen inmitten von Göttern und Heiligen, die sie mit ihrem leuchtenden „Genußkörper" *(saṃbhogakāya)* erfreuen. Schließlich senden sie „Erscheinungskörper" *(nirmāṇakāya)* als ihre Stellvertreter in die Erscheinungswelt; diese verkünden die Lehre und bekehren die Lebewesen. Dieses gewaltige Werk ist nur möglich, weil sie vom Dharma, von der Wahrheit, erfüllt sind, und weil diese Wahrheit zum Ende des Leidens, zur Befreiung aus der Welt und zum Frieden führt.

Hans-Georg Beck
Mönche und Dämonen

Die Tatsache aber, daß die dämonische Welt vor allem in Mönchskreisen zu so ungeheurer Bedeutung kam, gibt Anlaß zu [folgender] Überlegung. Der Eremit in der Wüste, von der Welt ausgesperrt, ihren Abwechslungen entzogen und ganz auf sich selbst und auch auf sein Innenleben zurückgeworfen, um das er sich früher kaum viel gekümmert haben mochte, sah sich nun Erlebnissen und Erfahrungen gegenüber, Bedrohungen seiner Geduld und seiner Durchhaltekraft physischer und psychischer Art, die er deuten wollte. Sie als psychische Phänomene zu erkennen, war ihm wohl kaum gegeben; und so projizierte er seine Erfahrungen nach außen: die Versuchung wird zum Versucher, zur Hypostase, die die pagane Naturgewalt ersetzt, die Wüste bevölkert sich nun mit neuen Dämonen. Und was vom Eremiten gilt, gilt schließlich vom gesamten Mönchtum. Das Mönchtum aber ist mitbestimmend für die Vorstellungen derer, die sich seiner Führung hingeben. Und da der Mönch schließlich sich als stärker als die Dämonen erweist, wächst ihm neues Führungspotential zu.

So baut sich ein dämonischer Gegenkosmos auf, der zu Gottes Rivalen im Kampf um die menschliche Seele wird. Die Dämonen sind überall; als abgewürdigte Götter hausen sie mit Vorliebe in alten Tempelruinen oder deren Umgebung, in Brunnen und Gemäuer. Sie schlüpfen in jegliche Gestalt, in Hunde, Schlangen, Schweine und Vögel. Aber auch als Engel erscheinen sie und als Menschen, besonders gern als schwarze Äthiopier und – selbstverständlich mit Lustgewinn – als Frauen. Sie bedrohen nicht nur das Seelenheil, sondern auch Leben und Gesundheit. Sie sind immer zur Stelle und für alles verantwortlich. Gelegentlich finden sich Ansätze zu einer etwas subtileren Betrachtungsweise. Theophanes von Cerami berichtet in einer Predigt von Leuten, die schlankweg behaupteten, eine Aktion des Teufels gebe es nicht, alle derartigen Vorkommnisse ließen sich natürlich erklären. Für Theophanes handelt es sich hier um Gottlose, d. h. für ihn ist der aktive Teufel das notwendige Korrelat zum Gottesbegriff. Allerdings predigt er auch gegen jene, die den Menschen mit Leib und Seele der satanischen Macht ausgeliefert wissen wollen; die Wahrheit liege in der Mitte. Andere, wie Michael Psellos, beschäftigen sich sozusagen wissenschaftlich mit der Dämonologie unter Einsatz aller Kenntnisse aus vorhandenen antiken Quellen. Was er sich persönlich denkt, ist schwer zu erfassen. Gelegentlich begegnen Sätze wie: „Nicht einmal der verrückteste Mensch kann eine körperliche Erscheinungsform der Dämonen unterstellen. Solche Erzählungen gehören in den Bereich der Fabeln und amüsanten Geschichten." Aber Psellos gefällt sich auch als Hagiograph, und da kommen die Dämonen wieder zu allen Rechten und sind voll ausgelastet. Natürlich lehrt die Theologie, daß der Mensch imstande ist, mit jeder Anfechtung des Bösen fertig zu werden, denn er besitzt seinen freien Willen und darf auf Gottes Hilfe hoffen. Es scheint jedoch, daß die Byzantiner ihren Theologen hierin nicht immer voll und ganz Gefolgschaft leisteten. Das zeigen schon die Zweifel in der Frage-Antwort-Literatur. Auch Digenis Akritas und damit das unbeschwerte Singen und Sagen des Volkes ließe sich zitieren:

Eines Tages begegnet er auf seinen Zügen einem verlassenen Mädchen. Die Leidenschaft überkommt ihn, doch eigentlich möchte er nicht sündigen. Aber:

> Es kann nicht sein, daß Heu sich nicht am Feuer rasch entzündet.

Es kommt aber, wie es kommen mußte, und er vergewaltigt das Mädchen:

> Das Unrecht, das ich da getan, hat meinen Weg geschändet.

Der Teufel war dabei am Werk und meiner Seele Leichtsinn.

Das klingt fast noch theologisch korrekt, aber er beeilt sich, Satan doch die Hauptverantwortung zuzuschieben:

Der alte Widersacher, Herr des Dunkels und der Hölle,
von je des menschlichen Geschlechts der eingefleischte Gegner,
er brachte es dahin, daß ich auf Gott vergessen...

Heinrich und Margarethe Schmidt
Christliche Engelvorstellungen

Jede Zeit bildete sich die ihr entsprechende Engelvorstellung aus, die sich dann auch in der Ikonographie abzeichnet.

a) Die frühe Christenheit. Der Männerengel: Die Künstler der ersten Epoche stellen nach biblischen Berichten die Engel als Männer dar. Flügel haben sie keine. Dadurch wird eine unerwünschte Anpassung an die Bildtradition der außerchristlichen Umwelt mit ihren geflügelten, meist sehr weiblichen Genien, Niken und Göttinnen vermieden. Erst unter dem Einfluß Tertullians setzt sich der Gedanke durch, daß auch Engel, wie alle Geschöpfe im Luftraum, Flügel haben. In der christlichen Kunst findet der geflügelte Engel jedoch erst 200 Jahre später Eingang, dann aber, von einigen Ausnahmen in der Gotik und Renaissance abgesehen, endgültig und für alle Zeiten, ungeachtet aller sonstigen Veränderungen, die das Engelbild erfährt.

Auf frühen Bildern sind Engel häufig von irdischen Männern nicht zu unterscheiden und nur aus dem Zusammenhang der dargestellten Geschichte zu erkennen. Bisweilen sind sie bärtig. Sie tragen die antike Tracht, die weiße Tunika, mit den beiden purpurnen Würdestreifen, den römischen Clavi, darüber das Pallium als Obergewand und an den Füßen Sandalen. Diese Kleidung bleibt bis ins hohe Mittelalter hinein das eigentliche Engelsgewand.

Mehr und mehr wird ihre Gestalt durch Größe und Würde hervorgehoben. Seit dem 5. Jahrhundert erhalten sie mächtige Flügel, dazu den Nimbus um ihre Häupter als zeichen ihrer Lichtgestalt.

Im byzantinischen Einflußbereich finden sich einige Abweichungen. Dort haben die Engel von Anfang an Flügel, dazu sind ihre Gesichter weicher und nehmen bisweilen fast weibliche Züge an. Sie tragen ein Band (taenia) im Haar, dessen Enden auf beiden Seiten ausschwingen. Häufig werden sie – besonders wenn sie durch ihre Stellung hervorragen – mit prunkvoller byzantinischer Hoftracht ausgestattet. Das ist der ausdrückliche Wunsch des Kaisers, den er trotz Einspruch seiner Theologen durchsetzt. Über der weißen Tunika mit Goldclavi tragen sie dann das Pallium aus kostbarem, gemustertem Goldbrokat und an den Füßen Zeremonialschuhe. Oft werden sie mit dem kaiserlichen Ornat ausgezeichnet, dem Purpurmantel und – in späterer Zeit – mit dem edelsteinbesetzten Prunkgewand. Sie stehen auf Podesten. Diese zeichenhafte Erhöhung hat sich durch die Jahrhunderte hindurch, auch im Westen, erhalten. In ihrer Eigenschaft als Sendboten halten sie einen Stab, oft einen Kreuzstab, in der Rechten, als Engelfürsten häufig das Labarum, das römische Feldzeichen, mit dem Dreimalheilig (lateinisch sanctus oder griechisch hagios) als Inschrift.

b) Das Mittelalter. Südlich der Alpen bleibt das Engelbild weithin der byzantinischen Tradition verpflichtet. Im Norden dagegen löst man sich allmählich davon. Nach der etwas weicheren und antikisierenden Epoche der karolingischen Renaissance werden Gestalten und Gebärden dynamischer und ausdrucksstärker. Einen Höhepunkt erreicht die Darstellung der Engel in der Buchmalerei der Reichenau.

Diese Kunst erinnert an die altsächsische Helianddichtung aus dem 9. Jahrhundert. Ein Beispiel aus der Hirtenverkündigung des Heliand zeigt die geistige Verwandtschaft zur entsprechenden Miniatur im Perikopenbuch Heinrich II: „Sie sahen, wie die Finsternis in der Luft sich zerließ, und das Licht Gottes brach wonnig durch die Wolken, die Wärter dort im Feld umfangend. Da fürchteten sich in ihrem Mut die Männer. Sie sahen den mächtigen Gottesengel kommen, und gegen sie gewandt, befahl er den Feldhirten: Fürchtet nicht für Euch ein Leid von dem Lichte. Liebes soll ich Euch in Wahrheit sagen und sehr Erwünschtes künden von mächtiger Kraft, Krist ist geboren in derselbigen Nacht."

Seit dem 13. Jahrhundert ist das Engelbild in ständigem Wandel begriffen. Theologische Strömungen, die franziskanische Mystik und die durch diese angeregte Volksfrömmigkeit, ein neues Marien-Ideal, dazu die sich ankündigende Renaissance und der Zeitgeschmack, prägen auch die Engelvorstellung immer wieder neu und lassen sie an der Fülle und Vielfalt menschlicher Erscheinungsformen teilhaben. So werden sie z. B. als Lobsänger Gottes mit allen erdenklichen Musikinstrumenten ausgestattet. Ritterengel, Priesterengel, Mädchenengel, Kinderengel, die Putten und schließlich die geflügelten Engelsköpfchen lösen sich ab, überlagern sich oder bestehen gleichzeitig nebeneinander. Ebenso wandeln sich auch spezifische Engelmerkmale wie Größe und Körperlichkeit, Flügel und Tracht.

(1) Der ritterliche Engel. Unter dem Eindruck der seit dem 12. Jahrhundert aufblühenden ritterlich-höfischen Kultur wird die Engelhierarchie auch zum ritterlichen Stand in Beziehung gesetzt.

„Wie die Ritter eines irdischen Königs etliche alle Zeit an seinem Hofe wohnen und ihm Gesellen sind zum Lob und Trost, etliche beschirmen seine Städte und Burgen, etliche kämpfen wider seine Feinde, also auch die Engel, die Ritter Christi." (Legenda Aurea)

Dieser neue Aspekt bringt einen neuen Bildtypus hervor, der sich vor allem an den gotischen Kathedralen Frankreichs findet. Der Engel gleicht sowohl in seiner unbefangenen, lebensfrohen Schönheit wie auch in seinem gesammelten Ernst dem Idealbild des jungen Ritters. Oft trägt er auch die höfische Kleidung: über dem fußlangen Gewand den übergeworfenen Mantel, der von einem Tassel zusammengehalten wird. Häufig verzichtet der Künstler auf Flügel. Der Erzengel Michael, schon immer ein Streiter Gottes, wird jetzt sehr oft in voller Rüstung oder im Kettenhemd dargestellt. Die gleiche Vorstellung eines Fürstenhofes mag auch den flügellosen jungen Engeln zugrunde liegen, die sich Ende des 15. Jahrhunderts in Italien wie Edelknaben um Maria scharen.

(2) Der priesterliche Engel. Die von Dionysius Areopagita beschriebene Spiegelgleichheit der Engelhierarchie im Himmel mit der kirchlichen Hierarchie auf Erden findet im Norden ihren bildlichen Ausdruck darin, daß seit dem 13. Jahrhundert Engel häufig in liturgische Gewänder gekleidet sind. Das bisher als zeitlos empfundene antike, weiße Engelsgewand wird nun zur Albe, dem priesterlichen Untergewand, das mit dem Zingulum gegürtet wird. Sie wird durch das weich geschlungene und in den Halsausschnitt eingesteckte Schultertuch, das Amikt, vervollständigt. Die Albe der Priester ist, wie der Name sagt, immer weiß, die der Engel kann auch farbig sein.

(3) Der Frauen- bzw. Mädchenengel. Ohne daß eine adäquate Strömung in der zeitgenössischen Literatur diesen einschneidenden Wandel vorbereitet hätte, nimmt das En-

gelbild weibliche Züge an. Diese ikonographische Neuorientierung nimmt im Westen bei Giotto und seinen Zeitgenossen ihren Anfang. Der Ursprung dieses Phänomens dürfte wohl im Wandel des Marienbildes zu suchen sein. An die Stelle der hieratisch-fernen Gottesgebärerin, der thronenden Theotokos, tritt die menschlich nahe Himmelsbraut und -königin. Es ist nur folgerichtig, wenn diese sich nun mit einem ihr gemäßen Hofstaat umgibt: „Und das ist der herrlich Hof, in dem das himmlische Heer wohnt, in dem mich (Maria) miteinander loben das Morgengestirn und alle jubilierenden Kinder Gottes. – Hier sieht man fröhliche Blicke wechseln, Harfen und Geigen, Singen und Springen, Tanzen und Reihen und immerwährende ganze Freude..." (Aus dem „Büchlein der ewigen Weisheit" von Heinrich Seuse, 14. Jahrhundert.)

Bildtypus: Die weiblichen Engel werden mit viel Schönheit ausgestattet. Ihre Flügel werden farbiger, ihre Gewänder prächtig, ja modisch, Blumen tragen sie in Händen oder im Haar. Besonders eifrig musizieren sie. Der herbe Ernst, der in der Regel die Männerengel auszeichnete, wird abgelöst von paradiesischer Freude.

Diese Mädchenengel bleiben jedoch nicht auf das Hofgesinde der Maria beschränkt, auch nicht auf diese Zeitepoche; sie prägen von nun an im wesentlichen die Engelikonographie bis zum heutigen Tag.

Im 14. Jahrhundert nehmen wir noch zwei weitere Wandlungen wahr:

(a) Die Engel werden häufig sehr klein dargestellt. Bilden sie, die ihrer Größe nach weit hinter den zentralen, heiligen Gestalten zurücktreten, einen Übergang zu den Kinderengeln? Zeichnet sich eine Verniedlichung des Engelbildes ab? Vielleicht weist dieses Phänomen noch in eine andere Richtung. Treten bisher die Engel in der Regel als einzelne, sehr betonte und ehrfurchtgebietende Gestalten der jenseitigen Welt auf, so erscheinen sie jetzt auf den Bildern in großer Menge. Sie drängen sich z. B. um die Krippe und singen und spielen dem Kind; in Schmerz und Erregung umfliegen sie das Kreuz. Es scheint, als ob diese kleiner gewordenen Engel widerspiegeln, was die Gläubigen in der Nachfolge des Franz von Assisi an Freude und Schmerz empfunden haben, wenn sie sich meditierend in die heiligen Geschichten versenkten.

(b) Weiter zeigt sich die Neigung, die Leiblichkeit der Engel zu verflüchtigen. Das gilt vor allem für die fliegenden Engel. Nur mehr Haupt und Oberkörper besitzen feste Konturen, während der übrige Leib sich in eine kleine Wolke aufzulösen scheint – so bei Giotto und seiner Schule. Bei Stefan Lochner und der Kölner Malerschule geht die Gestalt in einen flatternden Gewandzipfel über. Es läßt sich nicht eindeutig sagen, ob hierbei die Geistleiblichkeit der Engel zum Ausdruck kommen oder ob unter dem Einfluß der Mystik das Leibliche hinter der Spiritualität zurücktreten soll.

(4) Der Kinderengel. Eine weitere einschneidende Wandlung vollzieht sich im 15. Jahrhundert. Aus den ritterlichen „Gesellen des Königs" werden die Spielgesellen des königlichen Kindes, des „Jungcherre Christus", wie Berthold von Regensburg sich ausdrückt.

„Ein jegelich engel schient also gestalter als ein kint in jaren vieren in der jugende", heißt es im jüngeren Titurel. Und in seinem „Buch von der heiligen Lebine" gedenkt der Mystiker Giselher von Statheren der bethlehemitischen Kinder, die auf Befehl des Königs Herodes ermordet wurden: „Si hant aber nu den trôst des ewigen lîbes (Lebens) un sint des (Christ)kintes spilgenosse worden dâ ze himele."

Wie sehr diese Verkindlichung der Engel Ausdruck der gefühlsbetonten, mystischen Frömmigkeit der Zeit ist, zeigt sich in der Selbstbiographie Seuses. Er erzählt im 11. Kapitel, daß ein „wohlsingender Knab" einem frommen Jüngling ein Körbchen roter Beeren bringt von „seinem Freund und Himmelsherrn Jesus Christus".

Diese zierlichen Kinderengel mit ihren farbigen Flügeln haben bisweilen etwas Vogelähnliches an sich. Im 15./16. Jahrhundert können Engel auch tatsächlich wie Vögel am ganzen Leib gefiedert, ja auch vogelgestaltig dargestellt werden.

Die Vorstellung des Vogels als Bote ist uralt. So verwundert es nicht, wenn auch der Engelbote mit einem Vogel verglichen wird. In einem Lied aus dem 16. Jahrhundert, das die Verkündigung an Maria besingt, heißt es z. B.: „Es flog ein Vogel leise zu einer Jungfrau rein nach eines Engels Weise wohl in ihr Klauselein." [...]

Roy Mottahedeh
Der Gegenspieler Allahs

Im Islam erscheint der Satan oft ganz ähnlich wie im Christentum: als Figur des falschen Stolzes und der Auflehnung gegen Gott, die für die Theologen die Personifizierung des Bösen oder sogar – nach neuplatonischer Weise – die Abwesenheit des Guten sein kann, in der der gewöhnliche Gläubige aber den listigen Ränkeschmied erkennt, der die Menschen zu bösen Gedanken und Handlungen verführt und provoziert. Der gefährlichste Abschnitt jeder Pilgerreise nach Mekka ist für die Gläubigen immer die Zeremonie, bei der sie sich um eine Steinsäule drängen und diese als Sinnbild des verhaßten Satan mit Steinen bewerfen; dabei kommt der Haß so lebhaft zum Ausdruck, daß die Teilnehmer in der Abstraktion ihrer Erregung sich manchmal gegenseitig mit den Steinen treffen. Im volkstümlichen islamischen Denken ist jeder Einzelperson sogar neben dem Schutzengel auch ein persönlicher Satan zugeteilt; dadurch wird der einzelne zum mikrokosmischen Schlachtfeld zwischen Gut und Böse, ähnlich wie die zarathustrische Religion sich den Kampf von Gut und Böse im Makrokosmos vorstellt.

Und doch zeigt sich Satan im Islam als bemerkenswert komplexes Wesen, vielleicht komplexer als der Satan der Zoroastrier, der Juden und Christen. Die bei Schams-e Qeis erwähnte Überlieferung, daß Satan der Erfinder der Dichtkunst sei, rührt zum Teil von einer alten arabischen Vorstellung her, nach der persönliche „Satane" ähnlich den „Dämonen" der alten Griechen für schöpferische Impulse verantwortlich waren. Eine viel wichtigere Quelle für die komplexe Natur des Satans im Islam ist die Schilderung im Koran vom ersten Ungehorsam des Satans. Nach dem Koran befahl Gott den Engeln, nachdem Er den Menschen aus Lehm geformt und ihm Leben eingehaucht hatte, sie sollten sich vor dem Menschen verbeugen; doch einer der Engel – Satan – weigerte sich und erklärte: „Ich bin besser als er; mich hast Du aus Feuer erschaffen, ihn aber aus Erde." Als Antwort stieß Gott Satan aus und verfluchte ihn. Doch Satan erbat sich eine Schonfrist von Gottes Urteilsspruch, die ihm auch bis zum Tag der Auferstehung gewährt wurde, worauf Satan sagte: „Dann werde ich sie mit Deiner Macht alle in die Irre führen, mit Ausnahme Deiner Diener unter ihnen, die reinen Herzens sind."

Satans Unabhängigkeit unter den Engeln, die Zusage Gottes, ihm eine Frist zu gewähren, und Satans gehorsames Eingeständnis, daß er ein Werkzeug der Macht Gottes sei – das alles machte den Fürsten des Dunkels interessanter als eine bloße „Personifizierung des Bösen", so sehr diese in manchen Abschnitten des Korans auch als Vollblutverkörperung erscheinen mochte. Die Sufis betrachteten fasziniert die Möglichkeiten dieses vielschichtigen Satans, und sie entwickelten vor allem im persisch sprechenden östlichen Islam einen alternativen Satan. Dieser war als der endgültige Monotheist zu sehen, als der Engel, der Gott mit solcher Unbedingtheit verehrte, daß er es ablehnte, sich vor dem Menschen zu verneigen, denn er verneigte sich nur vor Gott; als der „Liebhaber“, dessen Liebe so uneingeschränkt war, daß er aus liebendem Gehorsam gegen den göttlichen Befehl die Rolle der Entfremdung von dem göttlichen Geliebten auf sich nahm. Dieser moralisch rehabilitierte Satan ist tatsächlich eine Art Märtyrer.

F. de Jong
Magie im Islam

Das Problem, einen adäquaten Unterschied zwischen Religion und Magie zu machen, ist in der anthropologischen/ethnographischen Literatur schon viele Male zur Diskussion gestellt worden. Auch im Islam ist es problematisch, diesen Unterschied zu machen. [...]

In bezug auf die Formen der Magie wird im Islam ein Unterschied zwischen erlaubter *(ruqya)* und unerlaubter Magie *(siḥr)* gemacht. Letztere wird ausgeübt von (und als bekannt vorausgesetzt bei) einigen Spezialisten, obschon es in dieser Hinsicht implizite und explizite Verbote im Koran und in der Tradition gibt. Die unerlaubte Magie soll es möglich machen, Menschen Schaden zuzufügen und Macht zu erteilen über Leben und Tod. Die Kenntnis dieser Form der Magie soll seit (und durch) Salomo ununterbrochen bis auf die Zauberer unserer Tage übertragen worden sein, während sie nach einer anderen Version von Hārūt und Mārūt und vom Teufel stammt, die die Zauberer in dieser Geheimwissenschaft unterrichtet haben sollen. Zur Ausübung der erlaubten Magie wird unter anderem das Schreiben von Amuletten gerechnet *(ḥijāb;* pl.: *aḥjiba),* so lange sich hierin kein *shirk* (Beigesellung, Götzendienst) manifestiert oder ein Fall von *da'wa* (hier: Invokation zum Schutz und/oder Exorzismus mittels der Verwendung von rezitierten oder geschriebenen Texten oder Gebeten) vorliegt. Muḥammad selber soll die Verwendung von bestimmten Formeln gegen den bösen Blick empfohlen haben. Trotzdem wird dies von vielen abgelehnt, weil es *shirk* sei oder weil es im Widerspruch zu der Forderung nach Gottvertrauen [...] stehe.

Viele Amulette sind primär dafür gedacht, Schutz gegen das böse Auge *(al-ʿain, an-naẓra, al-ḥasad)*, die *jinn* und die *ʿafārīt* zu bieten. Für den weitverbreiteten Glauben an die Existenz der erstgenannten geheimnisvollen Kraft des Bösen wird sowohl im Koran wie in den prophetischen Traditionen *(ḥadīth)* eine Grundlage gefunden. Dies gilt ebenfalls für die *jinn*. Diese werden meist als luftige Wesen mit durchsichtigen Körpern beschrieben, die verschiedene Gestalten annehmen können, aus Feuer erschaffen sind und Zwischenwesen zwischen Menschen und Engeln darstellen. Der Glaube an die Existenz der *ʿafārīt* dagegen ist vom Koran und vom Hadith her schwer zu rechtfertigen und befindet sich nicht in Übereinstimmung mit den meisten gängigen Konzepten über das Schicksal der Geister der Verstorbenen zwischen Tod und Auferstehung. Bei dieser Kategorie handelt es sich namentlich um böse Geister, die aus dem Blut eines Menschen geschaffen wurden, der eines gewaltsamen Todes gestorben ist, das heißt also Totengeister. Daneben gibt es einen weitverbreiteten Glauben, vor allem im Niltal, daß jeder Mensch von der Geburt an ein Duplikat in der Welt des Unsichtbaren *(ʿālam al-ghaib)* hat. Dieser Zwillingsbruder *(qarīn)* oder diese Zwillingsschwester *(qarīna)* kann, zum Beispiel aus Eifersucht, das Leben seines Bruders oder seiner Schwester in der Welt des Diesseits erschweren. Vor all diesen drohenden, potentiell bösartigen und also gefährlichen Kräften schützt man sich unter anderem, indem man Amulette trägt, auf denen bestimmte Verse des Korans, Teile prophetischer Traditionen, bestimmte Gebete oder magische Formeln und Zeichen – manchmal in bestimmten Mustern und mit anderen Substanzen als normaler Tinte – geschrieben sind. Zu diesen magischen Formeln und Zeichen gehören unter anderem die sieben Siegel

Salomos, die sogenannten Ringbuchstaben sowie Kombinationen der sieben Buchstaben des arabischen Alphabets, die nicht im ersten Kapitel des Korans vorkommen. Diese sieben Buchstaben weisen auf die sieben Könige der *jinn* und weiter auf ein kosmologisches System hin, das hier nicht weiter erörtert werden kann und auch nicht erläutert zu werden braucht, weil dessen Kenntnis kein Gemeingut ist und einigen Spezialisten vorbehalten bleibt. [...]

Um sich gegen die bösen Kräfte eines *jinn* o. ä. zu schützen, ist man nicht ausschließlich auf die Dienste der bereits erwähnten Spezialisten in Magie und Volksmedizin (die oft mit Bruderschaften verbunden sind) angewiesen. Man kann sich auch selber zu helfen versuchen, und das ist es, was man in den meisten Fällen zunächst auch tun wird: Namentlich geschieht dies durch die Verwendung von Amuletten (darunter die Hand der Fāṭima und blaue Glasperlen in der Form eines Auges), die fix und fertig gekauft werden können, und von Stoffen (unter anderem Salz, Eisen und Stahl), von denen bekannt ist, daß sie „das Auge brechen" und *jinn* abschrecken. Dasselbe Ziel wird angestrebt, wenn Blutopfer gebracht werden: Ein Tier wird geschlachtet (meistens im Kontext eines umfangreichen Rituals), und das ausströmende Blut wird an Stellen (Haus, Grab, Getreidelager) angebracht, die man gegen *jinn* (oder *ʿafārīt*) zu schützen oder aus denen man *jinn* zu vertreiben wünscht. In Vergangenheit und Gegenwart sind diese vor allem auf dem Lande weitverbreiteten Blutopfer meist von denjenigen als potentielle Quelle des *shirk* verurteilt worden, die sich zu Verteidigern des wahren Islams aufwerfen, und zwar deshalb, weil diese Opfer als ein Opfer an den *jinn* aufgefaßt werden kann.

Die zentrale Stellung des *jinn*-Glaubens im allgemeinen ist von Zbinden zutreffend charakterisiert worden als die „via regia, auf der das ganze Wesen der orientalischen Magie und Divination im Verein mit dem ganzen Volksaberglauben in der mohammedanischen Religion eine Heimstätte gefunden hat". Die zahlreichen Volkserzählungen, in denen *jinn* eine Rolle spielen, die vielen im Druck erschienenen Abhandlungen über *jinn* und auch die vielen Seiten, die in den meisten der gängigen Magie-Handbücher auf die Identifikation, Klassifikation, Neutralisierung oder sonstige Beeinflussung der *jinn* verwendet werden, beweisen die Richtigkeit dieser These.

Eine besondere Form der Beschwörung der *jinn* ist das *zār*-Ritual, dessen Verbreitungsgebiet auf das Niltal beschränkt ist. Bei diesem Ritual, das in verschiedenen Veröffentlichungen detailliert beschrieben worden ist, handelt es sich um einen oder mehrere *jinn*, von denen man glaubt, daß sie den Körper eines Menschen als Wohnort gewählt haben und diesen Menschen krank machen. Es geht nun darum, den oder die *jinn* zu beruhigen und dazu zu bewegen, daß der Mensch, in dem sie wohnen, nicht mehr belästigt wird. Art und Zahl dieser *jinn* werden festgestellt von einer Person, von der man annimmt, daß sie über die erforderlichen Kenntnisse verfügt und auch selber mit dem oder den entsprechenden *jinn* Kontakt aufnehmen kann.

Eine derartige Person ist meistens eine Frau, die zur gleichen Zeit Führerin *(kūdiya)* einer *zār*-Gruppe ist, welche aus Sängern, Musikern und gelegentlich aus weiteren Mitwirkenden besteht. Im Einklang mit den Forderungen und Instruktionen des oder der *jinn* werden zunächst die Einzelheiten für das Ritual – vor allem in bezug auf die Kleidung, die vom „Patienten" getragen werden soll, und die Art und die Zahl der Tiere, die geopfert werden sollen – festgelegt. Der wichtigste Teil des Rituals ist ein ekstatischer, meistens gemeinsamer Tanz mit dem „Patienten" als Mittelpunkt. Diese *zār*-Sessionen können bei dem „Patienten" zu Hause oder in speziell hierfür eingerichteten Räumen in Privathäusern, wo regelmäßig Sessionen ein und derselben *zār*-Gruppe abgehalten werden, stattfinden. An der Organisation dieser *zār*-Sessionen, an denen sich oft ausschließlich Frauen beteiligen, die aber auch gemischt sein können, sind häufig lokale Führer mystischer Bruderschaften beteiligt, die eine regulierende, koordinierende und/oder allgemein organisierende Rolle erfüllen.

Trotz der vielfachen Kritik, die seit den achtziger Jahren des 19. Jahrhunderts am *zār* als einer Manifestation des *shirk* und als überhaupt unislamisch geübt worden ist, hat dieser nichts an Bedeutung eingebüßt. Er hat sich im Gegenteil immer mehr verbreitet, so daß z. B. die Gemeindebehörden von Kairo im Jahre 1964 dazu übergegangen sind, ein Genehmigungssystem für das Abhalten von *zār*-Sessionen zu verordnen. Es kommt oft vor – vor allem auf dem Lande –, daß *zār*-Sessionen in Heiligengräbern abgehalten werden, obwohl dies verboten ist. Dies kann zum Beispiel gemäß den Instruktionen des *jinn* geschehen, der beruhigt werden muß. Vielfach jedoch scheint dies in der Hoffnung und Erwartung zu geschehen, daß die mysteriöse heilsame Kraft *(baraka)* des Heiligen auf den „Patienten" übergehen und zugleich den *jinn* beruhigen werde.

Walter Schubart
Hexenwahn – die Rache des Dionysos

Die grausamste Rache des Dionysos an einer erosfeindlichen Welt ist der *Hexenwahn* des 16. und 17. Jahrhunderts. Ihm blieb es vorbehalten, die Pornographie der Schöpfungswonne zu liefern. Er hatte, wie die Mythen der Naturreligionen, die Richtung auf das Übernatürliche, aber auf die Nachtseite des Göttlichen, auf die Satanie. Dionysos stand wieder auf als – Teufel. Der Teufel ist der Geschlechtsgott der Christenheit und die Hexen sind seine Hetären. Sie haben – verkrüppelte Fruchtbarkeitsdämonen – mit ihm einen festen Bund auf Buhlschaft geschlossen, das unheilige Gegenstück zum Bunde Gottes mit dem „neuen Israel". Der

Besen, auf dem sie reiten, stellt den Phallus dar. Der Teufel selbst trägt Hörner, wiederum phallische Gebilde, und er hat den Leib eines Bockes wie die Satyrn, die den thrakischen Gott umgaben. Der Bock ist bei den Griechen das Sinnbild geschlechtlicher Kraft, wie bei den Ägyptern und Kretern der Stier. Schon durch seine äußere Gestalt also weist sich der Teufel als Nachfahre des Dionysos aus. Wie dieser mit seinen Bacchantinnen rast er mit seinen Hexen durch Nacht und Gebirg, beide Dämonen der Weiber und des Geschlechts. So auffällig sind die Ähnlichkeiten, daß später die Vermutung laut werden konnte, Kleriker hätten die Kenntnisse, die sie von den Dionysien aus antiken Schriftstellern besaßen, bewußt dem Hexenglauben beigemischt. Doch ein Riesenunterschied ist da: Der Teufel ist nicht der saftige, fruchtspendende Gott der Antike, sondern ein geächteter Unhold, hinabgestoßen in Schmutz und Sumpf, durch den sich der Liebesgott im christlichen Zeitalter der Geschichte hatte ziehen lassen müssen. Jetzt ist alle Geschlechtlichkeit in den Dunst des Ekels getaucht, zur Sünde gestempelt und dennoch von unwiderstehlicher Gewalt. Jetzt heißt die Schöpfungswonne Hexerei. Dasselbe Erlebnis, das nach Heiligung verlangt, wird entgegengesetzt bewertet, und seine Betätigung wird als Satansdienst verfemt. Der Hexenspuk ist Dionysoskult mit negativem Vorzeichen und eingeschlossen in die Traumwelt überhitzter Gehirne, keine freie, rauschhafte Lebensbejahung, sondern Geschlechtskrampf, Eros mit schlechtem Gewissen, lüsternes Pflücken verbotener Gedankenfrüchte. Wenn Chronisten berichten, man habe auf offenem Feld 6000 Teufel und Hexen miteinander Unzucht treiben sehen, so wird man an die Massenpaarungen erinnert, in die der Orgiasmus natürlicher Fruchtbarkeitsfeste tatsächlich auslief. Diese Kulte leben in der Zeit des Hexenwahns als äußeres Geschehnis nicht wieder auf, wohl aber als Mythos [...], als Tatsache in der Welt der Vorstellung, den gleichen Seelenzustand enthüllend wie die Tatsachen in der Welt der Erfahrung.

Durch die Betonung des Geschlechtlichen unterschieden sich die Hexen von den heidnischen Geistern, mit denen sie der Volksglaube in Beziehung setzte, indem er die Treffplätze der Hexen und die alten Kultstätten der Vorzeit zusammenlegte. In der Tiefe hing der Hexenwahn mit den Eigenheiten der weiblichen Natur zusammen. Nur die Frau stand im Verdacht, mit übernatürlichen Wesen geschlechtlichen Umgang zu pflegen, und nur sie schien in Versuchung zu sein, diesen Umgang zu suchen. Etwas in ihr erteilte dem martervollen Wahnsinn das heimlich-unheimliche Placet. Etwas Unwiderstehliches trieb sie an, den Hexen nachzueifern und ihresgleichen zu werden. Nur so ist es zu erklären, daß Frauen selbst an ihre Buhlschaft mit dem Teufel glaubten. Von Männern angeklagt, gestanden sie, nicht nur in der Folter, die lustvollen Einzelheiten ihrer Schande ein. Sie bezichtigten sich einer Schuld, um sich die Erfüllung ihrer brennendsten Wünsche vorzutäuschen. Nach dem „Hexenhammer" hat eine von ihnen behauptet, die Lust der Teufelsliebe sei so groß wie von tausend Männern zusammen! Der Hexenglaube genügte den Weibern nicht mehr, sie wollten den dionysischen Kultus selbst, und sei es verzerrt und gebrochen. Weil sie ihn nicht hatten, logen sie ihn sich und ihren Richtern vor, bereit, die Steigerung des Geschlechtlichen ins Übernatürliche, die sie nicht missen konnten, mit der Qual des Feuertodes zu erkaufen. Hier öffnen sich unterste Schichten der weiblichen Seele: So eng verknüpft das Weib den sinnlichen Akt mit den übersinnlichen Mächten, daß es Religion und Erotik, falls sie sich nicht in göttlichem Lichte verschmelzen dürfen, lieber noch im Zeichen Satans zusammenbinden, als eine Trennung zuzulassen. Der Eros darf sich nicht vom transzendenten Weltgrunde lösen – dies ist die Überzeugung der Frau. Deshalb kämpft sie erbittert um ihr Mysterium der Schöpfungswonne, um die ihr eigene Form der Religion. Während des 16. und 17. Jahrhunderts wird dieses Mysterium von den Hexen verteidigt, aber nicht im Himmel, sondern im

Nachtbereich der Hölle. Den Himmel hatte der christliche Mensch jener Zeit dem erotischen Weibe versperrt. Weil es sich nicht als Heilige der Naturreligion ausleben durfte, wurde es Hexe!

Manfred Wöhlcke
Magie im brasilianischen „catolicismo popular"

Der ländliche „catolicismo popular" ist eine magische, polytheistische Religion in katholischer Chiffre, wie wir sie in ähnlicher oder anderer Form auch von sonstigen armen Landbevölkerungen kennen. Aufschlußreiche Parallelen dazu finden wir unter anderem in der vorindustriellen Epoche Europas. In den ländlichen Unterschichten Brasiliens finden wir erwartungsgemäß die vielfältigsten Formen von Aberglauben; diesem kommt allerdings im Gegensatz zum spielerischen entschärften Aberglauben etwa unserer städtischen Mittelschichten (schwarze Katze, 13, Freitag, Horoskop, zerbrochener Spiegel, Glücksschwein, vierblättriger Klee, Schornsteinfeger, Spukschloß, Glückspfennig u. a.) eine große Bedeutung im täglichen Leben zu. Viele Amulette und Kreuze verbergen viel Not.

Es gibt z. B. die Vorstellung, daß ein Kind mit Sicherheit später ein Dieb wird, wenn bei seiner Geburt eine Katze, eine Maus oder ein Hund seine Nabelschnur gefressen haben; daß Kinder nicht sprechen lernen, wenn sie einmal einen Schlüssel in den Mund genommen haben; daß derjenige schielen wird, der mit Strümpfen schläft; daß derjenige den Tod seiner Mutter provoziert, der nachts seine Fingernägel schneidet; daß derjenige, der eine Sternschnuppe gesehen hat und nicht sieben Jahre lang darüber schweigen konnte, einen tragischen Tod sterben wird u. v. a. m. Daneben spuken noch manche düstere Dämonen, Wiederkommer, Mutanten und Kobolde durch die Nacht, so z. B. der Lobishomem (Wolfsmensch), die Mula-sem-cabeça (Maultier ohne Kopf) und der Saci-pererê (auch „moleque" oder „menino"), ein einbeiniger, pfeiferauchender schwarzer Gnom, der die nächtlichen Wanderer erschreckt.

Besonders interessant sind für uns die Verbindungen zwischen Katholizismus, polytheistischer Heiligenverehrung und Magie im catolicismo popular; zur Illustration einige verbreitete Vorstellungen und Riten: Regen kann beschworen werden, indem man eine Statuette des Heiligen Antonius kopfüber in die heiße Sonne stellt. Regen kann auch beschworen werden durch Gebete, wie folgendes: „Heilige Magdalena, Magdalena Heilige, Jungfrau und Gebieterin, gib uns Regen auf der Erde, Heilige Magdalena, Magdalena Heilige, ich bitte Euch um Regen auf die Erde, Heilige Magdalena, Magdalena Heilige, bittet die Heilige Jungfrau, daß sie uns Regen gibt auf die Erde." Gutes Wetter kann beschworen werden, indem man eine Statuette des Heiligen Antonius in den Regen stellt oder gesegnete Palmenblätter verbrennt oder folgendes Gebet spricht: „Heilige Klare, laß die Sonne scheinen, damit mein Leintuch trocknet." Um eine leichte Geburt zu haben, soll man der Schwangeren eine Statuette des Heiligen Antonius auf den Bauch legen. Ein heiratswilliges Mädchen erreicht die Ehe mit Sicherheit, wenn sie dem anvisierten Herrn Kaffee zu trinken gibt, in dem sie eine Statuette des Heiligen Antonius gekocht hat. Wer in der Osterwoche Fleisch ißt, dem werden die Zähne im Zahnfleisch versinken. Wenn jemand etwas Schwieriges verwirklichen will, soll er an eine Kreuzung gehen und ein Vaterunser rückwärts aufsagen, dann wird ihn nichts behindern können. Wer um Mitternacht über eine Kreuzung geht, riskiert, den Teufel zu sehen. Wer neu in ein Haus einzieht, soll Salz in alle Ecken werfen und beten: „Im Namen der Jungfrau und aller Heiligen, es mögen die Geister verschwinden." Plötzlicher Nordwind kündigt den Tod eines Priesters an. Soweit zum „catolicismo popular".

7. TOD UND JENSEITS

Egon Friedell
Ägyptische Totenbücher

Die Zeit der Pyramiden war längst vorbei. Ungeheure Gänge wurden tief in den Bergfelsen getrieben, oft wahre Hallenfluchten, und dann erst gelangte man zur Leichenkammer. Die Sitte, die Wände mit Bildern und Inschriften zu bedecken, ist beibehalten: sie erzählen in prägnanten Szenen die Biographie des Verblichenen und seine mutmaßlichen Schicksale nach dem Tode, vor allem die gruselige Fahrt zu Osiris mitten durch nächtige Ungeheuer und blutdürstige Gespenster, die aber zum Glück durch Zaubersprüche gebannt sind. Daneben aber gelangt an Stelle der Pyramidentexte des Alten Reichs und der Sarginschriften des Mittleren Reichs die schon früher gelegentlich geübte Sitte, Totenbücher ins Grab zu legen, zu allgemeiner Verbreitung. Man hat sie recht zutreffend „Baedeker durchs Jenseits" genannt: sie enthielten Texte und Abbildungen, die dem Verstorbenen bei seiner Reise durch die Unterwelt zum Schutz und zur Orientierung dienen sollten. Man sieht Osiris unter seinem Thronhimmel Gericht halten, ein Kollegium von vierzehn Gottheiten steht ihm zur Seite, der schakalköpfige Anubis führt ihm den Toten vor, Thoth protokolliert; fällt das Ergebnis ungünstig aus, so wird die Seele von dem „Totenfresser" verschlungen, einem abscheulichen Geschöpf, vorn Krokodil, in der Mitte Löwe, hinten Nilpferd, das neben der Waage schon auf seinen Braten lauert; erweist sie sich als rein, so darf sie zu Osiris eingehen. In ihrer saubern und wirkungsvollen Komposition und ihrer frischen und reichen Kolorierung stellen diese Totenrollen hervorragende Leistungen der Buchkunst dar; die Texte aber sind voll von Schreibfehlern und Sprüngen: eine besonders krasse Fahrlässigkeit, da von der Korrektheit des Wortlauts alles abhing. Sie sind jedoch insofern von besonderem Interesse, als sie eine sehr merkliche Vertiefung der ethischen Anschauungen bekunden. Während bisher an der sozialen Ungleichheit auch der Tod nichts änderte, der Magnat in Glanz und Behagen weiterherrschte und der Arme vergessen im Massengrab darbte, wird nun ohne Ansehen der Person die Seele auf ihren inneren Wert geprüft. Osiris hatte die Krone des Totenreichs durch sein sündenreines Leben errungen, und nur der Unbefleckte durfte sein Genosse sein. Daher wurde es jetzt auch üblich, tote Personen mit dem Beiwort „der Gerechtfertigte“ zu kennzeichnen, etwa wie wir „der Verewigte“ sagen. Auf der unerbittlichen und unbestechlichen Waage wird von Anubis das Herz des Toten gewogen; auf der anderen Schale liegt eine Feder, das Symbol der Wahrheit. Um nun diese furchtbare Prüfung zu bestehen, blieb den Ägyptern nichts übrig, als ganz naiv zu schwindeln. Sie ließen den Toten in den Texten alles erdenkliche Böse aufzählen und dazu versichern: ich habe es nicht getan. An ihr Herz aber richteten sie die flehentliche Bitte, es möge nicht gegen sie aufstehen und sie nicht verraten. Es finden sich auch Ansätze zu einer Gnadenlehre, so in dem vor kurzem entdeckten „Weisheitsbuch des Amenemope“, wo eingeschärft wird, man brauche sich nicht als sündlos zu bekennen, denn niemand sei ohne Sünde, Gott werde sich schon der armen Seele erbarmen. Auf jeden Fall zeigt die Liste der Vergehen, welchen hohen und strengen Standpunkt die Moral schon damals zumindest in der Theorie einnahm: neben der Ableugnung des Mordes, des Diebstahls, des Betrugs stehen Beteuerungen wie: „Ich habe nicht hungern lassen. Ich habe nicht weinen gemacht. Ich habe nicht gelogen. Ich habe nicht gelauscht. Ich habe nicht die Ehe gebrochen. Ich habe niemanden bei seinen Vorgesetzten schlecht gemacht. Ich war nicht taub gegen Worte der Wahrheit.“ Eine fremdartige, aber tiefe Auffassung bekundet die Formel: „Ich habe mein Herz nicht aufgezehrt“; was besagen sollte, man habe sich nicht unfruchtbarer Reue hingegeben.

Rührend und belustigend ist der Brief eines Witwers „an den vortrefflichen Geist“ seiner Frau, den er im Verdacht hat, daß er ihm Krankheit angezaubert hat: „Was habe ich Dir Böses getan, daß ich mich in diesem bösen Zustande befinde, in dem ich jetzt bin? Wenn ich den Pharao auf einer Reise nach Oberägypten begleitete, waren meine Gedanken immer bei Dir. Ich betrauerte Dich sehr mit meinen Angestellten vor meinem Wohnhause und ließ nichts Gutes für Dich ungetan. Wahrlich, Du unterscheidest nicht Gutes von Bösem! Aber man soll zwischen Dir und mir entscheiden!“ (Das sollen offenbar die Götter des Totenreichs tun.) Und zum Schluß verspricht er als höchstes Besänftigungsmittel: „Wahrlich, die Schwestern im Hause, ich trete zu keiner einzigen von ihnen ein!“ (Gemeint sind die Nebenfrauen, die wahrscheinlich schon zu Lebzeiten der Gattin Anlaß zu Eifersuchtsszenen gaben.) Tiefere Empfindung spricht aus der schönen Totenklage einer Witwe: „Daß Du so fern von mir bist, was soll das? Der Du so gern mit mir scherztest, Du schweigst und redest nicht. Wehe, wehe, ach dieser Verlust! Der gute Hirte ist ins Reich der Ewigkeit eingegangen. Der Du so viele Leute hattest, Du bist nun im Lande, das das Alleinsein liebt. Der so gern mit den Füßen zum Gehen ausschritt, ist nun eingeschlossen, eingewickelt und umengt. Der so viel feines Linnen hatte und es so gern trug, schläft nun im abgelegten Kleide von gestern. Ich bin doch Deine Schwester, Du Großer, verlasse mich nicht...“ Es ist bezeichnend, wie hier die Vorstellungen sich vermischen: abwechselnd ist der Verblichene der ferne Bruder im Totenreich und die eingesargte Mumie.

Upanischaden
Seelenwanderung

Nachdem einer geboren worden ist, lebt er so lange, wie die Lebenszeit dauert. Wenn er gestorben ist, tragen sie ihn von hier zu seiner Bestimmung ins Feuer, woher er gekommen, woraus er entstanden ist.

Diejenigen, welche solches wissen, und jene, welche mit den Worten: „Der Glaube ist unsere Askese", Verehrung üben, die alle gehen ein in die Flamme (des Leichenfeuers). Aus der Flamme gehen sie in den Tag, aus dem Tag in die lichte Hälfte des Monats, aus der lichten Hälfte des Monats in das Halbjahr, in welchem die Sonne nordwärts geht,

aus dem Halbjahr gelangen sie in das Jahr, aus dem Jahr in die Sonne, aus der Sonne in den Mond, aus dem Mond in den Blitz; – und dort ist ein Mann, der ist nicht wie ein Mensch, der führt sie hin zu Brahman. Dieser Pfad heißt der Götterweg (devayāna).

Dagegen werden jene, die im Dorf mit den Worten: „Opfer und fromme Werke (iṣṭāpūrte) sind unser Tribut", Verehrung üben, in den Rauch (des Leichenfeuers) eingehen. Aus dem Rauch gelangen sie in die Nacht, aus der Nacht in die dunkle Hälfte des Monats, aus der dunklen Hälfte des Monats in das Halbjahr, in welchem die Sonne südwärts geht. Die gelangen nicht in das Jahr,

sondern aus dem Halbjahr in die Väterwelt (pitṛloka), aus der Väterwelt in den Raum (oder: Äther = ākāśa), aus dem Raum in den Mond; der ist der König Soma, und er ist die Speise der Götter, die verzehren die Götter.

Nachdem sie dort so lange geweilt haben, wie lange noch ein Rest (ihrer guten Werke) vorhanden war, kehren sie auf demselben Wege wieder zurück, wie sie gekommen sind: (Zuerst) in den Raum, aus dem Raum in den Wind; und nachdem einer Wind geworden, wird er zu Rauch, nachdem er Rauch geworden, wird er zu Nebel, und nachdem er Nebel geworden, wird er zur Wolke, nachdem er Wolke geworden, regnet er herab. Solche werden hier auf Erden als Reis und Gerste, als Kräuter und Bäume, als Sesam und Bohnen geboren. Freilich ist es sehr schwer, daraus herauszukommen. Denn nur, wenn ihn einer gerade als Speise verzehrt und als Samen ergießt, dann kann er sich daraus weiterentwickeln.

Welche nun hier einen erfreulichen Wandel pflegen, für die besteht Aussicht, daß sie in einen erfreulichen Mutterschoß eingehen, einen Brahmanenschoß oder Kṣatriyaschoß oder Vaiśyaschoß. – Die aber hier einen stinkenden Wandel pflegen, für die besteht Aussicht, daß sie in einen stinkenden Mutterschoß eingehen, einen Hundeschoß oder Schweineschoß oder in einen Caṇḍālaschoß.

Aber auf keinem dieser beiden Wege befinden sich jene winzigen, immerfort wiederkehrenden Wesen, von denen es heißt: „Werde geboren und stirb!" Dieses ist der dritte Ort. Darum wird jene Welt nicht voll.

Vinayapitaka
Vernichtet ist die Wiedergeburt

Danach erklärte der Erhabene den fünf Mönchen: „Der Körper (rūpa), ihr Mönche, ist nicht das Selbst. Denn wenn der Körper das Selbst wäre, dann würde er nicht der Krankheit anheimfallen, und man könnte in bezug auf den Körper sagen: ‚So soll mein Körper sein, so soll mein Körper nicht sein.' Weil aber der Körper nicht das Selbst ist, deshalb ist er der Krankheit ausgesetzt, und man kann deshalb in bezug auf den Körper auch nicht sagen: ‚So soll mein Körper sein, so soll mein Körper nicht sein.'"

Ebenso wies der Erhabene den Mönchen nach, daß auch die Empfindung (vedanā), das Bewußtsein (saññā), die Gestaltungen (saṃkhāra) und das Erkennen (viññāṇa) nicht das Selbst seien.

Dann fuhr er fort: „Was meint ihr nun, ihr Mönche, ist der Körper beständig (nicca), oder ist er nicht beständig (anicca)?“ „Er ist nicht beständig, Herr.“

„Was aber nicht beständig ist, ist das Leiden, oder ist das Glück?“ „Es ist Leiden, Herr.“

„Wenn nun das, was nicht beständig ist, Leiden ist und eine dem Wechsel unterliegende Gegebenheit ist (vipariṇāma-dhamma), ist es dann recht, dieses und jenes, mit dem Gedanken zu betrachten: ‚Dies gehört mir, dies bin ich, dies ist mein Selbst‘?“

„Die ist nicht recht, Herr.“

Auf die gleiche Art bewies darauf der Erhabene den Mönchen, daß es auch nicht recht sei, von der Empfindung, von dem Bewußtsein, von den Gestaltungen und vom Erkennen zu denken: „Dies gehört mir, dies bin ich, dies ist mein Selbst.“

„Deshalb, ihr Mönche, was für Körperlichkeit, Empfindung, Bewußtsein, Gestaltungen und Erkennen es auch immer gegeben hat, geben wird und gibt, gleichviel, ob in uns oder in der Außenwelt, gleichviel, ob fein, ob gering, ob hoch, ob fern, ob nah: Alle diese Körperlichkeit, Empfindung, Bewußtsein, Gestaltungen und Erkennen sind nicht mein, sind nicht ich, sind nicht mein Selbst, so muß es in Wahrheit derjenige, welcher die wahre Erkenntnis besitzt, ansehen.

Wer es so ansieht, ihr Mönche, ein Kundiger, edler Zuhörer, wendet sich ab von der Körperlichkeit, von der Empfindung, vom Bewußtsein, von den Gestaltungen und vom Erkennen. Indem er sich davon abwendet, wird er frei von Begierde (virāga). Durch das Aufhören der Begierde gewinnt er die Erlösung. Im Erlösten entsteht das Wissen von seiner Erlösung: ‚Vernichtet ist die Wiedergeburt, vollendet der heilige Wandel, erfüllt die Pflicht; keine Rückkehr gibt es mehr in dieser Welt‘, also erkennt er.“

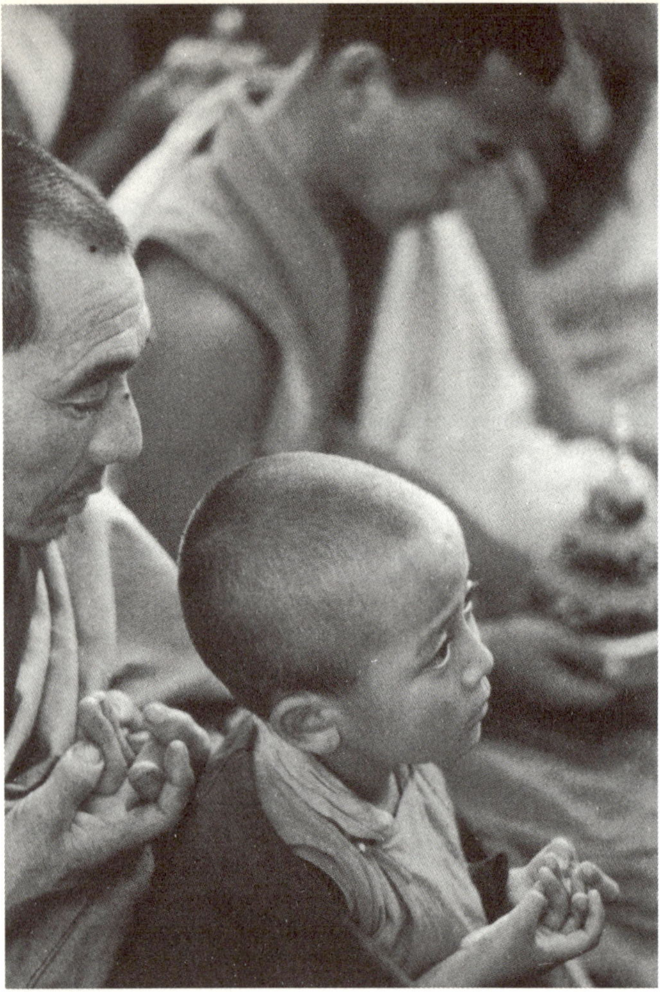

Abb. 3: Ein tibetisches Kind lernt eine der Gesten *(mudrā)*, die bei Gebet und Meditation Verwendung finden, in diesem Falle die sogenannte *maṇḍalamudrā* als Symbol für das Universum. In Tibet hat die Lehre von der Wiedergeburt eine besondere Anwendung erfahren: Der Dalai Lama gilt als die Wiedergeburt seines Vorgängers im Amt, und in zahlreichen Äbten sieht man die Reinkarnation bedeutender verstorbener Mönche.

Egon Friedell
Tod und Auferstehung im Judentum

Auch sonst herrschte in den religiösen Anschauungen ein sehr kompakter Realismus. Dies zeigt sich unter anderem sehr deutlich in der Art, wie man sich zu der Glaubensfrage verhielt, die das Herzstück aller echten Religionen bildet, dem Fortleben nach dem Tode. Genaugenommen hatten die Israeliten darüber überhaupt keine Vorstellungen: es war ihnen gar nicht zum Problem geworden. Die Hinterbliebenen legen Trauerkleider an, scheren sich das Haar, verwunden sich, erheben laute Klagen um den Toten, zu dem sie aber gleichwohl nicht die geringste Beziehung mehr haben: er ist in der Unterwelt, der *scheol*, bei den anderen Verstorbenen, die die *rephaim*, die „Kraftlosen", heißen und gar keine greifbare Existenz mehr besitzen. Das Leben ist der Hauch Gottes, der durch die Kreaturen weht; beim Tode schwindet dieser Hauch, und sie sind dahin: Gott selber kümmert sich dann nicht mehr um sie. Daß sie gelegentlich als Gespenster wiederkehren können, wird nicht gerade grundsätzlich geleugnet, kommt aber in der Praxis sehr selten vor. Die höchsten Güter, um die unablässig gebetet wird, sind langes Leben, reicher Kindersegen und ewige Dauer des Geschlechts: nur der Lebende hat recht, und die Unsterblichkeit liegt in der Fortpflanzung. Diese Anschauungen haben sich auch in späterer Zeit nicht wesentlich geändert. Auch im Buch Hiob heißt es: „Der Mensch stirbt und ist fort; er verscheidet und wo ist er? Wie ein Strom versiegt und vertrocknet, so ist der Mensch, wenn er sich legt, und wird nicht aufstehen und nicht aufwachen." Trotzdem hat es etwa von der Zeit Daniels an einen Auferstehungsglauben gegeben, aber wiederum einen sehr realistischen. Die Märtyrer sollen aus ihren Gräbern zurückkehren, um das gewaltsam und verfrüht abgebrochene Leben fortzusetzen, ebenso die Bösewichter, um ihre Strafe zu erleiden. Denn Lohn und Strafe im Jenseits gibt es nicht, weil der Tote eben tot ist. Um die Zeit Christi herrschte die Vorstellung, alle verstorbenen Israeliten würden beim Anbruch des messianischen Reichs auferstehen, um mit den noch lebenden Volksgenossen daran teilzunehmen. Aber bis dahin liegen sie bewußtlos in ihren Gräbern, auch werden sie nicht etwa zu einem höheren, jenseitigen Leben erweckt, sondern zu einer einfachen Fortsetzung dieses irdischen Lebens. Es handelt sich also auch hier bloß um einen leicht spirituell gefärbten Materialismus. Und auch an diesen glaubten nur die Pharisäer, während die Sadduzäer jegliche Auferstehung des Fleisches leugneten. Die älteren Rabbinen nahmen eine Mittelstellung ein und lehrten die Auferstehung der Gerechten.

Horst Fuhrmann

Guter Tod – schlechter Tod

Jeder der drei klassischen Stände des Mittelalters – der Wehr-, der Lehr- und der Nährstand: Ritterschaft, Geistlichkeit und Bauern – hatte sein eigenes Leben. Doch der Tod machte alle gleich. Tat er das wirklich?

Wenn unter dem alles gleichmachenden Tod verstanden werden soll, daß irgendwann jedes Menschen Leben zu Ende geht, so trifft der Satz zu. Aber wie verschieden können Tote behandelt werden! Sie können – vom Begräbnisaufwand abgesehen – in der Kirche neben den Altarreliquien eines Heiligen bestattet liegen, dessen „Patronat" erhofft wird; sie können aber auch abseits verscharrt sein. Eine reiche Stiftung kann ein dauerndes Gedenken ermöglichen, das dem Toten im Jenseits zugute kommt. Wie stark die Überzeugung war, daß ein Stifter auch eine spirituelle Gegenleistung erhält, zeigen zahlreiche Dotationen. Bischof

Benno II. von Osnabrück (gest. 1088) gründete das benachbarte Kloster Iburg und scherzte kurz vor seinem Tod mit den dortigen Mönchen: Er – der Stifter – dürfe doch wohl nach seinem Tod von den Mönchen als Dank für seine Gaben, die sie gerade genössen, jeden Tag eine kleine (geistliche) Mahlzeit erwarten, so daß seine Seele durch Gebet genährt werde. Umgekehrt konnte man einen heiligmäßigen Mann, der sich zum Sterben anschickte, um Fürbitte angehen: Die Mönche von Fulda umstanden das Sterbebett ihres Abtes Sturmi (gest. 779) und baten ihn, nach seinem Tod ihr Fürbitter im Jenseits zu sein und ihrer zu gedenken. Aber es gab auch arme Leute, denen niemand half. Wer mit kirchlichen Strafen geschlagen war, mußte nach seinem Tode mit einem Platz im Fegefeuer oder gar in der Hölle rechnen.

Wichtig war, wie man zum Tode kam, und die „Kunst des Sterbens“ (ars moriendi) bildete eine eigene Gattung geistlichen Schrifttums, zunächst für den pastoralen und monastischen Bereich gedacht, später dem Laien an die Hand gegeben und häufig in Volkssprachen abgefaßt. Als „schöner Tod“ gilt heute gemeinhin ein schnelles Sterben. Das Mittelalter hingegen schätzte die Einübung in das Sterben, das plötzliche Verscheiden wurde als schlimmer Tod angesehen. Morgens betete man zum heiligen Christophorus, daß man tagsüber nicht eines „üblen“, eines unvorbereiteten Todes ohne die Sterbesakramente der Kirche sterbe. Ohne Heilsmittel versehen zu sterben, war ein schlechter Eintritt ins Jenseits. Wenn Abt Bern von Reichenau beim Tod jenes Mönches Heinrich so großen liturgischen Aufwand trieb, so deshalb, weil, wie Bern selbst schrieb, dieser eines plötzlichen Todes gestorben war und man den Übelstand durch besondere Fürbitten ausgleichen wollte.

Der Tod gehörte zum Leben. Ketzer, so erzählte man sich, überfiele ein plötzlicher und grausamer Tod: Arius (gest. 336), der Erzketzer, oder Theoderich der Große (gest. 526), der irrgläubige Gotenkönig, wurden als Beispiel zitiert. Zwar ist es eine Legende, daß sogar ein römischer Bischof namens Leo eines höchst schmählichen und geradewegs zur Hölle führenden Todes gestorben sei, aber sie steht immerhin in der „Goldenen Legende“, einem der Hauptlesebücher des späteren Mittelalters. Dieser Papst, so sagt die Legende, sei ketzerischen Glaubens gewesen und habe den heiligen Hilarius (gest. 367) nicht an einem Konzil teilnehmen lassen wollen, aber da geschah das Furchtbare: „Der Papst mußte an einem heimlichen Ort die Notdurft der Natur verrichten; da fuhr die rote Ruhr in ihn und all sein Eingeweide ging ihm zum Leibe heraus; also starb er eines jähen Todes an einer schmählichen Statt.“ Dieser Bericht machte den spätmittelalterlichen Kirchenjuristen schwer zu schaffen, schien er doch die Irrtumsmöglichkeit des Papstes und das auf dem Fuß folgende Gottesurteil zu belegen. Wer heute eine solche Geschichte aufbrächte, würde wegen Religionsfrevels belangt. Nicht so im Mittelalter: Das unerhörte Geschehen mit dem auf dem Abtritt verscheidenden Papst wurde in aller Drastik in Stein gehauen und frei von Prüderie als Relief über Kirchenportalen angebracht: als Fingerzeig, daß falscher Glaube in einen schlimmen Tod führe und in ein schlimmes Jenseits. Zur „Lebensqualität“ gehörte im Mittelalter auch die Sterbequalität.

Aaron J. Gurjewitsch
Zwei Höllen

Zwischen der „höheren“ Gottesgelehrtheit und der vergröberten, alltäglichen Fassung des Christentums bestand ein gewaltiger Unterschied, und der Erfolg einer Predigt hing in beträchlichem Maße davon ab, ob die Geistlichkeit den Abstand wenigstens einigermaßen zu verringern vermochte. Diese Aufgabe sollten Abhandlungen erfüllen, die eine vereinfachte Darlegung der theologischen Hauptsätze enthielten. Zu ihnen gehört unter anderem der „Lichtbringer" (Elucidarium) des Honorius Augustodunensis, der an der Wende vom 11. zum 12. Jahrhundert entstanden ist und sich während mehrerer Jahrhunderte im lateinischen Europa außerordentlicher Beliebtheit erfreute. [...]

Das Los der Seelen der Verdammten wird im „Lichtbringer" in aller Ausführlichkeit geschildert. Sobald die Bösen im Sterben liegen, stellen sich unter ohrenbetäubendem Lärm gräßlich anzusehende böse Geister mit scheußlichen Fratzen bei der Seele ein, reißen sie aus dem Körper und schleifen sie ohne Erbarmen in die Hölle, wobei sie ihr unerträgliche Qualen zufügen. [...]

Eigentlich gibt es zwei Höllen, fährt unser Verfasser fort: eine obere und eine untere. Die obere Hölle ist der unterste Teil dieser Welt, der voller Pein, Aufregung, Kälte, Hunger, Durst, voll verschiedener körperlicher und seelischer Leiden ist. In der niederen Hölle, die unter der Erde liegt, gibt es neun Arten von Qualen für die Seelen der Bösen: Es lodert dort ein nie verlöschenes Feuer, das auch kein Meer ersticken könnte: Zwar brennt es, doch es leuchtet nicht. Es herrscht eine unerträgliche Kälte, in der sich auch ein feuerspeiender Berg in Eis verwandeln müßte. In dem Feuer und der Kälte ist Heulen und Zähneklappern, denn der Rauch treibt Tränen aus den Augen, und der Frost läßt die Zähne aufeinanderschlagen. Außerdem wimmelt die Unterwelt von schauerlichem Gewürm, gräßlich zischenden Schlangen und Drachen, die sich im Feuer tummeln wie der Fisch im Wasser. Die vierte Pein ist ein unerträglicher Gestank. Die fünfte sind Peitschen, mit denen die bösen Geister umgehen wie Schmiede mit Hämmern. Die sechste ist eine tastbare Finsternis, von der geschrieben steht: „...und wenn's hell wird, so ist es immer noch Finsternis" (Hiob 10, 22). Die siebente Pein bildet die Scham, die aus den Sünden herrührt, die vor allen enthüllt sind und die zu verbergen nicht möglich ist. Dazu kommt als achte der gräßliche Anblick der Teufel und Drachen, die in dem Feuer glitzern, und das schreckliche Geheul der Opfer sowie ihrer Peiniger. Als letztes sind die feurigen Ketten zu nennen, mit denen die Gliedmaßen der Sünder gefesselt sind.

Eine so gedrängte Schilderung der Höllenqualen hatte es im theologischen Schrifttum vorher nicht gegeben. Honorius konnte zwar einzelne Züge bei Ambrosius, Augustin, Gregor I., Beda und anderen Verfassern finden, die sich mit der Gattung der Gesichte beschäftigt hatten. Aber er hat sie als erster zu einem Ganzen zusammengefügt, indem er ein umfassendes Bild der Unterwelt zeichnete. Wenn wir es mit den Beschreibungen der Hölle vergleichen, die uns in Erzählungen von Besuchen der anderen Welt begegnen, so können wir ohne Mühe einerseits Ähnlichkeiten, andererseits aber Unterschiede feststellen. So ist der Bestand an Höllenqualen beide Male annähernd gleich; ja, es dürfte einem nichts mehr einfallen, als die Verfasser beschrieben haben. Im Mittelpunkt der Aufmerksamkeit der Seher, die von ihren Reisen durch die Unterwelt berichteten, standen jedoch einzelne anschauliche Szenen, während im „Lichtbringer" die Neigung herrscht, eine verallgemeinerte Schilderung des Wesens der Strafen zu geben, die der Sünder harren.

„Warum erleiden sie solche Qualen?" fragt der Schüler. Die Sünder, die in die Hölle kommen, verdienen die neun Arten der Martern, weil sie den Umgang mit den neun Rängen der Engel geringgeachtet haben. Weil sie zu Lebzeiten in Lüsternheit versunken waren, müssen sie im Höllenfeuer brennen. Weil sie in dieser Welt in der Kälte der Bosheit erstarrt sind, müssen sie in der Kälte der Unterwelt nach Gebühr stöhnen. Weil sie von Neid und Haß aufgezehrt worden sind, harren ihrer die Würmer und Schlangen. Süß schien ihnen der Gestank der Üppigkeit, weshalb sie durch üble Gerüche gemartert werden. Sie unterliegen unaufhörlichen Geißelungen, weil sie im irdischen Leben die verdienten Strafen von sich gewiesen haben. Die Finsternis der Laster lag ihnen am Herzen, und Christi Licht haben sie verworfen. So möge sie in der Hölle schreckliche Dunkelheit umgeben, denn es steht geschrieben: „... und sehen das Licht nimmermehr“ (Psalm 49, 20). Weil sie hier die Buße geringgeachtet und sich der Sünden nicht geschämt haben, wird dort alles offenbar und zu ewiger Schande enthüllt. Zu Lebzeiten haben sie sich nicht herabgelassen, das Gute zu sehen und zu hören: So werden sie nach dem Tode bloß Gräßliches schauen und Scheußliches hören. Und wie sie sich hier den verschiedensten Lastern hingegeben haben, so werden dort ihre einzelnen Glieder in Fesseln geschlagen.

8. PRIESTER, MÖNCHE, NONNEN

Jan Assmann
Ägyptische und israelitische Reinigungsbeichten

Die ägyptische Gattung der priesterlichen Reinigungsbeichte hat eine nicht nur formale, sondern auch bis in Einzelheiten inhaltliche Parallele in den israelitischen „Tempeleinlaßliturgien" der Psalmen. Der gemeinsame Ort beider Gattungen ist das Tempeltor. Die hebräischen Texte stehen nicht am Tempeltor wie die ägyptischen Beispiele, sondern werden von den Eintretenden am Tor rezitiert. Auch sie formulieren die spezifische Rechtschaffenheit und Reinheit, die von dem gefordert wird, der zu Gott eintritt:

Wer ungebrochen seinen Weg geht
und wer gemeinschaftstreu handelt
und wer Verläßliches redet in seinem Herzen
– nicht hat er verleumdet mit seiner Zunge,
nicht hat er seinem Gefährten Bosheiten angetan,
Schändliches brachte er nicht über seinen Nächsten.
Den in seinen (Gottes?) Augen Verächtlichen verachtete er,
den Gottesfürchtigen aber wird er ehren.
Was er schwur – nicht ändert er es ‚zum Bösen'.
Sein Silber gab er nicht um Zins dahin,
Bestechungsgeld gegen den Unschuldigen hat er nicht genommen.
Wer dieses tut,
wird bis in ferne Zeit nicht wanken.

Aus den negativen Formulierungen dieses Psalms, aber auch aus Texten wie Dt 26.13ff. „läßt sich entnehmen, daß ein Israelit zu gewissen Anlässen beim Eintritt in das Heiligtum eine *Unschuldsbeteuerung* abgab“ (Koch):

Nicht übertrat ich eines deiner Gebote.
Nicht vergaß ich eins.
Nicht aß ich davon (vom Geweihten), als ich in Trauer war.
Nicht habe ich etwas fortgeschafft, als ich unrein war.
Nicht gab ich davon einem Toten.

Auf diesem „Nomos des Tempels“ basiert offenbar Ez 18, wo es um die „Richtschnur der göttlichen Vergeltung“, also eine ähnliche Situation wie im ägyptischen Totengericht geht.

Wenn aber einer gerecht ist
und Recht und Gerechtigkeit übt,
nicht auf den Bergen [Opferfleisch] ißt
und nicht seine Augen erhebt zu den Götzen des Hauses Israel,
nicht das Weib seines Nächsten schändet
und nicht einem Weibe sich naht, wenn es unrein ist,
wenn einer niemanden bedrückt und, was er gepfändet, dem Schuldner zurückgibt,
nichts mit Gewalt an sich reißt,
sein Brot dem Hungrigen gibt und den Nackten bekleidet,
nicht auf Zins leiht und keinen Zuschlag nimmt,
seine Hand von Unrecht fernhält und redlichen Spruch fällt zwischen Mann und Mann,
wenn einer in meinen Satzungen wandelt und meine Gesetze hält, indem er treulich darnach tut,
der ist gerecht, der soll am Leben bleiben, spricht Gott der Herr.

Die Parallele zwischen der Situation des Priesters, der den Tempel betritt, und des Verstorbenen, der ins Jenseits eingeht, liegt auf der Hand. Beide betreten einen heiligen Ort, der durch die Gegenwart des Göttlichen geweiht ist. So erklärt sich, daß der Skopus des Ma'at-Bekenntnisses im Totengericht sich gegenüber den Weisheitstexten und biographischen Grabinschriften in Richtung auf die speziell vom Priester geforderte Reinheit erweitert hat [...]. Darin liegt aber der Ansatz zu einer Verallgemeinerung oder „Demotisierung" priesterlicher Reinheitsvorstellungen, die dann zwar möglicherweise weniger die ägyptische, aber im vollen Umfang die israelitische Situation kennzeichnet. Die Torah kodifiziert zu großen Teilen priesterliche Reinheitsvorschriften, deren Einhaltung vom ganzen Volk verlangt wird. [...]

Die Initiation ist ein Akt der Sozialisation. Dem Initiierten wird der Status eines Mitglieds zuerkannt, das von jetzt an der betreffenden Gemeinschaft angehört, vorausgesetzt, daß er sich in der initiatorischen Reinheitsprüfung als würdig erwiesen hat. Das Verfahren gliedert sich also in zwei Akte: den Akt der qualifizierenden Prüfung und den Akt der Aufnahme. Diese Zweiteilung prägt sich in den bildlichen Darstellungen aufs klarste aus. Im priesterlichen Sinn bedeutet Qualifikation vor allem Reinigung. Durch seine Reinheit qualifiziert sich der Priester zum Eintritt in die Gegenwart des Heiligen. Daher wird in den Darstellungen der priesterlichen Initiation, bekannt unter dem Namen „die Taufe Pharaos", die Szene der Reinigung der Szene der Einführung vorangestellt. In der Totengerichtsszene steht an der Stelle der Reinigung die Herzwägung. Auch sie hat purifikatorischen Charakter. Die Überschrift zur Herzwägungsszene hebt genau die beiden Aspekte hervor, die die Herzwägung mit der Priesterweihe gemein hat, Reinigung und Einführung:

Den NN trennen von allen seinen Sünden (= Reinigung)
Das Antlitz aller Götter schauen (= Einführung).

So wendet sich der Initiand an die „vier Paviane, die am Bug der Sonnenbarke sitzen", mit einer längeren Anrufung [...] und bittet sie:

Beseitigt das Übel an mir, zerstört das Unrecht an mir,
kein Unheil von mir gelange zu euch!
Laßt mich das Totenreich öffnen,
daß ich in Rasetau eintrete
und die geheimnisvollen Tore des Westens
durchschreite.
Dann soll mir ein Kuchen gegeben werden,
ein Krug (Bier) und ein Laib (Brot),
wie diesen Verklärten,
die ein- und ausgehen in Rasetau.

Komm doch, wir haben dein Übel beseitigt
und dein Unrecht zerstört!
Was dich verletzen könnte, fällt dahin,
und wir haben das Übel, das dir anhaftet, vertrieben.
Tritt nun ein in Rasetau
und durchschreite die geheimnisvollen Tore
des Westens!
Dir wird ein Kuchen gegeben,
ein Krug und ein Laib,
du gehst aus und ein nach deinem Wunsch,
wie diese begnadeten (ḥzjj) *Verklärten,*
die Tag für Tag innen im Horizont gerufen werden.

Der gereinigte und dadurch gerechtfertigte Initiand wird in die Gemeinschaft der Götter aufgenommen. Er erhält den Status eines *ḥzjj* („Gelobten", kopt. *hasie* „beatus"). Als solcher ist er ein Mitglied der Göttergemeinschaft, deren Vorsitzender Osiris ist. Ihm wird Nahrung von der Tafel des Osiris zugesprochen und ein Sitz in der Ratsversammlung:

(Die Götter sagen:)
Als gerecht bezeugt ist der Schreiber Ani,
wir finden kein Verbrechen und keine Anklage bei ihm,
die Fresserin soll keine Gewalt über ihn haben.
Mögen ihm Brote zugewiesen werden von der Tafel
des Osiris
und ein bleibendes Grundstück im Opfergefilde
wie den Gefolgsleuten des Horus!

(Horus sagt:)
Ich bin zu dir gekommen, Wannafre,
um dir den Schreiber Ani zu bringen.
Sein Herz wurde als gerecht befunden
auf der Großen Waage.
Kein Gott und keine Göttin haben ein Vergehen
bei ihm gefunden.
Thoth hat ihn schriftlich beurteilt.
Was die Götterneunheit ihn betreffend sagte:
Als gerecht bezeugt, gar sehr.
Man möge ihm Brot und Bier geben von der Tafel
des Osiris.
Er soll sein wie die Gefolgsleute des Horus.

(Ani selbst sagt:)
Siehe, ich bin vor dir, o Herr des Westens!
Keine Sünde ist in meinem Leib,
ich habe bewußt keine Lüge gesprochen
und beging kein Zweites Mal.
Laß mich sein wie deine Gelobten in deinem Gefolge!

Etienne Lamotte
Das Leben buddhistischer Mönche

Ausstattung und Leben der Mönche

Der buddhistische Sangha ist ein Bettelorden. Ein Mönch gibt allen Besitz auf, darf weder einen gewinnbringenden Beruf ausüben noch Gold oder Silber (also Geld) annehmen. Er erwartet, durch die Freigiebigkeit der Laienanhänger mit den lebensnotwendigen Dingen versorgt zu werden: Kleidung, Nahrung, Obdach und Arznei.

Ein Mönch trägt drei Gewänder *(tricīvara)*: ein Obergewand *(uttarāsaṅga)*, ein Untergewand *(antaravāsaka)* und einen Mantel *(saṃghāṭi)* (*Vin.* I, 94, 289); eine Nonne trägt zusätzlich noch einen Gürtel *(saṃkakṣikā)* und einen Rock *(kusūlaka)* (*Vin.* II, 279). Diese Kleider sind gelb oder rötlich gefärbt. Ein Mönch darf nur die Kleider tragen, die ihm von Laienanhängern gespendet wurden, oder die aus von ihm gesammelten Lumpen hergestellt sind. Schuhe werden als Luxus angesehen, die Benutzung von Fächern ist jedoch erlaubt. Zur Mönchsausstattung gehören auch eine Bettelschale, ein Gürtel, ein Rasiermesser, eine Nadel, ein Sieb, ein Stab und ein Zahnstocher; zusammen mit den Roben bilden diese Gegenstände die sog. Acht Bedarfsgegenstände *(aṣṭa pariṣkāra)*.

Ein Mönch lebt von der Nahrung, die er täglich während seines morgendlichen Almosengangs erbettelt. Schweigend und mit gesenktem Blick geht er von Haus zu Haus: die ihm dargebotene Speise wird in seine Schale gefüllt. Gegen Mittag, zur Essenszeit, zieht er sich an einen einsamen Ort zurück, nimmt seine Mahlzeit zu sich, dazu Wasser als Getränk. Der Genuß von berauschenden Getränken ist streng verboten; Fleisch und Fisch sind nur erlaubt, wenn der Mönch weder gesehen noch gehört hat noch vermuten muß, daß das Tier seinetwegen getötet worden ist (*Vin.* I, 238). Ghee (geklärte Butter), Butter, Öl, Honig und Zucker sind den Kranken vorbehalten und dürfen nur als Medizin genommen werden (*Vin.* I, 199). Eine Mahlzeit, die zur falschen Zeit, d.h. zwischen Mittag und dem Morgen des nächsten Tages eingenommen wurde, zieht eine Buße nach sich. Es ist den Mönchen aber erlaubt, Einladungen anzunehmen und ihre Mahlzeit in den Häusern der Laienanhänger zu sich zu nehmen.

Die Unterkunft der Mönche *(śayanāsana)* befindet sich an keinem festen Ort. Einige leben unter freiem Himmel in den Bergen und Wäldern, als Obdach dient ihnen ein Baum; die meisten richten sich ihren Wohnsitz *(vihāra)* jedoch in der Nähe eines Dorfes oder einer Stadt ein: eine Hütte aus Blättern *(parṇaśālā)*, einen Turm *(prāsāda)*, ein Haus aus Stein *(harmya)* oder eine Höhle *(guhā)*. Im Prinzip beherbergt ein *vihāra* nur einen einzelnen Mönch. Jedoch können mehrere Viharas nahe beisammen liegen. Ein größerer Komplex dieser Art wird „Konvent" oder „Kloster" *(saṃghārāma)* genannt und ist meist aus Stein, Ziegeln oder Holz erbaut.

Während der drei oder vier Monate der Regenzeit, gewöhnlich vom Vollmond des Monats Āṣāḍha (Juni–Juli) bis zum Vollmond des Monats Kārttika (Oktober–November), muß sich der buddhistische Mönch wie die Anhänger anderer nicht-brahmanischer Sekten jener Zeit zurückziehen *(varṣopanāyikā)* und an einem festen Ort bleiben (*Vin.* I, 137). Zu Ende der Regenzeit kann er seine Wanderungen fortsetzen, aber er muß dies nicht tun. Schon früh wurde das klösterliche Leben organisiert; denn die Gebäude, die Könige und wohlhabende Kaufleute dem Sangha zur Verfügung stellten, mußten das ganze Jahr hindurch verwaltet werden. Heute hat jedes Kloster von einiger Bedeutung Verwalter für Lebensmittel und Gärtner, andere Mönche sorgen für Lagerräume, Garderobe, Wasserversorgung, Bettelschalen, Stimmzettel *(śalākā)* usw.; ein Oberaufseher kümmert sich um die Novizen.

Das tägliche Leben eines Mönchs ist bis ins Detail geregelt. Er steht früh auf und widmet sich der Meditation. Zu angemessener Zeit kleidet er sich an, um auszugehen, nimmt seine hölzerne Schale in die Hand und geht in das nächste Dorf, um dort sein Essen zu erbetteln. Wenn er in das Kloster zurückgekehrt ist, wäscht er sich die Füße, und kurz vor Mittag nimmt er seine Mahlzeit zu sich. Dann läßt er sich auf der Schwelle seiner Zelle nieder und unterweist seine geistigen Söhne. Danach zieht er sich an einen abgeschiedenen Ort zurück, meistens an den Fuß eines Baumes, um dort die heißen Stunden des Tages in Meditation oder Halbschlaf zu verbringen. Der Sonnenuntergang ist die Stunde für die öffentliche Audienz, zu der Gleichgesinnte und Neugierige zusammenströmen. Die Dunkelheit der Nacht bringt Ruhe ins Kloster zurück. Der Mönch kann nun sein Bad nehmen, empfängt dann wieder seine Schüler und führt mit ihnen fromme Gespräche, oft bis in die erste Nachtwache hinein.

Zweimal im Monat, zu Vollmond und Neumond, sind die Mönche, die in derselben Gemeinde leben, wie auch durchziehende Mönche verpflichtet, sich zu versammeln und gemeinsam das *poṣadha* (pali *uposatha*) zu zelebrieren, einen Tag der besonders strengen Befolgung der Ordensregeln. Die Buddhisten übernahmen diesen Brauch von älteren Mönchsgemeinschaften. Jedes zweite Mal ist das *poṣadha* mit einer Beichte der Mönche verbunden. Sie lassen sich auf niedrigen Sitzen nieder, die für sie auf dem Versammlungsplatz reserviert worden sind. Der älteste Mönch rezitiert eine einleitende Formel und fordert seine Brüder auf, ihre Vergehen einzugestehen, er verhört die Mönche und fragt sie dreimal, ob sie von diesen Vergehen rein sind. Wenn alle schweigen, verkündet er: „Rein von diesen Vergehen sind die Ehrwürdigen, darum schweigen sie; so habe ich es gehört." Jeder Schuldige, der schweigt, würde wissentlich lügen und seine feierlichen Gelübde verletzen. Später trat eine Privatbeichte bei einem älteren Mönch anstelle dieser öffentlichen Beichte.

Einige Feste durchbrechen die Monotonie des Mönchsdaseins. Sie unterscheiden sich je nach Region. Ein Fest, das von allen Gemeinden begangen wird, ist das *pravāraṇā* am Ende der Regenzeit als Abschluß der Zeit der Zurückgezogenheit. Dies ist eine Gelegenheit, den Mönchen Geschenke zu überreichen, sie zum Essen einzuladen und Prozessionen zu veranstalten. Danach folgt das *kaṭhina*-Fest, zu dem die Laienanhänger Tücher aus Rohbaumwolle *(kaṭhina)* unter die Mitglieder der Gemeinde verteilen: sofort stellen die Mönche Kleidungsstücke daraus her, die sie gelb oder rötlich färben.

Das Mönchsideal

Die Regeln, die den Mönch einem Netz von detaillierten Vorschriften unterwerfen, zielen darauf ab, ihn ganz und gar zu einem sich selbst verleugnenden Wesen zu formen: sanft und wohlgesonnen, arm und bescheiden, enthaltsam und in vollkommener Weise gebildet.

Er darf keinem Wesen das Leben nehmen und trinkt Wasser nicht, wenn er darin winzige Geschöpfe vermutet. Da er keinen gewinnbringenden Beruf ausüben darf, hängt er von der Freigebigkeit der Laienanhänger ab, die ihn mit dem Nötigen versorgen. Er darf jedoch kein Gold oder Silber von ihnen annehmen, und wenn er ein Schmuckstück oder einen anderen wertvollen Gegenstand berührt, so nur, um es seinem Eigentümer zurückzugeben.

In diesem Sinn ist es auch zu verstehen, wenn das *Prātimokṣa*, das schon erwähnte Regelbuch, dem Mönch verbietet, mit einer Frau allein zu sein, ihr Dach zu teilen, in ihrer Begleitung zu gehen, ihre Hand zu nehmen, mit ihr zu scherzen oder auch nur mehr als fünf oder sechs Sätze mit ihr zu wechseln. Ein Mönch darf von einer Nonne, mit der er nicht verwandt ist, weder Nahrung noch Kleidung annehmen. Er sollte unter allen Umständen ein korrektes, bescheidenes und überlegtes Verhalten an den Tag legen.

Die Verpflichtungen, die dem Mönch auferlegt, die Lasten, die ihm anvertraut werden, sind jedoch niemals so schwer und aufreibend, daß sie ihn seiner Denkfähigkeit berauben und ihn in eine bloße Maschine verwandeln. Jeder bewahrt seine eigene Persönlichkeit und strebt das höchste Ziel auf eine selbstgewählte Weise an. Er kann sich wie Musīla um das Verständnis der Phänomene bemühen *(dharma-pravicaya)* oder wie Nārada den asketischen und meditativen Disziplinen des Yoga widmen (S. II, 115).

Vielleicht ist die ausschließliche Suche nach persönlicher Heiligkeit nicht immer der Barmherzigkeit des Mönches, dem Wohlwollen gegenüber seinen Brüdern und der Ergebenheit gegenüber den Elenden dienlich. Nichtsdestoweniger ist in der großen Anzahl von Vorschriften hin und wieder ein Abschnitt mit wahrhaft menschlichem Klang zu finden. Eines Tages fand Śākyamuni einen Mönch, der an einer Darmerkrankung litt und in seinem Urin und seinen Exkrementen dalag. Da er zu nichts mehr nütze war, pflegten die anderen Mönche ihn nicht mehr. Der Buddha wusch ihn mit seinen eigenen Händen, wechselte sein Bettzeug und legte ihn aufs Bett. Dann wandte er sich an die Mönche und sagte: „O Mönche, ihr habt weder Vater noch Mutter, die euch pflegen könnten; wenn ihr einander nicht pflegt, wer soll es dann tun? Wer immer mich pflegen möchte, der soll Kranke pflegen! (*Vin.* I, 301–2).

Für denjenigen jedoch, der das Begehren mit allen Wurzeln ausmerzen will, ist auch brüderliche Barmherzigkeit nicht ohne Gefahr. Jeder muß an seiner eigenen Heiligkeit arbeiten und sollte nicht von seinem Nächsten völlig in Anspruch genommen und mit ihm beschäftigt sein. Freude und Glück findet der Mönch keineswegs in der Liebe zu seinen Brüdern, sondern vielmehr in der Beachtung seiner Gelübde und Ordensregeln, in Studium, Meditation und der Durchdringung der buddhistischen Wahrheiten.

Im allgemeinen überläßt der Mönch es den Laienanhängern, die aktiven Tugenden zu üben, die gerade gut genug sind, Reichtum und ein langes Leben in zukünftigen Wiedergeburten zu sichern. Er selbst beschränkt sich auf die passiven Tugenden des Verzichts, der Unerschütterlichkeit, da allein sie ihn zur Heiligkeit in dieser Welt gelangen lassen, und darüber hinaus zur Überwindung des Leidens, zum Ende des Saṃsāra und zum Nirvana.

Egon Friedell
Griechische Priester

Einen richtigen Klerus gab es in Griechenland nicht. Der Priester bedient das Heiligtum, opfert für die Gläubigen, verwaltet die Tempeleinkünfte und legt den Willen der Gottheit aus. Er ist ein gewöhnlicher Staatsbeamter oder auch nur Privatmann, der über gewisse technische Kenntnisse verfügt oder zu verfügen vorgibt, von keiner besonderen Heiligkeit umgeben, höchstens durch einen bevorzugten Platz im Theater und in der Volksversammlung geehrt, auch keiner „unsichtbaren Kirche" oder sonstigen höheren Gemeinschaft angehörig und weder Prediger noch Jugendlehrer. An großen Heiligtümern gebietet er über ein zahlreiches Personal von Opferdienern und Tempelsklaven, Wächtern und Schatzmeistern, aber sonst bestand keinerlei Hierarchie als die des persönlichen Ansehens. Man wird die Stellung des griechischen Priesters vielleicht am ehesten mit der unserer Professoren und Doktoren vergleichen können, die man in allerlei wissenschaftlichen Fragen konsultiert und nach dem Grade ihres Renommees und der Bedeutung der Anstalt schätzt, der sie angehören, im übrigen aber weder für unentbehrlich noch für sakrosankt hält. Zum Verkehr mit der Gottheit bedurfte es keines Vermittlers: der König opferte für die Gemeinde, der Hausvater für die Familie. Das Wichtigste blieb überhaupt zu allen Zeiten der Hauskult. Die Staatsfeste trugen durchwegs religiösen Charakter; an Zahl kamen die Feiertage, an denen alle Geschäfte ruhten, etwa den unsrigen gleich; etwas, das unserem regelmäßigen Sonntag entsprochen hätte, gab es aber nicht.

Hans-Georg Beck
Sprüche der Väter

Von der Bedeutung der Mönche für das Gesamt der byzantinischen Kultur und jener Gesellschaft, die sie trug, ist vieles geschrieben worden, und wohl nicht weniges mit schwer erträglichen Übertreibungen. Daß das Mönchtum eine bedeutende Rolle spielte, läßt sich freilich auf keinen Fall leugnen. Doch jene beherzten Schätzungen, wonach schon im 7. Jahrhundert ein Drittel des gesamten Reichsbodens in der Hand von Kirchen und Klöstern gewesen sei, ebenso wie die Behauptung, daß die Vermehrung der Mönche die Schuld an den demographischen Krisen des Reiches getragen habe, müssen bisher mangels Beweis im Abseits bleiben. Das Mönchtum in Byzanz spielte seine große Bedeutung aus, nicht insofern es dem Alltag des Byzantiners seine Lebensformen aufgedrängt oder die „Weltlichkeit“ in den letzten verbotenen Winkel verbannt hätte, sondern wohl eher als ein Signal, das es immer wieder in Erinnerung brachte, daß man gegen Ende des Lebens am besten noch selbst Mönch werde, um das Heil zu sichern; und neben dieser Signalwirkung auch insofern, als es sich anbot, auf charismatische und damit wirklich glaubhafte Weise den Menschen in der Welt immer wieder mit seinem Gott zu versöhnen, was dieser weltliche Byzantiner seinen Pfarrern, die offensichtlich zu sehr in eben diesem Weltleben standen, wohl gar nicht mehr zutraute. Der Mönch ist der wahre Philosoph, der Deuter des göttlichen Willens und der Seelenführer, der „geistliche Vater“ schlechthin. Freilich ist er auch manipulierbar. Vor allem machtbewußte Hierarchen bedienen sich seiner, lassen ihn in Massen auftreten und machen mit diesen Massen Politik. Was Wunder, daß gegen Ende des Reiches die Mönche zur Überzeugung kamen, daß sie diese Politik auch selbst, ohne Patriarch und Bischof, machen konnten: sie begannen sich auch gegen die Hierarchie als die wahren Interpreten des rechten Glaubens aufzuspielen und damit den Boden zu verlassen, dem sie ihren Ursprung und ihre Wirkung verdankten.

Denn begonnen hatte die mönchische Bewegung als Protest nicht gegen irrige Glaubenssätze – um diese kümmerte sich das alte Mönchtum wenig –, sondern als Protest gegen den Verrat an den asketischen Idealen der frühen Kirche. Daß man sich mit diesem Protest, d. h. mit dem Gang in die Wüste, auch den Nötigungen durch einen gottlosen Staat oder gottlose Kaiser eines christlich gewordenen Staates entziehen konnte, gab der Anachorese noch eine zusätzliche Würze. Was immer die einfachen Kopten in der ägyptischen Wüste sich ausgedacht haben mochten, sie entwickelten bald eine Weisheit eigener Art, die ihren Niederschlag in den „Sprüchen der Väter“ fand. Erfrischend in ihrer robusten Naivität hob sie sich vom Gesäusel der gleichzeitigen Salonphilosophie ab und übte auf die vielen spätantiken Menschen, die vom Kulturpessimismus der Epoche angesteckt waren, eine ungeheure Anziehungskraft aus. Und weil trotz aller Verweltlichung wohletablierter klösterlicher Institute immer wieder irgendwo ein Idealist aufbrach und zu den alten Idealen der Wüste zurückfand, behielt das byzantinische Mönchtum etwas von dieser Anziehungskraft über ein ganzes Jahrtausend weg. Der „Starez“ ließ auf den geldgierigen Ökonomen seiner Abtei vergessen, und der Anachoret, der sich an die äußersten Ränder des Klosterbezirks zurückzog und dort die armen Seelen der Umgebung empfing und tröstete, bot das erfreuliche Gegengewicht gegen eine Serie geschäftstüchtiger Äbte. Je massierter ein

Stand in einer Gesellschaft auftritt, der Anspruch auf ein religiöses Tabu erhebt, desto ungehemmter machen sich Satire und Spott über ihn her – das mußte auch das byzantinische Mönchtum erfahren –, desto offenherziger aber und bereitwilliger wird derjenige aufgesucht und zum Seelenfreund gemacht, der innerhalb dieser anonymen und mittelmäßigen Masse das alte Ideal verkörpert. [...]

Ein Alter sah einen lachen. Da sagte er zu ihm: „Wir müssen Rechenschaft ablegen vor dem Himmel und der Erde für unser ganzes Leben. Und du lachst!"

Ein Mönch begegnete auf der Straße Nonnen und bog von der Straße ab. Da sagte die Oberin: „Wärest du ein vollkommener Mönch, dann hättest du nicht einmal bemerkt, daß wir Frauen sind!"

Ein Bruder bat den Vater Serapion: „Sag mir ein Wort!" „Was soll ich dir sagen?" antwortete der Alte, „du hast den Witwen und Waisen weggenommen, was ihnen gehörte, und es in deine Zelle gestellt!" Tatsächlich war die Zelle voll von Büchern.

Ein Alter war ununterbrochen krank und schwach. Da kam ein Jahr, in dem er nicht erkrankte. Jetzt war er sehr betrübt und klagte: „Gott hat mich verlassen und sucht mich nicht mehr heim!"

Ein Priester verwies einen Bruder aus der Kirche, weil er gesündigt hatte. Da erhob sich Vater Bessarion und ging mit ihm hinaus. Er sagte: „Auch ich bin ein Sünder!"

Zum Vater Zenon kamen Brüder und fragten ihn: „Was bedeutet der Satz im Buche Job ‚Der Himmel ist nicht rein vor ihm'?" Der Alte sagte: „Jetzt haben die Brüder ihre Sünden vergessen und suchen den Himmel!"

Vater Poimen fragte den Vater Ammonios: „Wenn man mit jemand sprechen muß, soll es dann mit den Worten der

Heiligen Schrift oder mit den Worten der Väter sein?" Ammonios sagte: „Wenn du schon nicht schweigen kannst, dann sprich mit den Worten der Väter und nicht mit denen der Schrift. In der Schrift steckt keine geringe Gefahr!"

Ein Einsiedler bat einen Bruder: „Sei so gut und führe mich zum Vater Poimen." Poimen nahm ihn freudig auf, sie grüßten sich und nahmen Platz. Da begann der Fremde von der Heiligen Schrift und von geistlichen und himmlischen Dingen zu sprechen. Da wandte Poimen sein Gesicht ab und gab keine Antwort. Da ging der andere traurig weg und sagte zum Bruder: „Meine ganze Reise war umsonst. Ich habe den Alten besucht, und er spricht nicht einmal mit mir." Da ging der Bruder zum Vater Poimen und sagte: „Warum hast du nicht mit ihm gesprochen?" Da sagte der Alte: „Er spricht von himmlischen Dingen. Ich aber lebe hier auf der Erde und spreche von irdischen Dingen. Hätte er mit mir von den Leidenschaften der Seele gesprochen, hätte ich ihm geantwortet. Von geistlichen Dingen weiß ich nichts."

Hans-Jürgen Goertz
Antiklerikalismus

Tumulte und Geschrei, Pfaffenhaß und Klostersturm: diese spektakulären Ereignisse trieben die Reformation in Stadt und Land oft ebenso voran wie Flugschrift, Predigt und Disputation. Priester, Mönche und Nonnen wurden beschimpft, Prälaten und Bischöfe bis aufs Blut gehaßt, der Papst wurde „Antichrist" genannt. Erasmus von Rotterdam fragte den Leser seines „Handbüchleins des christlichen Streiters", das 1503 in lateinischer und 1520 erstmals in deutscher Fassung erschienen war: „Hörst du nicht täglich, wie erboste Laien uns anstatt eines wütenden Schimpfwortes die Worte ‚Kleriker, Priester und Mönch' ins Gesicht schleudern, und wie sie das in der Absicht und in einem Ton tun, als wollten sie uns Unzucht und Kirchenschändung vorwerfen?" Eine antiklerikale Stimmung war damals im Volk, unter Bauern, Bürgern und im Adel, weit verbreitet. Liederlicher Lebenswandel und heuchlerische Amtsführung werden tatsächlich Gründe für den Antiklerikalismus gewesen sein, wichtiger noch waren Geldgier, prunkvolle Machtentfaltung und ein autoritärer, selbstgefälliger Umgang mit den Gläubigen und Untertanen. Der Reichtum des Klerus wollte sich in den Köpfen der einfachen Leute nicht mehr auf die Armut Jesu Christi reimen.

Dieser Antiklerikalismus ist nicht erst kurz vor der Reformationszeit entstanden, Aggressionen gegen den Klerus hatten sich bereits im 14. und 15. Jahrhundert angestaut und gelegentlich auch, wie in dem „Hussitensturm", entladen. Günther Franz gibt in seinem Buch über den Deutschen Bauernkrieg ein Volkslied wieder, das schon am Ende des 14. Jahrhunderts im Bistum Würzburg gesungen wurde:

„Wenn wir die Pfaffen hier vertreiben
Und selber Herrn im Stifte bleiben,
Unsere Söhne zu Domherrn machen,
Des werden sie gar fröhlich lachen...
Der Pfaffen und der Juden Gut
Das macht uns allen einen freien Mut!"

Bekannter als dies Lied ist der Zulauf, den der „Pfeifer von Niklashausen" auf der Wallfahrt 1476 im Taubertal fand. Er hatte Haß und Aufsässigkeit gegenüber der geistlichen Grundherrschaft geschürt und das herbeigeströmte Volk hat enthusiastisch geantwortet:

„Wir wollen es Gott im Himmel klagen!
Kyrie Eleison!
Daß wir die Pfaffen nicht zu tod sollen schlagen!
Kyrie Eleison!"

Seither waren blutrünstige Ausfälle gegen den Klerus nicht mehr selten und vermengten sich bald in dieser religiös sehr aufgewühlten Zeit mit der Furcht vor dem Erscheinen des Antichrist und mit Visionen von Hungersnot, großem Krieg und tödlicher Rache an den Gottlosen am Ende der Tage. Dieser Hinweis auf eine antiklerikale Stimmung im Volk, deren tatsächliches Ausmaß allerdings schwer zu bestimmen ist, braucht nicht im Gegensatz zu der Beobachtung Bernd Moellers zu stehen, daß die kirchliche Frömmigkeit um 1500 nicht verfallen und verflacht gewesen sei, wie es oft dargestellt wurde, sondern umgekehrt ihre höchste Steigerung im mittelalterlichen Deutschland erfahren hatte. Der Antiklerikalismus läßt sich geradezu mit den Worten Moellers selbst als ein „Akt der Notwehr" deuten, in dem die Laien ihre Enttäuschung darüber zum Ausdruck brachten, „daß die Geistlichkeit den Ansprüchen und Erwartungen der Frommen so wenig entsprach". Die Klage über die finanzielle Ausbeutung der Territorien und Reichsstädte durch die römische Kurie, wie sie in den „Gravamina deutscher Nation" auf den Reichstagen immer wieder laut wurde, die Invektiven der Humanisten gegen einen geistig beschränkten Klerus, mit denen die „Dunkelmännerbriefe" gespickt wurden, und die Reformbegeisterung, wie sie von der Kritik Martin Luthers am Ablaßhandel und von seinen Schriften „An den Adel deutscher Nation von des christlichen Standes Besserung" und „Von der Freiheit eines Christenmenschen" ausging, haben den Antiklerikalismus schließlich noch gesteigert. Er wurde aggressiver und alltäglicher. „So wir Diebe mit Schwert, Mörder mit Strang, Ketzer mit Feuer strafen, warum greifen wir nicht vielmehr an diese schädlichen Lehrer des Verderbens, als Päpste, Kardinäle, Bischöfe und das Geschwärm der römischen Sodoma mit allerlei Waffen und waschen unsere Hände in ihrem Blut?" Das hatte Luther selbst 1520 geschrieben. Außerdem wurden Satiren, Schmähschriften und Spottgedichte veröffentlicht und Holzschnitte in Umlauf gesetzt: Luther als keulenschwingender Herkules, der mit den Würdenträgern der römischen Kirche martialisch ins Gericht geht (Hans Holbein d. J.); ein bewaffneter Bauer in zerschlissenen Kleidern, der einen Mönch am kurzen Stirnhaar reißt und ihm die Heilige Schrift erbarmungslos in den Mund schiebt, damit dieser sie endlich verschlinge (Sebald Beham); Kontrastbilder aus der Werkstatt Lucas Cranachs d. Ä., die zeigen, wie sehr die Hofhaltung des Papstes und die kultischen Handlungen der Priester in Gegensatz zu dem einfachen Leben Jesu und seiner Jünger geraten sind (Passional Christi und Antichristi).

Doch es blieb nicht bei propagandistischer Agitation, es kam an vielen Orten auch zu handgreiflichen Aktionen. In der Pfarrkirche zu Wittenberg bedrohten Studenten und Bürger die Priester während einer Messe mit Messern und vertrieben sie von den Altären; Betrunkene randalierten am Vorabend des berühmten Weihnachtsgottesdienstes 1521, in dem Karlstadt das Abendmahl in beiderlei Gestalt reichte, in den Straßen Wittenbergs und versuchten, den altgläubigen Priester der Pfarrkirche einzuschüchtern; Anhänger Thomas Müntzers zerstörten 1524 die Kapelle in Mallerbach bei Allstedt, in der ein angeblich wundertätiges Marienbild verehrt wurde. An anderen Orten wurden Domherren, Mönche und Nonnen aus ihren Häusern, Klöstern und Stiften vertrieben. Am bekanntesten ist der Erfurter Pfaffensturm. Kruzifixe wurden von den Altären gestürzt, Bilder gestürmt, Priester in den Predigten durch Zwischenrufe unterbrochen oder gar von den Kanzeln gezerrt. Der antiklerikalen Phantasie waren keine Grenzen gesetzt.

9. KULTE UND HEILIGE STÄTTEN

Jan Assmann
Pyramiden – Symbolisierung von Einheit und Identität

Die Kunst ist mit der Religion eng verbunden, denn Kunst und Handwerk stehen weitestgehend im Dienst des königlichen Totenkults, d. h. des Baus von Pyramiden, Pyramidentempeln und Nekropolen. Diese Verbindung von Staatsreligion und quasimilitärischer Handwerksorganisation wirkt unmittelbar einheitstiftend: weil sie Menschen aus allen Landesteilen zu gemeinsamer Arbeit zusammenbringt. So wurde z. B. auch der Bau des Mao-Mausoleums als ein Ritual zur Wiederherstellung von Einheit und „als eine Gemeinschaftshandlung des ganzen Volkes zelebriert: ... Über 700000 Menschen legten Hand an". In gewissem Sinne muß man daher den königlichen Totenkult des Alten Reichs und die damit verbundenen ungeheuren, alle Kräfte des Landes in Anspruch nehmenden und eben dadurch einigenden Bautätigkeiten als eine „Große Tradition" verstehen, die eine interlokale Identität nicht nur stiftet, sondern auch noch mit überwältigender Sichtbarkeit symbolisiert.

Die Parallele zwischen den Pyramiden und dem Mao-Mausoleum wirkt weniger anachronistisch, wenn man sich die eigentümliche Deutung in Erinnerung ruft, die die Bibel der babylonischen Monumentalarchitektur, der Ziqqurat, zuteil werden läßt. Beim Turmbau von Babel geht es ja nicht primär darum, den Himmel zu stürmen, sondern um *Identität* („Name") und *Einheit* („nicht zerstreut zu werden übers Antlitz der Erde"):

Heran! Bauen wir uns eine Stadt und einen Turm,
dessen Haupt an den Himmel reicht,
damit wir uns einen Namen machen
und nicht zerstreut werden übers Antlitz der Erde.
(Gen. 11,4–5)

In diesem Sinne, als sichtbare Symbolisierung von Einheit und Identität eines *Reiches*, das eine Fülle von Regionen mit ihren verschiedenen Kulten und Traditionen integriert, möchte ich auch die Pyramiden verstehen. Nicht in Texten, sondern in einer Architektur mit ihrer an kristalliner Klarheit und Ausgewogenheit schlechthin unüberbietbaren Formensprache finden Herrschaftssystem und Weltbild des Alten Reichs ihren Ausdruck.

Manfred Clauss
Der Tempel in Jerusalem

Salomo baute das Reich Davids im Innern aus, vor allem erweiterte er die Hauptstadt. Er wollte eine Stadt schaffen, in der sich auch die Fremden zu Hause fühlen konnten, die sein weltoffener Hof ins Land zog. So baute er ihnen Heiligtümer, die für den Kult ihrer Gottheiten offenstanden. Vor allen Dingen errichtete Salomo in Jerusalem einen repräsentativen Bau für den Staatskult: den Tempel.

Dieser Tempel wurde nicht nur in seiner baulichen Grundsubstanz, sondern auch in seiner Zweckbestimmung als städtisches Heiligtum ebenso wie allgemein die Stadtkultur von den Kanaanäern übernommen. In Ägypten nahm der Tempel den größten Platz ein, und der ihm angeschlossene Palast bildete nicht den gewöhnlichen Wohnsitz des Pharao, sondern wurde nur benutzt, wenn der Herrscher kam, um die Kultzeremonien zu vollziehen. In Jerusalem war wie in Syrien und Mesopotamien im Gegensatz dazu das Heiligtum nur ein Anbau des Palastes. Der Palast übertraf den Tempel bei weitem an Größe und Pracht, seine Bauzeit dauerte fast doppelt so lange.

Der Umbau des Tempels, eines alten jebusitischen Heiligtums, war ein königliches Unternehmen, Salomo war als Bauherr zugleich der dauernde Besitzer und trug für seine Unterhaltung die Verantwortung. Die alttestamentliche Erzählung unterdrückt die kanaanäische Vorgeschichte des Heiligtums und stellt daher die Umbaumaßnahmen als Neubau hin. Der Tempel wurde das Heiligtum der königlichen Dynastie in Jerusalem, eine Art Hofkapelle, in welcher der König und seine hohen Beamten den Kult vollzogen. Diesem Kult stand der König ebenso vor, wie er über die Belange aller staatlichen Bereiche entschied. Als Herr des Tempels ernannte und entließ er das Kultpersonal, die Priester, und übernahm bei wichtigen Anlässen selbst Opferhandlungen. In den alltäglichen Ablauf des Kultes griff er nicht ein. Auch der oberste Priester des Tempels wurde vom Herrscher ernannt und war gleichzeitig Mitglied seines Kabinetts. Salomo selbst vertrieb den Priester Ebjathar vom Hof und damit aus dem Tempel (1. Kön. 2,26–27). Menschen wie er konnten sich an Geschichten trösten wie derjenigen von Saul und Samuel, in welcher der Priester Samuel dem Herrscher Saul den Beistand Gottes entzog und ihn damit politisch entmachtete (1. Sam. 15,10–31); doch dies waren Märchen, die man aus guten Gründen in längst vergangene Zeiten verlegte.

Der Tempel diente einem doppelten Zweck. Er war in erster Linie das Kultzentrum Jerusalems, doch sollte er auch ein nationales Heiligtum der Hebräer werden. So fand die Lade in ihm einen Platz. Den Tempelumbau führten phönikische Bauleute durch, und zahlreiche Details der Innenausstattung stammen nachweislich aus phönikisch-kanaanäischer Tradition. Ungleich bedeutungsvoller aber gestaltete sich die von diesen Kreisen übernommene Bewertung des Tempels: Er war ein „Haus“ wie das Haus des Königs, der

Palast. Der Tempel war erbaut worden, um Heimstatt der Gottheit zu sein, die „im Dunkeln wohnen wollte“ (1. Kön. 8,12). Das verweist auf den hinteren und wichtigsten Teil des Gebäudes, das Allerheiligste, einen fensterlosen und quaderförmigen Raum. Dort drang selten Licht ein, nur dann, wenn die Olivenholztüren geöffnet wurden. Inmitten dieses geheimnisvollen dunklen Raumes hielt sich der Gott auf. Der Glaube an die Gegenwart Gottes in seinem Tempel blieb tief verwurzelt, begründete den Kult, den man hier feierte, und sorgte für die Pilgerscharen. Als sich die Zahl der verehrten Götter vergrößerte, zogen daher selbstverständlich auch die neuen in dieses Haus ein.

Günter Stemberger
Die Grabeskirche Jesu

Als Ort des Todes Jesu hatte Jerusalem für die Christianisierung des römischen Reiches programmatische Bedeutung. So verwundert es nicht, daß sofort nach 324 die Freilegung und würdige Ausgestaltung des Grabes Jesu geplant wurde und der Kaiser persönlich für dieses Projekt interessiert werden konnte. Für die Baugeschichte und vor allem für die Rekonstruktion der von Konstantin gestifteten Grabeskirche war man bis vor kurzem fast ausschließlich auf die Beschreibung des Eusebius in seiner Biographie Konstantins angewiesen, ein Text, in dem wohl zum Teil die Rede des Eusebius anläßlich der Einweihung der Kirche verarbeitet ist. [...]

Nach seiner Darstellung war die Stätte, die traditionell als die des Grabes Jesu galt, von Heiden mit Erde überschüttet und gepflastert worden: „man baute ein finsteres Gemach für eine unzüchtige Gottheit, Aphrodite, und opferte dann schändliche Opfer auf unreinen und verfluchten Altären“.

Doch unter Konstantin „wurden die Bauten des Irrtums mit allen Statuen und Gottheiten zerstört und niedergerissen". Das gesamte Material des zerstörten Tempels und auch die befleckte Erde, die man bis tief hinab abtrug, sei weit weggeschafft worden, wie Eusebius weiter schreibt; schließlich sei gegen jede Hoffnung das Martyrion der Auferstehung, die Grabhöhle, sichtbar geworden.

Eine etwas andere Aussage macht einige Jahrzehnte später Hieronymus. Er schreibt, man habe von Hadrian bis Konstantin „an der Stelle der Auferstehung ein Götterbild Jupiters verehrt, auf dem Kreuzesfelsen eine von den Heiden aufgestellte marmorne Venusstatue". J. Wilkinson deutet den Satz auf den Tempel der kapitolinischen Trias und möchte die Angabe des Hieronymus bevorzugen, der ja das Werk des Eusebius gekannt und ihn daher wohl bewußt korrigiert habe.

Daß man die Stätte des Grabes Jesu schon früh im Zentrum der Stadt lokalisiert haben muß, scheint übrigens auch Melito von Sardes zu bestätigen, der zwischen 160 und 170 Jerusalem besucht hatte. In seiner Osterpredigt sagte er: „nun aber geschah der ungerechte Mord des Gerechten mitten auf der Straße und mitten in der Stadt, mitten in der Stadt im Anblick aller". Da dies ganz der Aussage des Neuen Testaments widerspricht, wonach Jesus „außerhalb des Tores" gelitten hat (Hebr. 13,12), muß hinter den Worten Melitos wohl die zeitgenössische Lokalisierung stehen. Jedenfalls scheint die Lage der Grabeskirche an der Stelle des hadrianischen Kapitols, das wiederum direkt am Forum der Aelia Capitolina lag (wie die Pilgerin Egeria erwähnt), gesichert. [...]

Für unseren Zusammenhang von besonderem Interesse ist die Tatsache, daß Paulinus von Nola, ein Zeitgenosse des Hieronymus, schon behauptet, *Juden* hätten Helena bei der Suche nach dem Kreuz Christi geholfen: „Und so suchte sie nicht nur von den Christen Männer voller Gelehrsamkeit und Heiligkeit aus, sondern auch von den Juden die erfahrensten als Zeugen (*indices*, andere Lesart: *iudices*, Richter) der eigenen Gottlosigkeit, deren sich die Armseligen auch noch rühmen. Sie rief sie herbei und brachte sie nach Jerusalem zusammen und wurde dann durch das einhellige Zeugnis aller hinsichtlich des Ortes bestätigt... Das Kreuz des Herrn war also durch so lange Zeiten zugedeckt und von den Juden zur Zeit der Passion verborgen und auch nicht den Heiden beim Bau des Tempels offenbart worden, als sie Erde ohne Zweifel gerade für dieses Bauwerk aufhäuften. Ist es nicht durch göttliche Hand verborgen geblieben, damit es nun gefunden werde, da man in religiösem Sinn danach suchte?" [...]

Angesichts der ausdrücklichen Aussage des Eusebius, bei der Freilegung des Grabes Jesu habe man alles befleckte Material des Tempels weit weggeschafft, verwundert die Wiederverwendung von Bauteilen des heidnischen Kapitols, noch dazu nach der Zusage Konstantins, sich um die Beschaffung von Säulen selbst zu kümmern. Andererseits spricht Eusebius von der allgemeinen Zerstörung von Tempeln und Götzenbildern unter Konstantin; dabei habe man von den Statuen alles Brauchbare abgenommen und sogar die Vergoldung abgeschabt, bevor man den traurigen Rest den Götzendienern zurückgab. Seine Aussage, der Platz sei von allem heidnischen Material völlig gereinigt worden, ehe man an den Neubau schritt, ist infolgedessen programmatisch zu werten: Sie soll den völligen Neubeginn symbolisieren und ist nicht wörtlich zu nehmen.

Die Anastasis war offenbar von allem Anfang an in den einheitlichen Plan der Anlage miteinbezogen; doch verzögerten wohl die technischen Schwierigkeiten ihre Fertigstellung. Als der Pilger von Bordeaux die Anlage im Jahr 333 sah, müssen jedenfalls die Bauarbeiten noch im Gang gewesen sein, und auch bei der Einweihung der Grabeskirche am 17. September 335, die ursprünglich die Dreißigjahrfeier der Regierung Konstantins krönen sollte, waren sie noch nicht abgeschlossen. Die Kuppel über dem Grab Jesu wurde erst im folgenden Jahrzehnt erbaut und ist erstmals in den Predigten Kyrills von Jerusalem um 350 vorausgesetzt, wenn er sagt, daß die Katechumenen „in die heilige Stätte der Auferstehung hineingehen“.

Auch ohne das persönliche Beisein des Kaisers war die Einweihung der Kirche eine deutliche Demonstration der staatlichen Unterstützung der Kirche. Die beim Konzil von Tyrus versammelten Bischöfe (das schon 334 von Konstantin im palästinischen Caesarea geplante Konzil war an der Hartnäckigkeit des Athanasius gescheitert) wurden zur Einweihung nach Jerusalem gebracht. Ein kaiserlicher Notar, also eine besondere Vertrauensperson des Kaisers – sogar Verwandte des Kaisers bekleideten diesen Posten! –, war mit der Organisation des Festes beauftragt, und Eusebius als der Metropolit Palästinas hielt die Weiherede, die, wie gesagt, wohl zum Teil in seiner Konstantinbiographie wiedergegeben ist.

Das gesamte Bauunternehmen hatte natürlich eine ausgesprochen ideologische Schlagseite. Dieser Kirchenbau ersetzte das heidnische Zentrum von Jerusalem durch ein christliches, wie in der Darstellung der Vorbereitungsarbeiten durch Eusebius deutlich genug betont worden war. Um so mehr überrascht es, dann eine andere Deutung des Unternehmens zu finden, nämlich die einer Ablösung des alten Jerusalem: „Und so wurde beim heilbringenden Martyrium das neue Jerusalem errichtet, dem von altersher bekannten gegenüber, das wegen der Befleckung durch den Gottesmord auf das äußerste verwüstet worden war und so die geschuldete Strafe der gottlosen Bewohner bezahlt hatte. Diesem gegenüber also verherrlichte der Kaiser den heilbringenden Sieg über den Tod mit reicher und verschwenderischer Großzügigkeit, so daß dies wohl das durch prophetische Gottesworte verkündete völlig neue Jerusalem ist, worüber große, von göttlichem Geist eingegebene Weissagungen Unendliches künden.“

Heribert Busse
Mekka und Medina

Mit der Übersiedlung Muḥammads nach Medina, von den Muslimen fortan als Hidschra *(hijra)* bezeichnet und später zum Beginn einer neuen Zeitrechnung erhoben, trat die Geschichte der islamischen Gemeinde in ein neues Stadium ein. Aus dem Führer einer verfolgten Minderheit wurde das Oberhaupt eines Gemeinwesens, das nach straffer Organisierung im Inneren bald in den offenen Kampf gegen Mekka eintreten konnte. Mit der sogenannten „Gemeindeordnung" von Medina, deren Bedeutung in der Forschung noch immer umstritten ist, schuf Muḥammad ein Instrument, das die inneren Wirren beendete und zunächst auch Nichtmuslime einschloß, darunter die seit alters her in Medina ansässige zahlreiche Judenschaft. Sie war in mehrere Stämme gegliedert, von denen drei eine besonderte Rolle spielten. Bald nach Muḥammads Ankunft in Medina kam es zu Konflikten, die theologische, aber wohl auch andere Ursachen hatten und damit endeten, daß ein Teil der Judenschaft aus der Stadt vertrieben wurde, während ein anderer Teil einem Massaker zum Opfer fiel, das der Prophet wohl nicht anordnete, aber doch billigte.

Mit dem Ausscheiden der Juden wurde aus der politischen Gemeinde eine rein religiöse Gemeinschaft auf der Grundlage des Islams, geführt von „Gott und seinem Gesandten". Sie bestand aus Teilnehmern an der *hijra*, die mit Muḥammad von Mekka nach Medina gekommen waren oder im Laufe der Zeit ihm nach dorthin folgten, und aus den „Helfern" *(anṣār)*, eingesessenen Medinensern, die sich dem Islam angeschlossen hatten. Die Intensität der religiösen und politischen Gefolgschaft war unter den Eingesessenen unterschiedlich; treuen Anhängern stand eine große Gruppe von solchen gegenüber, die sich nur äußerlich zum Islam bekannten und Muḥammad nur halbherzig folgten.

Im Koran werden sie „Heuchler" *(munāfiqūn)* genannt. Sure 63 ist ihnen fast ganz gewidmet, und zahlreiche andere Stellen des Korans zeugen von den Auseinandersetzungen des Propheten mit dieser Gruppe.

Parallel mit der Festigung im Innern führte Muḥammad den Kampf gegen Mekka. Ein Motiv lieferte seine Interpretation der Kaaba als ein von Abraham gegründetes oder renoviertes Heiligtum (vgl. Sure 2, Vers 125 ff.), das von den Mekkanern durch Götzendienst entweiht worden war und seiner ursprünglichen Bestimmung zurückgegeben werden müßte (vgl. Sure 9, Vers 17–18). Mit der Berufung auf Abraham greift Muḥammad auf eine Autorität zurück, die zeitlich vor Mose steht; zugleich unterläuft er die Argumente der Juden, für die Mose der Gesetzgeber ist. Es scheint, daß er schon die *hijra* im Licht der Abrahamserzählungen sah, denn auch Abraham hatte seine Heimat auf Befehl Gottes verlassen, um sich von den Polytheisten abzusondern und ihren Anfeindungen zu entgehen. Symbolhaft fand die Hinwendung zur Kaaba Ausdruck in der Änderung der Gebetsrichtung *(qibla)*; an die Stelle Jerusalems, das in Medina als Gebetsrichtung deklariert worden war, trat nun Mekka (vgl. Sure 2, Vers 142–145), wodurch die Stadt mit ihrem Heiligtum zum Zentrum des Islams wurde, gewissermaßen zu einem „islamischen Jerusalem".

Mit der Erhebung Mekkas zur *qibla* war die Trennung vom Judentum endgültig vollzogen. Aber wie die Israeliten unter Mose gegen ihre Feinde gekämpft hatten, kämpften nun die Muslime um den Besitz des Heiligtums in Mekka und um das Recht zur Rückkehr in die angestammten Wohnsitze, aus denen sie von den Heiden vertrieben worden waren (vgl. Sure 22, Vers 38–41). Es kam zu einer Reihe von Gefechten und Schlachten mit wechselndem Ausgang; dem Sieg der Muslime bei Badr folgte die Niederlage bei Uḥud. Eine Belagerung Medinas durch die Mekkaner, wegen eines Grabens, durch den Muḥammad die Stadt schützte, der „Grabenkrieg" genannt, endete erfolglos. Ein

Versuch Muḥammads, das Heiligtum in Mekka zu besuchen, führte zu dem berühmten Waffenstillstand von al-Ḥudaibiya, benannt nach einem Baum im Weichbild von Mekka, wo die Verhandlungen stattfanden. Im Jahr 630 fiel Mekka ohne Kampf dem Islam zu. Muḥammad zerstörte mit eigener Hand die in der Kaaba und in ihrer Umgebung aufgestellten Götzenbilder und stellte den von Abraham eingeführten Kult des einen Gottes wieder her. Seine Gegner behandelte er mit Großmut und erleichterte ihnen dadurch den Anschluß an den Islam. Zu diesem Zeitpunkt war bereits der größte Teil der Arabischen Halbinsel für den Islam gewonnen; schon vor Muḥammads Tod wurden Vorstöße über die nördlichen Grenzen hinaus unternommen. Im Licht der späteren Eroberungen konnten sie in der Weise interpretiert werden, der Prophet habe dies alles gewollt und auf göttlichen Befehl bewußt geplant.

Kerrin von Schwerin

Indische Pilger

Der indische Kalender ist voll mit Daten religiöser Feste regionaler Natur, welche die indische Bevölkerung in Bewegung halten. Pilgerfahrten besitzen seit alters eine große Bedeutung im Hinduismus und auch im (indischen) Islam. Sie haben sogar ständig zugenommen, nicht so sehr, weil die Inder religiöser geworden wären, sondern weil der rituelle Teil ihrer Religion durch eine brahmanische Renaissance seit dem Mittelalter, verbunden mit einer Absorbierung lokaler nicht-brahmanischer Kulte in den orthodoxen Hinduismus, bedeutender wurde, aber auch weil der Massentransport von Pilgern organisatorisch und technisch einfacher wurde. Der Bau der indischen Eisenbahnen seit Mitte des vorigen Jahrhunderts gilt als ein einschneidendes Ereignis in dieser Entwicklung.

Der Hinduismus bietet verschiedene Wege zur Erfüllung religiösen Strebens an: den Weg des Wissens, den der Tat oder den der Kontemplation. Eine Pilgerfahrt bedeutet in sich nicht einen eigenen Weg, ist aber ein Mittel zur Erlangung von Moksa oder Erfüllung. Die Motive, die den Pilger zu seiner Unternehmung bewegen, sind mannigfaltiger Natur. Manchmal liegt ein Schwur vor, der eingelöst werden muß: ist z. B. eine Heilung von Krankheit eingetreten, wird die der helfenden Gottheit versprochene Pilgerfahrt unternommen. Oder man erhofft sich spirituelle Verdienste von einem Besuch einer Gottheit oder einem reinigenden Bad im heiligen Fluß. Die Art des Rituals hängt von den Intentionen des Pilgers ab. Eine angenehme Begleiterscheinung einer Pilgerfahrt ist nicht selten ein gewachsenes soziales Prestige in der Heimatgemeinde. Ein Haji unter Muslims gilt gleichsam als weiser Mann.

Die Karte Indiens ist übersät mit Pilgerzentren von mehr oder weniger großer Bedeutung. Man kann dieses „heilige Indien", durchzogen von Pilgerrouten, primär unter regionalen Gesichtspunkten betrachten; Pilgerfahrten zu den großen religiösen Zentren haben jedoch auch nationale Bedeutung. Sie stärken beim Pilger nicht nur das Bewußtsein von der Vielfalt der indischen Kultur, sondern auch besonders jenes von der Einheit der indischen Gesellschaft.

Will man die Ursprünge dieser Tradition erfahren, so bieten sich die alten Schriften, insbesondere die Puranas, als Quellen an (Puranas – Kompendien von Legenden und religiösen Instruktionen). Puranas sind außerordentlich reich an Detailinformationen zur indischen Geographie, Bevölkerung und kulturellen Entwicklung. So tauchen in einigen Puranas Listen von Pilgerzentren (Tirthas) auf, die auch heute noch als heilig gelten. In der Mehrzahl befinden sie sich in der nordindischen Gangesebene und in den oberen Flußtälern des Himalaya: Varanasi (Benares), Prayag (Allahabad), Kurukshetra, Kedernath, Gaya und viele andere werden genannt. Die bewaldeten Regionen mit Stammesbevölkerung weisen keine Tirthas auf. Auch in Südindien entstanden im Zuge der Arisierung bekannte Pilgerzentren, wie z. B. Kanchipuram und Tirupathi. Das überwiegende Interesse jedoch für Nordindien wird auch noch von späteren Berichten geteilt.

Heiligkeit erlangten vor allem landschaftlich markante Erscheinungen: breite Ströme, ihre Quellen, Zusammenflüsse, die Küste oder Hügel. Orte mit bereits bestehender sakraler Bedeutung aus vorarischer Zeit wurden allmählich in das brahmanische Pilgersystem aufgenommen. Die Priester liebten keine Konkurrenz, so wußten sie manchen Kult dadurch anzupassen, daß sie seine Legende mit der bestehenden Literatur in Einklang brachten.

Wasser besitzt als Mittel ritueller Reinheit eine besondere Bedeutung. Unterstützt wird die Bedeutung eines Flusses z. B. durch Legenden, die Zusammenhänge zwischen Fluß und hinduistischen Gottheiten herstellten; so etwa die vom Ursprung des Ganges im Lockenhaar Shivas. Der Ganges entspringt am Fuße des Kailash, dem Sitz Shivas. Dessen Heiligkeit kann auf andere Flüsse und Hügel übertragen werden, indem sie über eine Inkarnation mit einem der großen hinduistischen Götter, Shiva oder Vishnu, identifiziert werden. Ein lokaler Ganges, ein lokaler Kailash wird so möglich.

Herbert Wilhelmy

Bhutans Sakrallandschaft

Die großen Klosterburgen sind die jeweiligen administrativen und geistigen Zentren *ihrer* Talschaft. In der Hierarchie der Kultbauten folgen ihnen die kleineren Dzongs, die unbefestigten, zum Teil aber auch von einer Mauer umgebenen Feldklöster, die Einsiedeleien, Tschörten und Mani-

Mauern. Es gibt kaum einen Punkt in den bewohnten Tälern, von dem aus man nicht gleich mehrere der durch einen braunroten breiten Streifen auf weißem Gemäuer gekennzeichneten Kultbauten sieht. Sie durchsetzen mit den hohen Stangen der in Reihen aufgestellten Gebetsfahnen, mit von Bächen oder Menschenhand bewegten Gebetsmühlen das bäuerliche Kulturland. Eine Besonderheit der in Galerien angeordneten Gebetsmühlen sind zwischen den sich drehenden Zylindern – im angestrebten Idealfall 108 – von Gläubigen deponierte kleine Tonkegel (Tsa-Tsa), in die die Asche Verstorbener eingemischt ist, wie im ältesten bhutanischen Schrein, dem Kyichu-Tempel bei Paro.

Alle diese Gebets- und Andachtsstätten sind Ausdruck der tiefen Religiosität der Bhutaner. Die Befriedigung religiöser Bedürfnisse gehört zweifellos zu den stärksten Triebfedern des Menschen überhaupt, und auch den Bhutanern ist die Suche nach einem Weg für ihr Seelenheil wichtiger als die Erfüllung materieller Wünsche. Täglich und stündlich werden alle ihre Handlungen durch die gewissenhafte Beachtung ihrer buddhistischen Lebensregeln, gepaart mit der Furcht vor Dämonen und bösen Geistern, bestimmt. Dies spiegelt sich sogar in den Ortsnamen: Bumthang bedeutet zum Beispiel „Ebene der Geister". An den vier Ecken ihrer Häuser hängen die Bauern – früher häufiger als heute – Holzkreuze auf, deren Enden durch bunte Fäden miteinander verbunden sind, so daß sie dem Gerüst eines Kinderdrachens ähneln: Geisterfallen, in denen sich die Dämonen wie in einem Spinnennetz verfangen sollen. Kurz nach Sonnenaufgang entzünden sie vor ihren Häusern qualmende Feuer, um die Geister zu beschwichtigen und Abbitte für eigene Sünden zu leisten. Wenn ein Haus abbrennt, errichten sie das neue nie wieder an der gleichen Stelle, weil sie glauben, daß ihnen am Platz der Ruine die Erdgeister nicht wohlgesinnt sind. Von größter Bedeutung für die Menschen ist die Befragung von Astrologen, die die günstigsten Termine für die Eheschließung, die Behandlung von Krankheiten, die

Verbrennung Verstorbener, den Hausbau und andere wichtige Vorhaben der Familie bestimmen.

Jede Kulturlandschaft ist eine Schöpfung des Menschen, in ihrer Gestaltung abhängig von seinen Fähigkeiten und geistigen Vorstellungen, und verwirklicht im Rahmen der Möglichkeiten, die die Natur ihm bietet. Wenn sich somit Kulturlandschaft als „objektivierter" oder „geformter Geist" im Sinne Martin Schwinds manifestiert, dann ist Bhutan dafür sicherlich eines der beeindruckendsten Beispiele. Die Sakralbauten sind keine „reizvollen Beigaben", sondern die eigentliche Substanz der bhutanischen Kulturlandschaft. Klöster und Klosterburgen, Tschörten, Mani-Mauern und Gebetsfahnen haben das Land nicht *über*prägt, sondern *ge*prägt. Es gibt in Bhutan keine Profanbauten, die nach Größe und Bedeutung die Kultbauten in den Schatten stellen könnten wie in den Staaten der westlichen Welt. Gustav Mensching spricht vom „Urverlangen des religiösen Menschen, in einer vom Heiligen erfüllten Atmosphäre zu leben". In diese sakrale Sphäre ist der gesamte überschaubare Lebensraum der Bhutaner von den fruchtbaren Talauen bis zu den Göttersitzen auf den fernen Hochgebirgsgipfeln einbezogen.

10. STAAT UND RELIGION

Jan Assmann
Ägyptens Ma'at – staatlich vermitteltes Heil

Die Heilsgüter des Staates werden zusammengefaßt in dem Begriff des „Lebenshauchs". Versorgung bedeutet: die Förderung der Fruchtbarkeit des Landes durch die kultische Beantwortung der göttlichen Wohltaten und die gerechte Verteilung der Güter. Sicherheit, Vertrauen und Frieden beruhen auf der „Vereindeutigung der Welt", die durch Recht und Gesetz sicherstellt, daß jeder weiß, woran er ist, im Schutz des Schwachen vor dem Starken und in der Befreiung der Menschen vor gegenseitiger Unterdrückung. Aber auch die Aussicht auf todüberdauernde Fortdauer im sozialen Gedächtnis eröffnet sich dem einzelnen im Königsdienst; denn ein Monumentalgrab erwirbt man nur durch königliche Gunsterweisung und Unvergessenheit nur durch Bewährung in spektakulären Ämtern und Aufträgen. Der König ist der „Herr des Begräbnisses". Ein Lied besingt Sesostris III.:

> *[Er ist gekommen, und] seine Arme haben die Totenversorgung [ausgeteilt], die uns seine Kraft eingebracht hat.*
>
> *[Er ist gekommen und hat gegeben], daß wir unsere Kinder [aufziehen] und unsere Alten begraben können im [Westen].*

Sogar die Möglichkeit eines ewigen Lebens schließlich verheißt der Staat dem einzelnen durch die Chance, die Ma'at

Abb. 4: Die Göttin Ma'at (Relief aus dem Grab Sethos' I., 19. Dyn., um 1300 v. Chr.).

zu tun und zu sagen und dadurch im Totengericht zu bestehen. Denn nur in einer Welt, in der der König für die „Verwirklichung" *(sḫpr)* oder „Befestigung" *(smn)* der Ma'at auf Erden sorgt, ist es dem einzelnen gegeben, sie im engen Wirkungskreis seiner Biographie in Wort und Tat zu praktizieren.

Ma'at umfaßt alle diese Bereiche: Kult, Fülle, gerechte Verteilung, Jurisdiktion, Schutz der Schwachen, Tugend, Bewährung, Rechtfertigung im Totengericht. Ma'at ist daher der Inbegriff des staatlich vermittelten Heils. Ma'at ist der Inbegriff dessen, was der Staat den Menschen gibt im Austausch für den Gehorsam, den er von ihnen fordert. Das Bild des Austauschs ist ägyptisch; der dabei verwendete Terminus ist aber nicht Ma'at, sondern konkreter: *ṯȝw n ꜥnḫ* „Lebensodem". Im Austausch für den Gehorsam, den er fordert, gibt der Staat seinen Mitgliedern Lebensatem:

(der König ist) wohltätig dem, der ihm folgt,
Lebensodem für den, der ihn anbetet.

Damit ist zum einen materielle Fülle, zum anderen jedoch auch Recht und Unsterblichkeit gemeint. Indem der Staat dafür sorgt, daß auf Erden Ma'at herrscht, ist jedem die Chance der Rechtfertigung und damit eines ewigen Lebens eröffnet. So rühmt sich z. B. Ramses III. seiner Leistungen für Versorgung und Gerechtigkeit und spielt dabei auch auf die Rechtfertigung im Totengericht an:

Ich habe das ganze Land am Leben erhalten,
Fremde, Untertanen,
pꜥt-*Leute und* ḥnmmt-*Leute,*
Männer und Frauen.
Ich errettete jedermann von seinem Vergehen (btȝ),
ich gab ihm Luft;
ich rettete ihn vor dem Starken, der ihn unterdrückte.
Ich stellte jedermann an seinen Platz in ihren
Ortschaften,
ich belebte die Anderen in der Halle der Unterwelt.

Erik Zürcher

Buddhismus und chinesische Sozialethik

Das Mönchsideal war ein integrierter Bestandteil des Buddhismus. Infolge seiner Ablehnung aller sozialen Bindungen und Verpflichtungen (und besonders derjenigen gegenüber der Familie) mußte es unvermeidlich zu den grundlegenden Prinzipien chinesischer Sozialethik in Widerspruch geraten; ihr zufolge bestanden die ersten Pflichten des Menschen aus Kinderliebe und Zeugung der Nachkommenschaft, die zum Fortbestand der Familie nötig war. Mit Rücksicht auf die Bedeutung, die produktiver Arbeit zugemessen wurde, und der daraus folgenden gesellschaftlichen Brandmarkung von Bettlern, Landstreichern und anderen „Schmarotzern" war das überlieferte chinesische System kaum bereit, eine geistliche Gemeinde zu akzeptieren, deren Mitglieder keine landwirtschaftlichen Arbeiten verrichten durften und von denen erwartet wurde, daß sie einen Teil ihres Lebens auf Wanderschaft verbrachten und ihre Nahrung durch Betteln erwarben. Die Tatsache, daß der buddhistische Sangha sich selbst als eine weltabgewandte Körperschaft – frei von den Verpflichtungen, die man weltlichen Mächten schuldete (einschließlich der Pflicht, Frondienste zu leisten und Steuern zu bezahlen), von Militärdienst befreit und der Regierungskontrolle nicht unterworfen – ansah, widersprach darüber hinaus der chinesischen Auffassung von einer im Grunde allumfassenden Regierungsautorität.

Die Spannung zwischen dem Buddhismus und der einheimsichen chinesischen Ideologie führte schließlich zu einem Zustand gefährdeter Koexistenz, in der dem Buddhismus erlaubt war, genau bestimmte und begrenzte Aufgaben zu erfüllen. Bestenfalls wurde der Buddhismus als ein nützlicher oder sogar achtenswerter Zuwachs zur chinesischen Kultur, als eine Art von metaphysischer Ergänzung zu den gesellschaftlichen und politischen Lehren des Konfuzianismus von den Behörden hingenommen; zu allen Zeiten wurde er als ein magischer Schutz für die Dynastie, den Staat und die Gesellschaft geschätzt. Im allgemeinen war er mehr geduldet als lobend anerkannt, und die Spannung entlud sich periodisch in gewaltsamen Verfolgungen. Selbst zu der Zeit, als der Buddhismus in der Sui- und frühen T'ang-Zeit seinen Höhepunkt erreichte, wurde China nie ein „buddhistisches Land" in dem Maße, wie etwa Thailand oder Burma es werden sollten. Stets war der Buddhismus gezwungen, sich im Schatten der im Mittelpunkt stehenden chinesischen Überlieferung zu entwickeln.

Dennoch hätte der Buddhismus sich nicht zu einer der Hauptreligionen Chinas entwickeln können, wenn die Umwelt ihm völlig feindlich gegenübergestanden wäre. Abgesehen von den oben erwähnten Spannungs- und Konfliktsbereichen enthielt die chinesische Zivilisation viele Elemente, die für den Einfluß des Buddhismus empfänglich waren. Der ganz besondere Charakter des chinesischen Buddhismus darf nicht nur als eine „Verformung" unter dem Druck einer feindlichen Umgebung verstanden werden, sondern auch, vielleicht sogar noch stärker als das Ergebnis einer äußerst komplizierten allmählichen Annäherung und Mischbildung, indem Elemente buddhistischen Ursprungs auf Vorstellungen, Bräuche und Einrichtungen chinesischen Ursprungs, mit denen sie eine bestimmte Ähnlichkeit hatten (oder zu haben schienen), aufgepfropft wurden und mit ihnen verschmolzen. Dies mag die Hauptquelle seiner außerordentlichen Fruchtbarkeit gewesen sein, denn besonders in diesen Bereichen war es dem Buddhismus möglich, die chinesische Zivilisation tief zu beeinflussen und zu bereichern. Wir werden in unserem Überblick auf viele Fälle solcher Annäherung und solchen „Aufpfropfens" treffen: Mönchsideal und chinesisches Einsiedlertum; buddhistische Meditation und taoistische Einheit mit der Natur; der Mahāyāna-Glaube an die „Übertragung von Verdiensten" und der Ahnenkult; buddhistische Laienkongregationen und traditionelle Bauernbünde; tantrische Riten und taoistische Magie und vieles mehr. So haben „Veränderung unter Druck" und „Mischbildung" den chinesischen Buddhismus in immer wechselnden Zusammensetzungen gestaltet.

Karl Christ
Juden und Christen im Römischen Reich

Für die Mehrzahl der Bewohner des *Imperium Romanum* wiesen Juden und Christen lange Zeit hindurch dieselben Merkmale auf; ihnen gegenüber galten dieselben Einschätzungen und Vorurteile. In dem polytheistisch orientierten, weithin toleranten, zugleich aber durch religiöse wie politisch fundierte Loyalitätsakte bestimmten Reichsverband mußten die Religionen des Judentums wie des Christentums als provozierende Fremdkörper wirken. Ihre mit Absolutheitsansprüchen verbundene, streng monotheistische Grundhaltung, ihre konsequente Ablehnung der Staatsgottheiten Roms und insbesondere der kultischen Herrscherverehrung, ihre Distanzierung von allen für die römische Gesellschaft traditionellen Aktivitäten und Lebensformen führten notwendig zu immer neuen Reibungen und Konflikten mit Gesellschaft und Staat des Imperiums.

Noch zwei weitere Aspekte sind aus dem Rückblick den römischen Perspektiven gemeinsam: Zum einen schien es sich in beiden Fällen um ausgesprochene Unterschichtphänomene zu handeln, um religiöse Überzeugungen sozial verachteter Randgruppen, deren impertinentes, für Römer rational kaum begreifliches, aber offensichtlich in tiefen Glaubensnormen begründetes Überlegenheitsgefühl geradezu herausfordernd wirken mußte. Zum andern aber fehlten selbst gebildeten Angehörigen der Oberschicht Roms lange Zeit alle notwendigen Informationen über die wesentlichen

Vorstellungen und Formen beider Religionen, ganz zu schweigen vom Verständnis für deren religiösen und ethischen Gehalt.

Die Unruhen, die Juden wie Christen auslösten, blieben dabei nicht auf den Nahen Osten beschränkt. Eine jüdische Frage hatte es in Rom selbst schon seit dem 2. Jahrhundert v. Chr. gegeben, Auseinandersetzungen mit den Christen seit der Mitte des 1. Jahrhunderts n. Chr. Doch die Probleme, welche die beiden Religionen aufwarfen und die schließlich in den großen Jüdischen Aufständen (66–73, 115–117, 132–135 n. Chr.) ebenso gipfelten wie in den Christenverfolgungen, erfaßten schließlich immer weitere Teile des Imperiums. Sie beschäftigten die römische Provinzialverwaltung in Kleinasien wie in Griechenland, in Gallien wie in Nordafrika. [...]

Ein Licht auf die generelle Beurteilung der Juden in der Stadt Rom wie in ihrer Heimat nach der Intervention des Pompeius in Jerusalem wirft Ciceros Rede „*Pro Flacco*" aus dem Jahre 59 v. Chr. Aus ihr geht hervor, daß die Juden bereits damals das Privileg besaßen, alljährlich ihre „Tempelsteuer" in Höhe eines Didrachmons, eines Betrages von zwei Denaren, den jeder männliche Jude im Alter zwischen 20 und 50 Jahren an den Tempel zu entrichten hatte, aus dem ganzen Reich nach Jerusalem zu überführen. Da Ciceros Mandant L. Valerius Flaccus solche Gelder als Statthalter der Provinz *Asia* kassiert hatte, mußte für Cicero alles darauf ankommen, die Juden insgesamt herabzusetzen.

So polemisierte er gegen die anwesende stadtrömische Judengruppe, die fest zusammenhielt und auch gegen ihn aufgehetzt werden konnte. Er bezeichnete ihre Religion als „barbarischen Aberglauben", rühmte Pompeius, der nach seiner Einnahme Jerusalems den Tempel nicht angetastet hatte, sprach von einer argwöhnischen und schmähsüchtigen *civitas* und stellte schließlich den Ansprüchen des auserwählten Volkes die historische Realität gegenüber: „Jedes Volk hat seine Religion... wie wir die unsere. Schon vor der

Einnahme Jerusalems, als die Juden noch mit uns im Frieden lebten, vertrug sich die Ausübung ihrer Religion schlecht mit dem Glanz dieses Reiches, mit der Größe unseres Namens, mit unseren altüberkommenen Einrichtungen; jetzt aber ist das um so weniger der Fall, als dieses Volk durch Waffengewalt kundgetan hat, was es von unserer Herrschaft hält; dabei hat es auch vorgeführt, was es den unsterblichen Göttern wert ist: es ist besiegt, ist zinsbar, ist versklavt" (Cicero, „*Pro Flacco*" 69 – Übersetzung von M. Fuhrmann). [...]

Zur grundlegenden Kontinuität der negativen Bewertung der Juden kam die Verflechtung des Judentums in die Geschichte des Imperiums hinzu. Eindeutig privilegiert war dieses unter Caesar und Augustus. Die Ausübung des jüdischen Glaubens wurde in vollem Umfange gewährleistet, die Einhaltung der Sabbatgebote gesichert, den jüdischen Gemeinden – *collegia licita* nach römischem Recht – selbst eine begrenzte Ziviljurisdiktion für den Kreis ihrer Angehörigen zugestanden. Mehr noch, Juden wurden vom Militärdienst befreit, die Zulassung jener armen stadtrömischen Juden, welche das römische Bürgerrecht besaßen, zu den Getreideverteilungen ausdrücklich bestätigt.

Die Juden insgesamt profitierten somit zweifellos von der Dankbarkeit Caesars, der während seines Ägyptenfeldzuges von seinen jüdischen Freunden Hyrkanos II. und Antipater in besonders kritischen Situationen wirkungsvoll unterstützt worden war. Sie profitierten dann jedoch noch mehr von der diplomatischen Kunst Herodes des Großen, der sich mit den römischen Machthabern stets zu arrangieren wußte und der als Klientelkönig vor allem das volle Vertrauen des Augustus wie Agrippas besaß. Denn mochten die Juden den grausamen und tyrannischen Herodes, der auch alle religiösen Fragen primär in machtpolitischen Perspektiven sah, hassen und fürchten – für Rom war er als Garant von Ruhe und Ordnung in Palästina unersetzlich. [...]

Zu den bald turbulenten Vorgängen im Raume von Jerusalem selbst trat die Belastung der jüdisch-römischen Beziehungen durch die chronischen Wirren in Alexandria. Für Rom waren Ägypten und insbesondere Alexandria aufgrund ihrer zentralen Bedeutung für die Versorgung der Hauptstadt besonders neuralgische Zonen des Herrschaftssystems. Die Zuspitzung der Auseinandersetzungen zwischen Griechen und Juden in Alexandria dürfte wohl weniger auf ökonomische Rivalitäten als vielmehr auf das ständige Anwachsen des jüdischen Bevölkerungsteiles in der Stadt zurückzuführen sein. Jedenfalls standen die schweren Kämpfe der Jahre 38 bis 41 n. Chr. am Beginn einer langen Kette teils latenter, teils offener Spannungen zwischen Juden und Griechen, die dann zwischen 115 und 117 n. Chr. in den schon erwähnten bürgerkriegsähnlichen Massakern und Judenpogromen gipfelten. Die römischen Präfekten machten sich häufig den Standpunkt der Griechen zu eigen; auch hier erschienen jedenfalls die Juden als chronische Unruhestifter. [...]

Nicht nur für die Geschichte Palästinas, sondern mehr noch für die Geschichte der jüdischen Religion bedeuteten die Zerstörung des Tempels und der Untergang Jerusalems im Jahre 70 n. Chr. eine entscheidende Zäsur. Weniger die Reorganisation der Provinz *Iudaea* oder die für Vespasian bezeichnende Neuregelung der „Tempelsteuer", die nun einerseits auf einen größeren Personenkreis ausgedehnt, andererseits künftig aber an den Juppiter Capitolinus abzuliefern war, als vielmehr die Auflösung des religiösen Zentrums Jerusalem sollte sich hier langfristig als sehr folgenschwer erweisen.

Im Gebet hielten die Juden Palästinas freilich auch nach dem Fall Jerusalems die Erinnerung an den historischen Kern der jüdischen Religion wach. Noch gegen Ende des 1. Jahrhunderts n. Chr. hieß es in der 14. Benediktion des Achtzehngebets, das jeden Tag dreimal gebetet wurde: „Erbarme Dich, Jahwe unser Gott, in Deiner großen Barmherzigkeit über Israel, Dein Volk, und über Jerusalem, Deine Stadt, und über Sion, die Wohnung Deiner Herrlichkeit, und über Deinen Tempel und über Deine Wohnung und über das Königtum des Hauses David, des Messias Deiner Gerechtigkeit. Gepriesen seist Du, Jahwe, Gott Davids, der Jerusalem erbaut" (H. L. Strack – P. Billerbeck, „Kommentar zum Neuen Testament aus Talmud und Midrasch" IV, 1928, 213). Da der religiöse Mittelpunkt der jüdischen Religion systematisch zerschlagen, Opfer und priesterliche Funktionen in der bisherigen Weise unmöglich geworden waren, verlagerte sich die religiöse Aktivität faktisch in die Diaspora und übernahm auch im palästinensischen Kernraum deren Formen.

Der Gottesdienst in der Synagoge wurde dabei zur Regel und in dieser Form auch weiterhin nicht behindert. Für die innere Entwicklung der Religion selbst aber wurde bestimmend, daß sich Überlebende der Jerusalemer Kultgemeinde in der Stadt Jabne, südlich von Jaffa, sammelten und dort einen neuen obersten Rat aus 72 pharisäischen Schriftgelehrten, den „Ältesten", konstituierten. Im Unterschied zum alten Jerusalemer Synhedrion war dieser Rat völlig entpolitisiert. Er konzentrierte sich auf die Fragen der Auslegung und Anwendung des Gesetzes und erwarb sich eine rasch wachsende Autorität. Durch Rabbinen wie Jochanan ben Sakkai und Gamaliel II. vor allem wurde sein Einfluß immer größer. Festlegung und Sicherung der heiligen Schriften des Kanons der Synagoge, Schaffung neuer und anerkannter griechischer Übersetzungen, vor allem aber die nie endende Aufgabe der Auslegung des Gesetzes inmitten der verschiedenartigsten und sich stets wandelnden Rahmenbedingungen traten fortan in den Mittelpunkt der Arbeit der Rabbinen. Sie erst ermöglichten auch weiterhin die Behauptung jüdischer Existenz im Römischen Reich wie über das Römische Reich hinaus. [...]

Während es dem *Imperium Romanum* in anderen Räumen, wie im Bereich der kelto-ligurischen Kulte oder bei der Religion der Druiden gelungen war, nach eigenem Verständnis inhumane oder politisch gefährliche religiöse Zentren zu zerschlagen und dennoch die Bevölkerung in den eigenen Herrschaftsverband zu integrieren, scheiterten in Iudaea alle solche Bemühungen. Sie mußten scheitern, weil eine solche Integration für das Judentum die Selbstaufgabe bedeutet hätte. Doch trotz aller Feindseligkeit, der Verachtung und des Mißtrauens auf römischer Seite konnten sich die jüdischen Synagogen im Imperium behaupten, bis sie dann von den Severern erneut gefördert wurden.

Die Einordnung des Lebens Jesu Christi in die profane Geschichte wirft von Anfang an kaum lösbare Probleme auf. Aus den berühmten Sätzen des Weihnachtsevangeliums: „Es begab sich aber zu der Zeit, daß ein Gebot von dem Kaiser Augustus ausging, daß alle Welt geschätzt würde. Und diese Schätzung war die allererste und geschah zu der Zeit, als Cyrenius Landpfleger in Syrien war" (Lukas 2,1 f.) läßt sich das Jahr der Geburt Jesu ebensowenig präzise datieren wie aus den spärlichen ungenauen Überlieferungssplittern das Jahr der Kreuzigung. Sicher ist jedenfalls, daß Jesu Geburtsjahr und der Beginn der christlichen Ära nicht übereinstimmen, sicher auch die Hinrichtung unter Pontius Pilatus um 30 n. Chr.

Diese Schwierigkeiten ergeben sich primär aus der Eigenart der christlichen Tradition. Die erst um 70 n. Chr. fixierten Evangelien der Synoptiker, des Markus, Matthäus und Lukas, und das noch später anzusetzende Johannesevangelium gingen zwar auf ältere Überlieferungsschichten zurück; sie wollten indessen keine historische Biographie Jesu geben. Ihnen ging es vielmehr vor allem darum, die Glaubenstradition zu vermitteln und dabei insbesondere Jesu Worte und Gleichnisse aus der aramäischen Sprache, in der Jesus einst redete, in die griechische Sprache umzusetzen. Auch die Kreise, für welche die Evangelisten schrieben, waren in erster Linie an den Worten des Herrn, an seinen Wundern und an seinem Leiden interessiert, nicht an den Einzelheiten der Zeitgeschichte. Die Anhänger Jesu, die im

Bewußtsein einer relativ nahen Wiederkehr ihres Herrn und eines relativ nahen Untergangs der Welt lebten, hatten sich innerlich längst von aller profanen Geschichte getrennt. [...]

Aufgrund der Überlieferungslage wurde Paulus der bekannteste, sicher auch der wichtigste Missionar des frühen Christentums, [...] zur Symbolfigur der Mission überhaupt. Doch er war keineswegs der einzige jener frühen Glaubensboten, die zur schnellen Verbreitung des Christentums beitrugen. Paulus profitierte dabei nicht nur von seinem römischen Bürgerrecht, sondern in allen geistigen Auseinandersetzungen vor allem auch von seiner Ausbildung und Schulung unter den Pharisäern Jerusalems. Er profitierte aber auch von seinem handwerklichen Können als Zeltmacher, denn anders als so viele Scharlatane, Wanderprediger und Wundermänner der Epoche lebte er von seiner Arbeit, war stolz darauf, den Gemeinden nicht zur Last zu fallen, und gewann so ein hohes Maß an Glaubwürdigkeit. [...]

In Rom selbst kam es zwar schon unter Claudius zu Unruhen, die wohl durch die Missionstätigkeit von Judenchristen im Rahmen der Synagogen ausgelöst worden waren. Doch wie Sueton berichtet, ließ dieser *princeps* „die Juden, die auf Anstachelung eines Chrestus beständig Unruhe verbreiteten, aus Rom austreiben" (Claudius 25,4). Schwerer traf die stadtrömische Christengemeinde dann Neros Kriminalisierung und Verfolgung im Jahre 64 n. Chr. Die Einzelheiten der Martyrien des Paulus und Petrus in Rom sind strittig; der 1. Clemensbrief vom Ende des 1. Jahrhunderts n. Chr. zeigt indessen deutlich, wie tief einerseits die Verehrung der Apostel in Rom war, und er läßt andererseits schon ahnen, daß die römische Gemeinde bereits einen besonderen Rang beanspruchte. Die Siegesmale der Apostel begründeten ihre spezifische Autorität, die sich freilich erst geraume Zeit später durchsetzen sollte. [...]

Parallel zur Ausweitung der Radien christlicher Mission veränderte sich allmählich auch die soziale Zusammensetzung der christlichen Gemeinden. Zweifellos dominierten in Jesu Anhängerschaft in Palästina zunächst Angehörige der Unterschichten: Kleinbauern, Fischer, Handwerker, Tagelöhner. Und noch Paulus schreibt der Christengemeinde in Korinth: „Sehet an, liebe Brüder, eure Berufung: nicht viel Weise nach dem Fleisch, nicht viel Gewaltige, nicht viel Edle sind berufen. Sondern was töricht ist vor der Welt, das hat Gott erwählt, daß er die Weisen zu Schanden mache; und was schwach ist vor der Welt, das hat Gott erwählt, daß er zu Schanden mache, was stark ist; und das Unedle vor der Welt und das Verachtete hat Gott erwählt, und das da nichts ist, daß er zunichte mache, was etwas ist, auf daß sich vor ihm kein Fleisch rühme“ (1. Kor. 1,26–29).

Wie schon früher erwähnt, wurden die Gegner des Christentums deshalb auch nicht müde, die soziale Inferiorität der Anhänger dieser neuen Religion zu brandmarken, um sie schon von dieser Seite her zu diskreditieren. In den Reihen der frühen Christen bildeten tatsächlich Frauen und Männer aus den Unterschichten, von Anfang an auch Sklaven und Freigelassene, das eigentliche Fundament der Gemeinden. Doch bald wurden auch Händler und andere Angehörige der Mittelschichten in größerer Zahl für das Christentum gewonnen, wie im Falle der Purpurhändlerin Lydia in Philippi oft ganze „Häuser“ mit allen Bediensteten. Etwa seit der Mitte des 2. Jahrhunderts n. Chr. gehörten daneben Vertreter des griechischen und lateinischen Bildungsbürgertums dem Christentum an, während sich Angehörige aus den imperialen Oberschichten in vorkonstantinischer Zeit nur selten dazu bekannten.

Die Urgemeinde lebte in der Erwartung des jüngsten Tages, und sie lebte ausschließlich in ihrem Glauben. Erst in der zweiten Phase ihrer Geschichte, in der Phase des Einrichtens auf dieser Welt, gewannen Probleme kirchlicher Organisation eine relative, doch stets untergeordnete Bedeutung. Eine einheitliche Gemeindestruktur existierte damals nicht; sie hing in der Regel völlig von den lokalen personalen Voraussetzungen ab. An der Spitze einzelner

Gemeinden stand zunächst häufig ein Ältestenkollegium, die Presbyter, aus denen sich dann später der Bischof, der *episkopos*, heraushob. Die aktive Bewältigung der Seelsorge war dagegen den Diakonen anvertraut, doch konnte anfangs jeder gläubige Christ auch priesterliche Funktionen ausüben. Erst seit dem 2. Jahrhundert n. Chr. verdrängte eine straffere monarchische Leitung jene älteren Strukturen. Das 2. Jahrhundert n. Chr. brachte dann auch erste Ansätze einer Gemeindeordnung sowie Impulse zur Vereinheitlichung des Glaubensbekenntnisses.

Ähnlich wie das Judentum sah sich auch das Christentum lange Zeit mit schwerwiegenden Vorurteilen, Mißverständnissen und Verleumdungen konfrontiert. Noch etwa um 200 n. Chr. konnte Minucius Felix in seinem Dialog „Octavius" dem altgläubigen Gesprächspartner Caecilius die folgenden Meinungen in den Mund legen, die offensichtlich weitverbreiteten Ansichten über das Christentum entsprachen: „Aus der untersten Hefe des Volkes sammeln sich da die Ungebildeten und die leichtgläubigen Weiber, die wegen der Beeinflußbarkeit ihres Geschlechtes ohnedies auf alles hereinfallen; sie bilden eine gemeine Verschwörerbande, die sich in nächtlichen Zusammenkünften, bei Feierlichkeiten mit Fasten und menschenunwürdiger Speise nicht im Kult, sondern im Verbrechen verbrüdert; eine obskure, lichtscheue Gesellschaft, stumm in der Öffentlichkeit, in Winkeln geschwätzig; Tempel verachten sie, als ob es Gräber wären, vor Götterbildern speien sie aus, verlachen die heiligen Opfer; selbst bemitleidenswert, schauen sie – darf man das überhaupt erwähnen? – mitleidig auf unsere Priester herab; selbst halbnackt, verachten sie Ämter und Würden. O diese unfaßliche Dummheit, diese unglaubliche Frechheit! Sie achten gegenwärtige Foltern für nichts, weil sie ungewisse zukünftige fürchten; weil sie Angst haben, nach dem Tode zu sterben, fürchten sie jetzt das Sterben nicht. So sehr täuscht und tröstet sie die trügerische Hoffnung auf eine Auferstehung über jede Furcht hinweg.

Und da das Böse immer besonders üppig gedeiht, wuchert dieses Unwesen Tag um Tag weiter über den ganzen Erdkreis hin, mehren sich die abscheulichen Kultstätten dieser gotteslästerlichen Sekte. Verfemen und ausrotten sollte man diese Bande! An geheimen Zeichen und Merkmalen erkennen sie einander und lieben sich schon, fast ehe sie sich noch kennen. Unterschiedslos vollziehen sie miteinander eine Art Ritual der Lüste; sie nennen einander Brüder und Schwestern, so daß die bei ihnen übliche Unzucht durch den Gebrauch eines so heiligen Wortes sogar zum Inzest wird. So prahlt ihr sinn- und gehaltloser Aberglaube noch mit seinen Verbrechen" (M. Minucius Felix, „*Octavius*" 8,4–9,2 – Übersetzung von B. Kytzler).

Angesichts der engen Verflechtung römischer Religion und Politik gab es freilich noch einen anderen Trumpf, der von altgläubiger Seite gegen das Christentum ausgespielt wurde. Die Götter des römischen Pantheons hatten ihre überlegene Macht nicht zuletzt dadurch erwiesen, daß sie den Römern die Herrschaft über so viele fremde Völker verliehen hatten. Dieses Erfolgskriterium benützte im 2. Jahrhundert n. Chr. der Platoniker Celsus in seiner durch Origines bekannten Polemik gegen die Christen: „Ihr werdet doch nicht erwarten, daß die Römer eurem Glauben zulieb ihre religiöse und politische Tradition aufgeben und euren Gott, den Allerhöchsten oder wie ihr ihn nennt, anflehen, er möge vom Himmel herabsteigen und für sie kämpfen, so daß sie keiner anderen Hilfe bedürfen. Denn derselbe Gott hat, wie ihr ja selbst sagt, früher seinen Gläubigen dasselbe und noch Größeres versprochen. Nun aber seht ihr, welchen Dienst er den Juden wie auch euch erwiesen hat: die Juden haben statt des erwarteten Weltreiches nicht einmal eine Erdscholle und einen Herd zu eigen; und von euch treiben sich wohl noch einige herum, aber man wird sie fassen und zu Tode führen" (Origines, „*Contra Celsum*" 8,69 – Übersetzung von J. Vogt). [...]

Trotz der Hinrichtung Jesu Christi durch die Römer und

trotz der Martyrien war das Verhältnis des frühen Christentums zum Römischen Reich sehr viel uneinheitlicher als jenes des Judentums. Schroff standen sich in der vorkonstantinischen Zeit positive und negative Grundeinstellungen gegenüber. Dabei ist es falsch oder zumindest bedenklich, aus einzelnen Sätzen des Neuen Testamentes oder anderer frühchristlicher Quellen auf eine einheitliche und grundsätzliche Linie zu schließen. Dies gilt auch für die berühmte Formulierung des Paulus in Römer 13,1: „Jedermann sei untertan der Obrigkeit, die Gewalt über ihn hat. Denn es ist keine Obrigkeit ohne von Gott; wo aber Obrigkeit ist, die ist von Gott verordnet."

Zumeist wurde das Imperium hingenommen, bald auch dessen providentielle Funktion für die Ausbreitung des Christentums anerkannt: „In Jesu Tagen ging die Gerechtigkeit auf und die Fülle des Friedens; sie begann mit seiner Geburt. Gott bereitete die Völker auf seine Lehre vor und machte, daß der heidnische Kaiser die ganze Welt beherrschte; es sollte nicht mehrere Reiche geben, sonst wären ja die Völker einander fremd geblieben, und der Vollzug des Auftrages Jesu: Gehet hin und lehret alle Völker, den er den Aposteln gab, wäre schwieriger geworden" (Origines, *„Contra Celsum"* II,30. Übersetzung von A. von Harnack).

Heribert Busse

Muḥammads Gottesstaat

Durch Muḥammads Kriege war der Kampf mit dem Schwert in der Hand als ein wichtiges Element in den Islam eingeführt worden. Er hatte, anders als das Christentum, von Anfang an eine militante Komponente und steht mit diesem Zug in Nachbarschaft zum alttestamentlichen Judentum. Später konnte man sich bei der gesetzlichen Regelung der Kriegführung, vergleichbar mit den von Augustinus aufgestellten Regeln für das *bellum iustum*, auf koranische Vorschriften und Präzedenzfälle aus der Zeit Muḥammads berufen. Von Muḥammad selbst wurden auch durch Friedensverträge mit den christlichen Gemeinden von Nadschran im Süden und Dūmat al-Dschandal im Norden sowie mit den (verbliebenen) Juden von Medina und Chaibar die Grundlagen für das islamische Völkerrecht geschaffen. Während mit Juden und Christen, später auch Zoroastriern, als den Bekennern einer dem Islam nahestehenden Offenbarungsreligion, verhandelt werden konnte, war der Kampf gegen das Heidentum ohne Einschränkung geboten, denn dazu war Muḥammad in erster Linie angetreten.

Vom Propheten gewollt und durch die Zeitumstände bedingt, ist die Gemeinde in Medina zur Keimzelle des islamischen Staates geworden. Das gesamte politische Leben dieses Staates, auch das bürgerliche Leben der Muslime, steht unter Gesetzen, die nicht von Menschen gemacht, sondern von Gott erlassen sind. Alles Überkommene wird an diesen Gesetzen gemessen und ausgemerzt, wenn es ihnen widerspricht. Im Gegensatz zur christlichen Kirche, die außerhalb des Staates entstanden und erst sekundär in den Staat hineingewachsen ist, wobei die Eigenständigkeit jeder einzelnen der beiden Institutionen nie aus dem Bewußtsein verschwand, hat der Islam um den religiösen Kern einen Staat aufgebaut, der im Prinzip mit der religiösen Gemeinde und ihren Institutionen identisch ist. Einen Dualismus von Staat und Kirche gibt es im Islam nicht. Auch wenn es heute in der islamischen Welt Theoretiker gibt, die Muḥammads Absicht, einen Staat im modernen Sinne des Wortes zu gründen, in Frage stellen und einen Dualismus von Staat und Islam nach westlichem Vorbild postulieren, wird man dem historischen Befund besser gerecht, wenn man die islamische Gemeinde von Medina als ein Gebilde versteht, in dem Kirche und Staat [...] zu einer unauflösbaren Einheit verschmolzen waren.

Horst Fuhrmann

Der wahre Kaiser ist der Papst

Wenn wir der Herausbildung des Satzes vom Papst als dem wahren Kaiser nachgehen wollen, so ist in der christlich-römischen Kaiserzeit zu beginnen. Damals war das religiöse Bekenntnis zugleich Ausdruck der Staatsgesinnung. Ketzer konnten als Hochverräter gelten und wurden verfolgt, wie etwa die Priscillianisten, die Nestorianer oder die Monophysiten im 4. und 5. Jahrhundert. Auf Befehl des Kaisers und unter seinem Vorsitz waren Bischöfe zu Konzilien zusammengekommen, unter seinem Kommissar fanden Sitzungen statt, und der Kaiser war es auch, der als Gesetzgeber die Beschlüsse verkündete.

Es war keine Frage, wer die irdische Gewalt innehatte, die anscheinend zu dem Zweck eingesetzt worden war, religiöses und staatliches Bekenntnis zusammenfallen zu lassen. Der antike Kaiser übte seine weltliche Macht in eigener Kompetenz aus, ohne daß sie ihm von geistlicher Seite verliehen wurde. Nichts anderes besagte der berühmte Brief, den Papst Gelasius I. (492–496) an den oströmischen Kaiser Anastasius (491–518) im Jahre 494 schickte und in dem das Verhältnis der geistlichen zur weltlichen Macht umschrieben ist: ein später häufig angerufenes Zeugnis der Gewalteilung. Man hat bei dem Ton des päpstlichen Schreibens zu bedenken, daß sich die römische Kirche während jener Jahre in einem Schisma mit der Ostkirche befand. In Ostrom hatte der Kaiser wesentlichen Anteil an der Formulierung und Verkündung des Dogmas, so daß der Papst guten Grund hatte, auf die kirchliche Glaubensverantwortung hinzuweisen, und er konnte das um so unbeschwerter tun, als er dem unmittelbaren Zugriff oströmischer Militärmacht so gut wie entzogen war. Die damalige Situation ließ eine Zuspitzung in der Umschreibung beider Gewalten zugunsten der kirchlichen zu, und erst spätere Jahrhunderte sahen in diesen Sätzen eine auf normalen Beziehungen beruhende, gültige Definition.

„Zwei Dinge sind es“, so schrieb Gelasius, ein im römischen Kirchen- und Kanzleidienst erfahrener Papst, „durch die grundsätzlich die Welt hier regiert wird: die geheiligte Autorität der Bischöfe und die königliche Gewalt. Bei den Bischöfen liegt um so größeres Gewicht, als sie selbst für die Könige der Menschen vor dem göttlichen Richter Rechenschaft ablegen müssen. Du weißt, daß du doch, auch wenn du an Würde das Menschengeschlecht überragst, vor den Vorstehern der Religion demütig den Nacken beugst und von ihnen die Mittel für dein ewiges Heil erwartest; und es ist dir bekannt, daß du bezüglich des Empfanges und der Verwaltung der himmlischen Geheimnisse dich den Bestimmungen der Religion demütig zu unterwerfen hast, nicht aber bestimmen darfst.“

Es ist deutlich, daß der Papst in keiner Weise irgendeine weltliche Gewalt für sich beansprucht: die besondere Qualität seiner Macht ist die Fürsorge für das Seelenheil. Wer von der Neuzeit und vom Hochmittelalter herkommt, wird diesem Brief mit seiner Zweigewaltentheorie sowohl besonderen Einfluß wie eine signalartige Wichtigkeit zusprechen. Das Frühmittelalter dagegen hat ihm eine solche Beachtung nicht zukommen lassen, auch wenn er hin und wieder zitiert wird. [...]

Nach Gelasius I. hat in den nächsten Jahrhunderten kein römischer Bischof mehr gewagt, den oströmischen Kaiser auf ähnliche Weise in seine irdischen Schranken zu verweisen. Mehrere Päpste haben im Gegenteil als Märtyrer am eigenen Leibe zu spüren bekommen, daß auch „die Verwaltung himmlischer Geheimnisse“, wie es Gelasius formuliert hatte, vom Kaiser in Ostrom wahrgenommen wurde und dogmatischer Widerspruch Gefahr für Leib und Leben heraufbeschwor. Papst Vigilius (537–555) wurde durch Haft und Drangsalierung zu einem Glaubensbekenntnis gezwungen, das ihm und der römischen Kirche widerstrebte und später als Schandmal galt. Honorius I. (625–638) tappte in eine ihm vom Patriarchen in Konstantinopel gestellte häretische Falle, so daß später jeder neue Papst in seinem Glaubensbekenntnis Honorius als Ketzer verurteilen mußte. Martin I. (649–653) starb, als Hochverräter zum Tode verurteilt, aber begnadigt, im Exil auf der Krim. Der Kaiser beanspruchte irdische Gewalt und die „Verwaltung himmlischer Geheimnisse". Der wahre Papst ist der Kaiser, könnte man fast sagen, aber selbstverständlich hat der oströmische Kaiser nicht die „Verwaltung" der Sakraments- und Gnadenmittel beansprucht. [...] Über fünfhundert Jahre später heißt es, „daß allein (der Papst) die kaiserlichen Herrschaftszeichen benutzen könne" (Quod solus [das heißt der Papst] possit uti imperialibus insigniis). Der Text, in welchem dieser Satz steht, der sogenannte Dictatus Papae Gregors VII. (1073–1085), gehört zu den bedeutendsten Zeugnissen päpstlichen Selbstverständnisses. Allerdings ist sein Charakter, die Ernsthaftigkeit seiner Aussagen, schwer bestimmbar. Man hat die siebenundzwanzig im Kanzleiregister Gregors VII. zwischen dem 3. und 4. März 1075 eingetragenen Sätze für den „Index", das heißt das Inhaltsverzeichnis, einer von ihm gewünschten Kirchenrechtssammlung gehalten. Aber diese Einschätzung bereitet schwer überwindbare Schwierigkeiten, denn wir kennen sonst kein Beispiel eines ohne das eigentliche Werk selbständig überlieferten Inhaltsverzeichnisses, und manche Sentenzen des Dictatus stehen in so starkem Widerspruch zum bisherigen Kirchenrecht, daß sich die jeweiligen Sätze, die es anzuzeigen gilt – und das ist doch Ziel eines Inhaltsverzeichnisses –, kaum auffinden lassen. Der beste Kenner der Briefe Gregors VII. und kritische Herausgeber des Dictatus Papae, Erich Caspar, sprach neutral von „Leitsätzen", und darin ist man sich einig: daß in diesem persönlichen, fast intimen Zeugnis, das wahrscheinlich nicht für eine weite Verbreitung bestimmt war, Ziele und Vorstellungen Papst Gregors VII. in besonders zugespitzter Form zutage treten.

Alle siebenundzwanzig Sätze des Dictatus Papae beginnen als Behauptungssätze mit einem „Quod“ (Daß...). Aber Art und Grad der Behauptungen sind unterschiedlich. Manche sind als Tatsachen hingestellt, zum Beispiel daß ein kanonisch ordinierter Papst „unzweifelhaft“ heilig wird. Andere gelten als Möglichkeit: Abwesende „kann“ der Papst absetzen. Zu den „Kann“-Sätzen zählt auch die Nummer 8 des Dictatus: daß „allein“ der Papst kaiserliche Hoheitszeichen tragen darf (Quod solus possit uti imperialibus insigniis).

Über die Quelle dieses Anspruchs gibt es keinen Zweifel. Es ist die Konstantinische Schenkung, jenes ausufernde Privileg, mit dem Kaiser Konstantin der Große (gest. 337) um das Jahr 330, als er seine Residenz von Rom nach Byzanz verlegte, verschiedene zeremonielle, aber auch territoriale und hoheitliche Rechte an Papst Silvester I. (314–335) übertragen haben soll. Trotz ungeheuren Forschungsaufwands liegen Zeit und Veranlassung dieser wohl berühmtesten mittelalterlichen Fälschung teilweise noch im dunkeln. Den meisten Zuspruch findet die Annahme, daß sie in der zweiten Hälfte des 8. Jahrhunderts von römischen Geistlichen fabriziert worden ist.

Das Constitutum Constantini, wie das Dokument in den Quellen meist genannt wird, besteht aus zwei recht verschiedenen Teilen. Ein erster Abschnitt lehnt sich streckenweise eng an die Silvesterlegende an und berichtet von der Krankheit, der Taufe und der Heilung Konstantins. Dem zweiten, weitgehend vorlagenlos formulierten Abschnitt, wurde später die Überschrift „Donatio Constantini“ gegeben und diese Bezeichnung häufig für das ganze Dokument verwendet. In diesem Schenkungsteil gibt sich Kaiser Konstantin aus Dank für seine Gesundung ungemein großzügig. Er schenkt den Lateranpalast und überträgt, indem er sich nach dem nach ihm benannten Konstantinopel zurückzieht, Papst Silvester und dessen Nachfolger Rom, Italien und die westlichen Provinzen. In einem eigenen Abschnitt tritt er dem Papst auch kaiserliche Herrschaftszeichen ab: unter anderem das Phrygium oder Camelauc(i)um, die kaiserliche Herrschaftsmütze (eine spitze weiße Haube); das lorum, die Kaiserbinde; den Purpurmantel, die Purpurtunica; und, wie es am Ende des Abschnitts heißt, „das ganze Gepränge kaiserlicher Hoheit und den Glanz unserer irdischen Macht“.

11. EROBERN UND MISSIONIEREN

Johannes Mehlig
Die Ausbreitung des Buddhismus

Für die Ausbreitung des Buddhismus bedurfte es aber nicht nur der Unterstützung eines breiten Laientums, sondern auch einer Reihe von günstigen äußeren Umständen, die in den politischen Gegebenheiten begründet waren.

Eine entscheidende Förderung erfuhr die buddhistische Lehre durch einen der bedeutendsten Herrscher Indiens, durch den Kaiser Aśoka (274–236 v. u. Z.). Der indischen Überlieferung gemäß zeichnete sich Aśoka zu Beginn seiner Regierungszeit durch eine grausame Buddhisten-Verfolgung aus. Erst nach einem furchtbar blutigen Krieg, der seine Macht über nahezu den ganzen Subkontinent herbeiführte, bekannte er sich zum Buddhismus und war als toleranter Herrscher gegenüber anderen Glaubensrichtungen auf die Missionierung der Lehre des Gotama bedacht. [...] Er ließ den Buddhismus in ganz Indien, einschließlich Kaschmir und Gandhāra, und in Śrī-Laṅkā verkünden. Aśoka schickte sogar Missionare an die Höfe der griechischen Fürsten, zu Antiochos II. von Syrien, zu Ptolemaios Philadelphos und Antigonos Gonatas von Mazedonien. In späteren Zeiten wurde der Buddhismus durch den Skythen-Herrscher Kaniṣka (78–103?), der über Nordindien regierte, begünstigt. Im 7. Jahrhundert fand der Buddhismus eine kräftige Förderung durch Harṣavardhana (606–647) und in den folgenden Jahrhunderten durch die über Bengalen herrschende Pāla-Dynastie (750–1150). Darüber hinaus herrschten auf dem Subkontinent zu verschiedenen Zeiten eine ganze Reihe anderer buddhistischer Dynastien. Außerhalb der Grenzen Indiens nahmen zahlreiche chinesische Kaiser und Kaiserinnen, mongolische Khans und japanische Staatsmänner, von denen Shotoku Taishi genannt sei, die Lehre des Buddha an und förderten ihre Verbreitung.

Bei zahlreichen der buddhistischen Herrscher, vor allem auch bei Aśoka, stellt sich die Frage, inwieweit sie gläubige, von der Richtigkeit der Heilslehre überzeugte Buddhisten waren oder aber aus reinem Machtopportunismus heraus sich der Botschaft des Gotama bedienten. Schließen sich doch die Prinzipien der Armut, der Demut und der Gewaltlosigkeit und das Prinzip der Macht gegenseitig aus. Eine Antwort hierauf zu geben wird nur von Fall zu Fall möglich, wenn nicht gar völlig unmöglich sein. So bleiben die Gründe für die Anziehungskraft des Buddhismus auf die Verwalter der Macht einer hypothetischen Beantwortung vorbehalten, die hier zu geben versucht wird:

Durch die Verkündigung, daß die diesseitige Welt nichtig und keiner Beachtung würdig ist, liefern deren Anhänger die Welt gerade denen aus, die sich ihrer bemächtigen wollen. Die Herrscher können zudem darauf setzen, in ihrer Machtausübung keiner Kritik ausgesetzt zu sein. Denn für den Buddhisten gibt es ja kein wahres Glück in der unverbesserlichen Welt. Die Unterdrückungsmechanismen eines Staates sind vielmehr unausbleibliche Begleiterscheinungen des leidvollen Lebens und Lohn für begangene Sünden in vorausgegangenen Existenzen. Weiterhin schließt der Verzicht auf Besitz, der eine entscheidende Triebfeder für das Streben nach Macht ist, eine unübersehbare Vielzahl von heimlichen Nebenbuhlern aus.

Man würde gewiß zahlreichen buddhistischen Herrschern Unrecht tun, ihrem Bekenntnis zum Dhamma allein einen kalt berechnenden Opportunismus zu unterstellen. Im übrigen lassen sich die psychologisch motivierten Verhaltensweisen bei keinem Herrscher urkundlich nachweisen. Daß sie dennoch eine wichtige Rolle gespielt haben dürften, bleibt zwar hypothetisch, ist aber sehr wahrscheinlich.

Albrecht Noth
Die arabisch-islamische Expansion

Als charakteristisch für die arabisch-islamische Expansion sind immer wieder ihre ungewöhnliche Schnelligkeit ebenso wie ihre anscheinend unaufhaltsame Stetigkeit hervorgehoben worden. Schon ein kurzer Blick auf die – übrigens nicht immer ganz sichere – Chronologie der wichtigsten Resultate muslimischer Eroberungstätigkeit ist allerdings beeindrukkend: Ausgehend von ersten muslimischen Einfällen ins persisch-sassanidische Südmesopotamien und ins byzantinisch kontrollierte Südpalästina in den Jahren 633/34 wird bereits 635 Damaskus eingenommen; bald danach – möglicherweise in ein und demselben Jahr (636) – schlagen muslimische Formationen massive byzantinische und persisch-sassanidische Aufgebote vernichtend und entscheidend, erstere am Jordan-Nebenfluß Yarmūk, letztere bei Qādisiyya (westl. von Nadschaf/Irak); der Sieg bei Qādisiyya führte letztlich zur baldigen Einnahme der sassanidischen Hauptstadt Ktesiphon/arab.: al-Madā'in, mit dem Erfolg am Yarmūk wird Syrien/Palästina de facto muslimisch, die Eroberung der Hafenstadt Caesarea/Qayṣariyya (zw. Haifa und Jaffa) 640 nimmt den Byzantinern den letzten Außenposten in ihrer ehemaligen Provinz; in den Jahren 639–642 unterwerfen sich die Muslime Ägypten, ein späterer (645/46) Versuch der Byzantiner, Alexandrien zurückzugewinnen, scheitert letztlich; fast gleichzeitig mit der Eroberung Ägyptens, etwa in den Jahren 640–642, kommt nahezu ganz Persien unter muslimische Kontrolle. Entscheidend dürfte die Niederlage eines sassanidischen Heeres bei Nihāwand (im Zagros, südl. von Hamadān) gewesen sein (wohl 642); dem folgen in den vierziger und fünfziger Jahren die Eroberungen von Südost-Iran und Nord-/Ost-Iran (im wesentlichen das Gebiet von Chorasan); von Ägypten aus führen, um 650 beginnend, fortlaufende Unternehmungen zur allmählichen Islamisierung Nordafrikas, wichtiger Standort wird das um 670 gegründete Kairuan/al-Qayrawān (heute Tunesien), die letzten Byzantiner verlassen um 700 Nordafrika (Karthago); in der zweiten Hälfte der vierziger Jahre werden die Muslime – mit der entscheidenden Hilfe „abtrünniger" byzantinischer Experten – auch zur See aktiv, 649 können sie Zypern erobern, 655 vor der kleinasiatischen Küste eine byzantinische Flotte vernichten, 652 und 667 Angriffe auf Sizilien unternehmen; 672 sah sich Konstantinopel selbst zum ersten Mal einer muslimischen Belagerung gegenüber; bereits 652 war auch Armenien erobert worden, im gleichen Jahr hatten Vorstöße von Ägypten aus nach Nubien zu einer Art muslimischer Kontrolle auch über dieses Gebiet geführt; das Jahr 711 markiert den Beginn der weitesten muslimischen Vorstöße in die – von Medina aus gesehen – Himmelsrichtungen (Süd-)Ost und (Nord-)West: In diesem Jahr erscheinen muslimische Truppen einerseits zum ersten Mal auf dem indischen Subkontinent (im Sind/Südindus-Gebiet), während ein Jahr später von Chorasan aus die für die weitere islamische Geschichte so bedeutsame Eroberung Transoxaniens einsetzt; andererseits setzen die Muslime 711 von Nordafrika (Tanger) aus nach Spanien über und schlagen den letzten Gotenkönig (Roderich) entscheidend; in den folgenden zwei bis drei Jahrzehnten gelang es dann bekanntlich, nahezu die gesamte Iberische Halbinsel und (zeitweilig) größere Teile Südfrankreichs unter muslimische Kontrolle zu bringen, das christliche Abendland beginnt eine „Sarazenen"-Gefahr zu spüren; hundert Jahre nach dem Tode des Propheten muß (732) ein – wohl eher „Razzia"-artiger – Vorstoß der „Sarazenen" in

Richtung Loire von Karl Martell in der Gegend zwischen Tours und Poitiers aufgehalten werden: Der nicht mehr genau zu lokalisierende Platz des Treffens verbindet sich in der abendländischen Geschichtsbetrachtung mit der endgültigen Bannung einer großen Gefahr, in der islamischen Geschichtsüberlieferung nennt er sich „(Befestigte) Straße der (Krieger-)Märtyrer *(balāṭ aš-šuhadā')*"; von muslimischer Seite aus gesehen sehr viel schwerwiegender und ernüchternder war allerdings die, trotz großen Aufwandes erfolglose, zweite und für sehr lange Zeit letzte Belagerung von Byzanz in den Jahren 715–718 gewesen. Ganz allgemein läßt sich zur Mitte des 8. Jahrhunderts hin ein Abflauen muslimischer Eroberungs-Aktivität verzeichnen; die Befestigung und – nicht immer erfolgreiche – Verteidigung der erreichten Grenzen tritt zunehmend in den Vordergrund.

Es ist verständlich, daß man sich immer wieder um Erklärungsmodelle für diese frappierend schnellen und weiträumigen Eroberungs-Erfolge der Muslime im ersten islamischen Jahrhundert bemüht hat. Diese Suche nach den Ursachen hat m. E. bisher vor allem zweierlei ergeben: Zum einen sind alle Deutungsversuche wenig überzeugend, die die Rolle des Islam als neue Lebens- und (in weitestem Sinne) politische Ordnungsform dabei minimieren oder als Faktor gar ausklammern wollen, zum anderen wird man sich von eher monokausalen Erklärungen weg auf die Annahme und in vielem noch zu leistende Erforschung einer – alles andere als unkomplizierten – Polykausalität hin zu bewegen haben. […]

Die Abmachungen zwischen den muslimischen Eroberern, welch letztere man sich – zumindest in den ersten Jahrzehnten – nicht so sehr als geordnete Heere, sondern eher als eine Vielzahl von recht selbständig agierenden tribalen Einheiten vorzustellen hat, und Stammesgruppierungen in den Grenzregionen mit dem Ziel gemeinsamer Unternehmungen, ohne daß von den Muslimen das (sofortige) Bekenntnis der Kooperationswilligen zum Islam eingefordert wurde, lassen bereits in den Anfängen eine Verhaltensweise der Eroberer erkennen, die außerordentlich weitreichende Konsequenzen haben sollte: ihre Bereitschaft (und Fähigkeit) zum Kompromiß und Arrangement. Eine muslimische Ökumene – so läßt sich hier schon generalisierend feststellen – ist wesentlich durch Vereinbarungen und Verträge zustandegekommen und nicht durch eine praktizierte Missionskriegs-Mentalität. Den Muslimen ist anscheinend sehr schnell deutlich geworden, daß die autochthone Bevölkerung in den Regionen ihrer ersten Vorstöße zu großen Teilen wenig Grund und Neigung zur Loyalität gegenüber den Repräsentanten der jeweiligen politischen Ordnungen hatte, in die sie eingebunden war, daher auch keine großen Anstrengungen unternahm, diese ernsthaft zu verteidigen. Der Grund hierfür ist vor allem in bereits seit langer Zeit schwelenden und zum Teil erbittert ausgetragenen Religionskonflikten zwischen Provinzbevölkerung und herrschender Staatsgewalt zu suchen; dies gilt vornehmlich für die byzantinischen Gebiete, trifft aber zum Teil auch auf das sassanidische Iran zu. Die Christen in Syrien/Palästina und Ägypten (Kopten) gehörten überwiegend monophysitischen Glaubensrichtungen des Christentums an, waren damit im Sinne der „orthodoxen" (chalkedonischen) byzantinischen Staatskirche Häretiker und seit langem erheblichen Pressionen ausgesetzt; im westlichen Iran gab es große Gruppen von (nestorianischen) Christen und von Anhängern anderer Religionsgemeinschaften, die mit dem staatstragenden Zoroastrismus nicht in Einklang standen. Eine politische Neuorientierung, möglicherweise ein Wechsel in der Herrschaft, konnten daher großen Teilen der autochthonen Provinzbevölkerung in Syrien/Palästina und im Irak durchaus als attraktiv erscheinen, falls sie sich unter Voraussetzungen vollzogen, die eine Verbesserung ihrer Lebensumstände versprachen.

In dieser Situation war es nun von höchster Bedeutung, daß die allmählich vordringenden Muslime von der eingesessenen Bevölkerung in den Provinzen der Großreiche durchweg Unterwerfung, nicht aber Konversion zum Islam verlangten; zwar erging muslimischerseits in der Regel eine Aufforderung zur Islam-Annahme (*daʿwa*), aber die Konsequenzen einer Ablehnung waren nun eben nicht muslimische Versuche, einen Religionswechsel mit kriegerischen Mitteln zu erzwingen. Man hatte es nämlich während der *futūh* vornehmlich mit „Schriftbesitzern" im oben beschriebenen Sinne zu tun. Mit „Schriftbesitzer"-Gruppen auf der Arabischen Halbinsel hatte sich bereits der Prophet verschiedentlich vertraglich geeinigt, und in Sure 9,29 war offenbart worden, daß diese zu bekämpfen seien, *bis* sie eine Abgabe (*ǧizya*) entrichten; und diese war in Art und Höhe nicht festgelegt, somit gab es weiten Verhandlungsspielraum.

Steven Runciman

Papst Urban ruft zum Kreuzzug auf

Das Konzil zu Clermont tagte vom 18. bis 28. November 1095. Einige dreihundert Kirchenmänner waren erschienen, und ihre Arbeit umfaßte ein weites Gebiet. Was allgemeine Fragen betraf, so wurden die Erlässe gegen die Laieninvestitur, die Simonie und die Eheschließung der Geistlichen wiederholt und der Waffenstillstand Gottes neuerlich befürwortet. Im einzelnen wurden König Philipp wegen Ehebruchs und der Bischof von Cambrai wegen Simonie in den Bann getan und das Primat des Bischofssitzes von Lyon über die Bistümer Sens und Reims festgestellt. Der Papst jedoch wollte die Gelegenheit zu bedeutsamerem Vorhaben nützen. Es wurde bekanntgegeben, daß er am Dienstag, dem 27. November, eine öffentliche Sitzung abhalten und auf ihr eine hochwichtige Ankündigung machen werde. Die geistliche und weltliche Menge, welche sich einfand, war zu riesig, um in der Kathedrale, wo das Konzil bisher getagt hatte, Platz finden zu können. Also wurde der päpstliche Thronsessel auf einem Podium auf freiem Feld vor dem Osttor der Stadt aufgestellt; und hier erhob sich Urban inmitten der versammelten Massen, um zu ihnen zu sprechen.

Vier zeitgenössische Chronisten haben uns die Worte des Papstes überliefert. Einer von ihnen, Robert der Mönch, behauptet, bei der Versammlung zugegen gewesen zu sein. Baudri von Dol und Fulcher von Chartres schreiben, als wären sie anwesend gewesen. Der vierte, Guibert von Nogent, erhielt seine Darstellung vermutlich aus zweiter Hand. Keiner von ihnen nimmt jedoch eine wortwörtliche Wiedergabe für sich in Anspruch; alle schrieben ihre Chroniken erst einige Jahre später nieder und färbten ihre Schilderung im Licht der nachfolgenden Ereignisse. Wir wissen daher nur in großen Zügen, was Urban tatsächlich sagte. Er begann seine Rede offenbar damit, daß er seinen Hörern von der Notwendigkeit sprach, ihren Brüdern im Osten zu Hilfe zu kommen. Die Christenheit des Ostens hatte um Beistand gerufen; denn die Türken drangen ins Herz der christlichen Länder ein, mißhandelten ihre Bewohner und entweihten ihre heiligen Stätten. Aber Urban sprach nicht nur von Romania, will sagen Byzanz. Er betonte nachdrücklich die besondere Heiligkeit Jerusalems und schilderte die Leiden der Pilger, die dorthin reisten. Nachdem er solcherart ein düsteres Bild gemalt, erließ er einen großen Aufruf. Die Christenheit des Westens möge aufbrechen, um den Osten zu erretten. Reich und arm solle sich gleicherweise auf den Weg machen. Sie sollten davon ablassen, einander zu erschlagen, und statt dessen einen gerechten Krieg führen; damit täten sie Gottes Werk; und Gott werde sie anführen. Jenen, die in der Schlacht ihr Leben ließen, werde Absolution und Vergebung ihrer Sünden gewährt. Das Leben hierzulande sei wahrhaft elendiglich und voller Schlechtigkeit; die Menschen plagten und rackerten sich, um sich an Leib und Seele zugrunde zu richten; dort hingegen harre ihrer als der wahren Freunde Gottes ein freudvolles und gedeihliches Leben. Es dürfe kein Zögern und Zaudern geben. Jedermann solle sich bereit machen, mit dem Anbruch des Sommers auszuziehen; und Gott werde sie führen und geleiten. [...]

Die Begeisterung war größer, als Urban erwartet hatte. Er hatte im einzelnen noch keine Vorkehrungen getroffen, um sie in die rechten Bahnen zu leiten. Kein großer weltlicher Herr war in Clermont zugegen gewesen. Die Rekruten waren allesamt bescheidenen Standes. Es würde nötig sein, sich festerer weltlicher Unterstützung zu versichern. Inzwischen versammelte Urban seine Bischöfe neuerlich zu weiterer Beratung. Vermutlich hatte das Konzil bereits einen allgemeinen Erlaß gebilligt, welcher allen jenen, die mit frommem Vorsatz am Heiligen Krieg teilnahmen, Nachlaß ihrer weltlichen Strafen für ihre Sünden verhieß. Nunmehr wurde die Bestimmung hinzugefügt, daß die irdischen Besitztümer aller Teilnehmer während ihrer Abwesenheit im Krieg dem Schutz der Kirche unterstellt seien. Die örtlichen Bischöfe sollten für ihren sicheren Gewahrsam haften und sie dem heimkehrenden Krieger unversehrt zurückgeben. Jegliches Mitglied der Expedition sollte als Sinnbild seiner Weihe das Zeichen des Kreuzes tragen; ein Kreuz aus rotem Zeug war auf die Schulter des Überrocks aufzunähen. Jeder, der das Kreuz nahm, hatte einen Eid zu schwören, daß er nach Jerusalem ziehen werde. Kehrte er vorzeitig zurück oder zog er gar überhaupt nicht aus, so traf ihn der Kirchenbann. Geistliche und Mönche durften das Kreuz nur mit Erlaubnis ihres Bischofs oder Abtes nehmen. Alte und Gebrechliche waren davon abzuhalten, sich dem Zug anzuschließen; und keiner sollte ausziehen, ohne vorher seinen Seelsorger befragt zu haben. Es galt nicht etwa, lediglich einen Eroberungskrieg zu führen. In allen Städten, die man den Ungläubigen entriß, waren den Kirchen des Ostens ihre sämtlichen Rechte und Besitztümer zurückzugeben. Jedermann sollte sich bereit halten, Heim und Herd zu Mariä

Himmelfahrt, am 15. August des folgenden Jahres, zu verlassen, nachdem die Ernte eingebracht war; und die Heere sollten sich zu Konstantinopel versammeln.

Als nächstes galt es, einen Führer zu ernennen. Urban wünschte keinen Zweifel darüber zu belassen, daß die Expedition eindeutig der Kirche unterstellt sei. Ihr Oberhaupt mußte ein Mann der Kirche und sein Legat sein. Das Konzil beschloß einstimmig die Ernennung des Bischofs von Le Puy. [...]

Im August überquerte der Papst die Alpen und kehrte zurück in die Lombardei. Seine Reise war kein Erholungsurlaub gewesen. Während der ganzen Zeit hatte er unablässig mit Männern der Kirche Beratungen gepflogen, Briefe geschrieben, sich bemüht, seine Neuorganisation der Kirche in Frankreich zu vollenden und vor allen Dingen seine Kreuzzugspläne weiter vorzutreiben. Den Bischöfen des Westens wurden Synodalschreiben mit den zu Clermont gefaßten Beschlüssen zugestellt. In einigen Fällen wurden zu ihrer Entgegennahme Provinzialkonzilien abgehalten, um die an Ort und Stelle erforderlichen Schritte zu beraten. Wahrscheinlich wurden auch die wichtigsten weltlichen Mächte offiziell von den Wünschen des Papstes unterrichtet. [...] Zwei Legaten machten sich mit Briefen an die Republik Genua auf den Weg, um sie um ihre Mitwirkung zu ersuchen. Die Republik erklärte sich bereit, zwölf Galeeren und ein Frachtschiff zur Verfügung zu stellen, zögerte ihre Entsendung jedoch vorsichtig hinaus, bis sich zeigte, ob der Kreuzzug auch eine wirklich ernstzunehmende Bewegung sei. Erst im Juli 1097 stach diese Flotte von Genua aus in See. Inzwischen nahmen zahlreiche Genueser das Kreuz.

Zur Zeit seiner Rückkehr nach Italien war Urban sich des Erfolgs seines Plans bereits sicher. Sein Aufruf wurde mit Eifer befolgt. Aus dem fernen Schottland, dem entlegenen Dänemark und Spanien eilten Männer herbei, um den Eid zu leisten. Manche brachten das Reisegeld auf, indem sie ihre Besitztümer und Ländereien verpfändeten. Andere, die nicht damit rechneten, je zurückzukehren, vermachten alles der Kirche. Eine genügende Anzahl hervorragender Edelleute hatte sich dem Kreuzzug angeschlossen, um ihm kraftvollen militärischen Rückhalt zu verleihen. [...] Als Urban rechtzeitig zu Weihnachten 1096 nach Rom zurückkehrte, konnte er überzeugt sein, daß der Kreuzzug wirklich und tatsächlich in Gang gesetzt war.

In Wahrheit hatte er eine Bewegung ins Leben gerufen, die größer war, als er selbst wußte. Möglicherweise wäre es besser gewesen, wenn eine geringere Zahl großer Herren seinem Ruf gefolgt wäre. Denn obwohl bei ihnen allen, mit Ausnahme Bohemunds, echter religiöser Eifer der vornehmste Beweggrund war, schufen ihre irdischen Ränke und Rivalitäten doch bald Unzuträglichkeiten, die weit über die Kontrolle des päpstlichen Legaten hinausgingen. Noch weit weniger ließ sich jedoch der Widerhall unter dem einfachen Volk überall in ganz Frankreich, Flandern und dem Rheinland im Zaume halten. [...]

Die Bauern des nordwestlichen Europa hatten ein hartes und unsicheres Leben. Während der Invasion der Barbaren und der Raubüberfälle der Wikinger war viel Land unbestellt geblieben. Deiche waren geborsten, und Meer und Flüsse waren in die Felder eingedrungen. Die Feudalherren erlaubten häufig die Rodung der Wälder nicht, in denen sie ihr Wild jagten. Dörfer, welche nicht von der festen Burg eines Grundherrn beschützt waren, standen in Gefahr, von Vogelfreien oder Soldaten, die irgendeinen kleinen Bürgerkrieg ausfochten, geplündert oder niedergebrannt zu werden. [...] In jüngster Zeit waren die Schwierigkeiten besonders groß gewesen. Auf Überschwemmungen und Seuchen im Jahr 1094 waren im Jahr darauf Dürre und Hungersnot gefolgt. Es war ein Augenblick, in dem viel für den Gedanken der Auswanderung sprach. Schon im April 1095 hatte ein Schauer von Meteorsteinen eine große Völkerwanderung verheißen.

Apokalyptische Offenbarungen kamen zu den wirtschaftlichen Beweggründen hinzu. Es war ein Zeitalter der Prophezeiungen und Gesichte. [...] Der mittelalterliche Mensch war überzeugt, daß Christi Wiederkehr unmittelbar bevorstehe. Es galt, Buße zu tun, solange hierzu noch Zeit war; man mußte ausziehen, um gute Werke zu verrichten. Die Kirche lehrte, daß Sünden durch eine Pilgerfahrt abgebüßt werden konnten, und Prophezeiungen erklärten, das Heilige Land müsse erst für den Glauben zurückgewonnen werden, ehe Christus wiederkehren könne. Überdies bestand für unwissende Geister kein klarer und deutlicher Unterschied zwischen Jerusalem und dem Neuen Jerusalem. [...]

Während des ganzen Sommers 1096 floß ein vom Zufall zusammengeführter, aber ununterbrochener Strom von Pilgern ohne Führer oder irgendwelche Organisation gen Osten. Urban hoffte zweifellos, daß diese Pilger [...] wohlbehalten nach Konstantinopel gelangen und dort das Eintreffen seines Legaten und der militärischen Befehlshaber abwarten würden, die sie in die geordneten Reihen des großen christlichen Heeres eingeliedern würden.

Daß Urban darauf bestand, die Expedition müsse sich in Konstantinopel sammeln, zeigt, wie fest er darauf vertraute, daß sie dem Kaiser Alexios willkommen sein werde. Byzanz hatte um Soldaten aus dem Westen ersucht; jetzt folgten sie dem Ruf, nicht als vereinzelte Söldner, sondern in Gestalt ganzer mächtiger Heere. Des Papstes Zuversicht war aufrichtig und ohne Hintergedanken. Keine Regierung hat etwas dagegen, Bundesgenossen zu erhalten. Aber wenn diese Verbündeten große Heere entsenden, über die sie keine Gewalt besitzt, und wenn diese Heere in ihr Gebiet eindringen und erwarten, daß man sie verpflege, unterbringe und für all ihre Notdurft sorge, dann beginnt eine solche Regierung sich zu fragen, ob das Bündnis die Sache wert sei. Als die Nachricht von der Kreuzzugsbewegung in Konstantinopel eintraf, erweckte sie ausgesprochene Unruhe und Besorgnis.

Im Jahr 1096 erfreute sich das byzantinische Kaiserreich

seit einigen Monaten einer seltenen Ruhepause. Der Kaiser hatte kürzlich einen kumanischen Einfall in den Balkan so entscheidend zurückgeschlagen, daß wahrscheinlich fürs erste keiner der Barbarenstämme mehr versuchen würde, über die Grenze zu dringen. In Kleinasien hatten die von der byzantinischen Diplomatie geförderten Bürgerkriege dazu geführt, daß das Seldschuken-Reich allmählich auseinanderzufallen begann. Alexios hoffte, bald zum Angriff auf es übergehen zu können, aber er wollte den Zeitpunkt hierfür selbst bestimmen. Er bedurfte noch einer Atempause, um seine knappen Hilfsmittel in besseren Stand zu setzen. Das Mannschaftenproblem bereitete ihm Sorge. Er verlangte nach Söldnern aus dem Westen und hoffte zweifellos, seine Botschafter in Italien würden mit ihren Truppenwerbungen Erfolg haben. Jetzt jedoch wurde ihm mitgeteilt, daß sich anstatt der einzelnen Ritter oder kleinen Haufen, die er als Verstärkungen seiner eigenen Truppen erwartete, ganze fränkische Heere in Bewegung gesetzt hatten. Er war keineswegs erfreut; denn er wußte aus Erfahrung, daß die Franken ein unzuverlässiges, geldgieriges Volk waren, das sich an keine getroffene Vereinbarung hielt. Sie bewährten sich hervorragend im Angriff; aber unter den gegebenen Verhältnissen war dies ein zweifelhafter Vorteil. Der kaiserliche Hof erfuhr mit einiger Besorgnis – wie die Prinzessin Anna Komnene schreibt –, daß „das ganze Abendland und alle barbarischen Völker von jenseits der Adria bis hinaus zu den Säulen des Herkules sich samt und sonders in Bewegung gesetzt haben und ganze Familien mit sich führen". Nicht nur dem Kaiser, auch seinen Untertanen wurde unbehaglich zumute. Als mahnende Vorzeichen fegten große Schwärme von Heuschrecken über das Kaiserreich hin; sie ließen das Korn auf den Feldern unberührt, fraßen aber dafür die Rebstöcke auf. Volkstümliche Wahrsager, die möglicherweise von den Behörden einen Wink erhalten hatten, keine Panik zu verbreiten, legten dies Vorkommnis dahin aus, daß die Franken den guten Christen, deren Wahrzeichen das Korn war, kein Unbill zufügen würden, daß sie jedoch die Sarazenen, deren ausschweifende Weltlichkeit sich sehr wohl im Rebstock versinnbildlichen ließ, vernichten würden. Die Prinzessin Anna war dieser Deutung gegenüber ein wenig skeptisch; aber die Ähnlichkeit der Franken mit den Heuschrecken war gewiß offensichtlich.

Kaiser Alexios traf gelassen seine Vorbereitungen. Die fränkischen Heere mußten während ihres Durchzugs durchs Reich verpflegt werden; und es galt Vorsichtsmaßnahmen dagegen zu treffen, daß sie das Land verwüsteten und die Bevölkerung ausraubten.

Eleonore von Oertzen
Indianermission in Peru

Die katholische Religion erreichte Peru im unmittelbaren Gefolge der Eroberung. Unter den Begleitern Pizarros befand sich auch der streitbare Dominikanerpater Vicente Valverde, der zu den eifrigsten Befürwortern der Ermordung des Inka Atahualpa gehörte. Die Dominikaner waren der erste Mönchsorden, der sich in Peru der Indianermission widmete, ihnen folgten 1531 die Franziskaner. Bereits 1547 wurde Lima zum Erzbistum erhoben.

Die Vorstellungen darüber, auf welche Weise und unter wessen Verantwortung Indianer zum christlichen Glauben bekehrt werden sollten, gingen zwischen der spanischen Krone, den Eroberern und der Kirchenhierarchie weit auseinander. Die *encomienda*, eine Einrichtung, die den spanischen Siedlern Indianer als Arbeitskräfte zuteilte, um sie bei dieser Gelegenheit mit den Grundlagen des katholischen Glaubens vertraut zu machen, wurde von vielen Ordensleuten scharf kritisiert, denn den meisten *encomenderos* kam es vor allem darauf an, daß die ihnen „anvertrauten" Indianer so viel wie möglich arbeiteten, und Gebete erwiesen sich da eher als störend. Im Jahre 1720 wurde die *encomienda* abgeschafft. Allerdings waren auch Missionare und Ordensleute an der Ausbeutung der indianischen Arbeitskräfte beteiligt, obgleich ihnen wirtschaftliche Tätigkeiten und Handel untersagt waren.

1570 wurde Lima auch zum Sitz eines Inquisitionsgerichts. Dessen Aktivität beschränkte sich allerdings zunächst auf Protestanten und Juden. Zwar war den Angehörigen dieser Religionen die Ausreise in die Neue Welt von der spanischen Krone ausdrücklich verboten, aber viele formal getaufte portugiesische Juden waren nach Amerika gekommen, wo sie von den Inquisitionsbehörden argwöhnisch daraufhin beobachtet wurden, ob sie ihre alten religiösen Traditionen wieder aufnahmen.

Die Zuständigkeit des Inquisitionsgerichts erstreckte sich anfangs nicht auf die Indianer, da man der Meinung war, daß sie im Glauben ohnehin noch nicht genügend gefestigt seien. Die Missionare hatten bald bemerkt, wie hartnäckig die religiösen Traditionen der Einheimischen sich am Leben erhielten, und widmeten sich daher mit aller Kraft der „Ausrottung des Götzendienstes" *(extirpación de idolatrías).* Alle Gegenstände, die an die traditionelle Religion der Indianer erinnerten und von ihnen verehrt wurden, suchten die Mönche und Priester zu zerstören.

Die Götterwelt der andinen Indianer umfaßte eine Vielzahl von übermenschlichen Wesen und hatte sich in einer langen Entwicklung des Zusammenstoßes und des Aneinanderfügens unterschiedlicher religiöser Traditionen herausgebildet. Während des Inka-Reiches genoß die Sonne *(inti)* höchste Verehrung; der Inka galt als ihr Vertreter oder Abkömmling. Für die ländliche Bevölkerung spielte aber die Anbetung der Erde und vieler Naturerscheinungen eine ebenso große Rolle; die Schlange oder das Katzenwesen galten als Teil oder Ausdruck der Erdmutter *(pachamama).* Auch Berggipfel *(apu)* und Seen *(cocha)* galten als beseelt und empfingen Opfer, um sie freundlich zu stimmen. Schließlich gab es eine Reihe von Regeln und Verhaltensweisen, die im Umgang mit dem Reich der Toten zu beobachten waren.

Die katholischen Götzenbekämpfer bemühten sich, die den Indianern als heilig geltenden Orte *(huacas)* ausfindig zu machen und zu zerstören. Alte Leute, die die „heidnischen" Zeremonien noch beherrschten, wurden bedroht, lächerlich gemacht und in späterer Zeit der Hexerei angeklagt. Auf diese Weise ist ein großer Teil der praktischen Kenntnisse aus vorspanischer Zeit verlorengegangen. Ihre religiösen Traditionen allerdings ließen sich die Indianer nicht so schnell rauben. Vielmehr entwickelten sie ein ausgeklügeltes System, um unter dem Deckmantel christlicher Bezeichnungen und Zeremonien ihren alten Überzeugungen treu zu bleiben. Heilige übernahmen dabei die Rolle früherer Naturgottheiten, so trat z. B. der Heilige Jakob an die Stelle von *illapa*, dem Donnergott. Wallfahrtsorte, die sich auf die Erscheinung von Heiligen begründen, liegen oft an Stellen, die auch schon in vorspanischer Zeit Verehrung genossen; Dorffeste für den Namenspatron fallen in eine Jahreszeit, in der schon immer ein mit der Landwirtschaft zusammenhängendes Ereignis gefeiert wurde. Am 2. November (Allerseelen) gehen die Bewohner der Hochlanddörfer noch heute auf den Friedhof, um den Tag mit den Toten zu verbringen und sie zu beschenken. Diese Bräuche haben heute längst nichts mehr mit dem vorsätzlichen Versuch zu tun, die Vertreter der Amtskirche in die Irre zu führen, sondern haben sich zu einer eigenständigen synkretistischen Volksreligiosität verfestigt, die katholische ebenso wie indianische Elemente enthält. Die Abgelegenheit vieler Andendörfer hat zu dieser Entwicklung beigetragen. Viele Gemeinden werden nur einige Male im Jahr von einem Priester aufgesucht, der Trauungen vornimmt und Kinder tauft, aber Begräbnisse und kleinere Kirchenfeste finden unter der Leitung der Dorfautoritäten statt.

In manchen Mythen der Andenbewohner wird ihre Armut und kulturelle Heimatlosigkeit deutlich mit der spanischen Eroberung in Zusammenhang gebracht; hier erscheint das Christentum als Teil einer Geschichte der Unterdrükkung und Mißhandlung. In der Sage von *Inkarrí*, die in verschiedenen Versionen an mehreren Orten des Hochlandes erzählt wird, stößt der Kulturheros oder Halbgott *Inkarrí* (der der Erde entsprungen ist und die Welt geschaffen oder zumindest geordnet hat) mit dem Repräsentanten der spanischen Eroberung zusammen, je nach Version Pizarro, der König von Spanien oder Jesus Christus. *Inkarrí* unterliegt, er wird getötet und zerstückelt. Aber er ist nicht wirklich tot; unter der Erde wächst sein Körper wieder zusammen. Eines Tages wird er wiederkommen und die Indianer befreien, und dann wird nicht nur das materielle Elend ein Ende haben, sondern auch der Zwang, sich einer fremden Religion zu beugen.

Unter den Kreolen, Mestizen und Schwarzen der Küstenstädte hat die katholische Religion wesentlich festere Wurzeln geschlagen. Allerdings ist auch hier die Heiligenverehrung sehr stark von dem Wunsch durchwirkt, die Naturkräfte zu beeinflussen. Vor allem die Angst vor Erdbeben ist die Wurzel vieler lokaler Feste zu Ehren eines bestimmten Patrons. Nach dem Erdbeben von 1687 wurde in Lima ein Christusbild verehrt, das die Katastrophe unbeschädigt überstanden hatte und dem seitdem nachgesagt wurde, zahlreiche Wunder bewirkt zu haben. Es wurde üblich, diesen *Señor de los Milagros* in einer Reihe von Prozessionen im Oktober von Kirche zu Kirche zu tragen und die anderen Heiligen „besuchen" zu lassen. Noch heute kommen zu diesen Prozessionen Tausende von Menschen zusammen, die Frömmsten von ihnen in lila Kutten gekleidet, um das wundertätige Bild zu begleiten.

12. KETZER, HÄRETIKER, SEKTEN

Jan Assmann
Widerstand in Ägypten

Sekundäre Religionen, Religionen im eigentlichen Sinne der Formel „der Mensch vor Gott", sind ihrem Kern nach Widerstandsbewegungen. Die Ausdifferenzierung des (im eigentlichen Sinne) Religiösen gegenüber dem Politischen und dem Moralischen ist überall aus politischen und sozialen Konflikten hervorgegangen. Das gilt auch für Ägypten. „Vor Gott" – Morenz prägte dafür den Begriff der „Gottesunmittelbarkeit" – sieht sich der Mensch nur dort, wo die Staatlichkeit als Fundament seines Weltverhältnisses aufhört: in der Ersten Zwischenzeit und im Ausland. Sinuhe, der sich von einem unbekannten Gott zur Flucht ins Ausland getrieben fühlt, weiß sich diesem Gott in der Fremde nahe, so daß er zu ihm beten kann. Der Schiffbrüchige begegnet sogar auf der „Insel des Ka" einer leibhaftigen Gottheit. Das Ausland erfüllt in diesen Erzählungen die Funktion einer königsfernen Sphäre, in der sich die Erinnerung an die königslose Zwischenzeit und ihre spezifische Gottesnähe erhalten haben könnte. In den Grabinschriften dieser Zeit von Mitgliedern der politischen Führungsschicht wie Anchtifi von Mo'alla und Cheti von Assiut, Indi von Thinis und Horemchauf von Hierakonpolis finden sich Bekundungen eines persönlichen Beauftragtseins von Gott, im Zusammenhang sowohl eines ausgeprägten Individualismus als auch (besonders in den Siut-Texten) eines besonderen Bewußtseins von Rechenschaftspflichtigkeit. Solche Aussagen dienen hier dazu, ein Handeln zu legitimieren, das sich nicht mehr auf königliche Aufträge berufen kann. Gewiß hieße es die Quellen überinterpretieren, wenn man daraus eine Widerstandsbewegung gegen das pharaonische Königtum herauslesen wollte. Aber der Gegensatz zwischen der neuen Konzeption, die das Handeln des einzelnen auf Gott als Initiator bezieht und ihn auch unmittelbar Gott gegenüber rechenschaftspflichtig macht (Totengericht), und der klassischen Konzeption, in der alle Initiative vom König ausgeht, ist offenkundig. Da wird man es nicht für Zufall halten, wenn diese neuen Stimmen gerade in einer Periode pharaonischen Machtzerfalls zu Wort kommen. Dieses in einem neuartigen Sinne „religiöse“ Legitimationsmuster wird dann aber von den Königen des Mittleren Reichs übernommen, so daß ab dem Mittleren Reich zumindest der König in neuer Weise „vor Gott“ steht und ihm Rechenschaft schuldig ist. Das gibt dem Königtum ein anderes Gepräge als im Alten Reich, aber es nimmt zugleich den Innovationsschritt der Ersten Zwischenzeit zurück, indem es die neue Gottesbeziehung monopolisiert. Daher ist auch das Mittlere Reich die eigentliche Blütezeit der Ma'at-Lehre.

Im Neuen Reich kommt dann voll zum Durchbruch, was sich bisher nur als Unter- und Gegenströmung manifestieren konnte. Ich führe diesen Durchbruch auf die Tatsache zurück, daß die traditionelle ägyptische Religion für 20 Jahre die Chance erhielt, selbst zu einer unterdrückten Gegenströmung zu werden. In den Jahren der Amarna-Zeit wurde die traditionelle Religion von oben unterdrückt und verfolgt, dadurch zwangsläufig von der politischen Ordnung nicht nur unterschieden, sondern zu ihr in einen klaren Antagonismus gestellt. Diese 20 Jahre genügten, sie strukturell zu verändern.

So müssen wir auch die Beziehung von Ma'at und Persönlicher Frömmigkeit als einen Antagonismus rekonstruieren. Der Durchbruch der Persönlichen Frömmigkeit am Ende der Amarna-Zeit bedeutet ein erstes Vorzeichen der achsenzeitlichen Kehre. Die Ersetzung der Ma'at durch den Willen Gottes bedeutet eine Theologisierung der Gerechtigkeit. Daher zeichnet sich, wenn man der Geschichte der Ma'at nachgeht, eine Entwicklungslinie ab, die dem Prozeß der Säkularisierung gegenläufig ist. Die Religion, von der die verschiedenen Prozesse der Weltentzauberung ihren Ausgang nahmen, ist ihrerseits nichts Ursprüngliches, sondern läßt sich in ihrer Heraufkunft beobachten. Die ägyptischen Quellen, und insbesondere diejenigen, in denen sich die Vorstellung von der Ma'at entfaltet, eröffnen uns einen Einblick in die Welt, die der Religion, so wie wir sie verstehen, vorausliegt.

Kurt Ruh
Meister Eckhart, der „Häretiker"

Der „hohe Meister", der mißverstanden wurde und „vergiftete Menschen" zu verantworten hat, begegnet uns zuerst im Inquisitionsprozeß, der gegen Eckhart geführt wurde. In der päpstlichen Verurteilungsbulle „In agro dominico" („Auf dem Acker des Herrn") vom 27. März 1329, die 17 Aussagen des Meisters als häretisch und 11 als „übel klingend, sehr kühn und der Häresie verdächtig" erklärte, heißt es in der blumigen Kurialsprache, daß Eckhart als „irregeleiteter Mensch" „auf dem Acker der Kirche Dornen und Unkraut hervorbringend und emsig beflissen, schädliche Disteln und giftige Dornsträucher zu erzeugen, zahlreiche Lehrsätze vorgetragen" hätte, „die den wahren Glauben vieler Herzen vernebeln"; „hauptsächlich" aber habe er sie „vor dem einfachen Volke in seinen Predigten" gelehrt.

Es ist der letzterwähnte Umstand, der die kühnen, im kirchlichen Verständnis häretischen Aussagen Eckharts als gravierend und gefährlich erscheinen ließ. Das ist im Lichte der historischen Situation verständlich: Wir befinden uns im Zeitalter der Häresie als Volksbewegung. [...]

Der Vorwurf der Verführung schlichter Gläubiger wird in der Folge ständig erneuert, wofür vor allem eine hochgegriffene und als solche mißverständliche Begriffssprache ins Feld geführt wurde. Dabei ist es interessant, daß die heftigsten Stimmen gegen Eckhart nicht aus streng orthodoxen, sondern aus mystisch-frommen Kreisen kamen, was sicher aus dem Bedürfnis nach Abgrenzung zu erklären ist. Da schreibt Jan van Leeuwen im dritten Viertel des 14. Jahrhunderts in der Augustiner-Einsiedelei von Groenendaal bei Brüssel, Mitbruder des großen Jan van Ruusbroec, der Koch des Hauses, ein Laie, aber mystisch und schriftstellerisch begnadet, verschiedene Schriften gegen Meister Eckhart mit zum Teil grobianischer Polemik. „Das war ein teuflicher Mensch, hieß Meister Eckhart vom Predigerorden". Er schilt ihn „Antichrist", der immer noch Jünger habe. Nicht nur das einfache Volk, selbst hochgestellte Persönlichkeiten hätte er zu verführen verstanden. Ein anderer Niederländer, Gerard Zerbolt van Zutphen, der Gelehrteste unter den Vertretern der Devotio moderna, schrieb im späten 14. Jahrhundert ein Buch „De libris teutonicalibus" („Von deutschen Büchern"), das auch niederländisch verbreitet wurde. Er wendet sich hier gegen aus Deutschland importierte Bücher in der Volkssprache, die eine neue, gefährliche, selbst wissenschaftlich geschulten Männern unbekannte und deshalb suspekte Begriffssprache gebrauchten. Mehrere dieser Bücher würden Meister Eckhart zugeschrieben und handelten von der „reinen Abgeschiedenheit" und der „Freiheit des Geistes". Ein schlechter und verderblicher Same sei von diesen Büchern ausgegangen.

Das doppelte Gesicht Meister Eckharts bestimmt das Urteil über ihn die Jahrhunderte hindurch. Wo immer er wirkte, schieden sich die Geister. Es gilt dies auch noch in der Zeit der wissenschaftlichen Beschäftigung mit Eckhart. Der Göttinger Professor Johann Lorentz von Mosheim, evangelischer Theologe, nannte Eckhart in seinem lateinisch geschriebenen „Kommentar über die Begarden und Beginen" (posthum i. J. 1790 erschienen) deren „Freund und Patron". Dieses Urteil teilte der Straßburger Carl Wilhelm Schmidt, gleichfalls ein evangelischer Diener des Worts; im besonderen glaubte er Eckharts Lehre als Pantheismus bestimmen zu können (1839). Differenzierter urteilte 1886 der ebenso gelehrte wie streitbare Dominikaner Heinrich Seuse Denifle, der erstmals über lateinische Schriften Eckharts verfügte, ließ aber über die Häresie vieler Lehren seines Mitbruders keinen Zweifel. Die Kölner Inquisitoren, so erklärt er selbstbewußt und unbelastet von christlicher Demut, seien noch gnädig mit ihm verfahren, er selber sei in der Lage, ihm weit mehr Irrtümer nachzuweisen als jene. Nicht über diese Positionen hinaus gelangte das moderne marxistische Eckhart-Verständnis, nur erhält hier Häresie eine positive Wertung als Emanzipation und theoretische Basis „bäuerlich-plebejischer Gruppierungen".

Bernhard Lohse
Jan Huß und die Hussiten

Von besonderer Bedeutung für die Kirche des ausgehenden Mittelalters war die durch Johann Huß (ca. 1369–1415) eingeleitete Bewegung; denn die Hussiten waren die erste große Gruppe im Abendland, welche sich unabhängig von Rom halten konnte, also gleichsam eine andere Konfession neben der römisch-katholischen. Huß war seinerseits sehr stark durch Schriften des englischen Reformtheologen John Wyclif (ca. 1328–1384) beeinflußt worden. Dieser Einfluß geht zuweilen so weit, daß Huß ganze Passagen aus Werken von Wyclif übernommen hat. Es wäre allerdings nicht angemessen, gegen Huß deswegen den Vorwurf der geistigen

Unselbständigkeit zu erheben. Vielmehr hat Huß nur dasjenige von Wyclif übernommen, was er selbst innerlich bejahte. Dabei zeigt sich, daß Huß im ganzen vorsichtiger zu Werke ging. Weder bei seiner Kritik an bestimmten Praktiken und Lehren der damaligen Kirche noch in seinen eigenen Reformvorschlägen hat Huß die Schärfe von Wyclif erreicht. Darin freilich ähneln sich beide „Vorreformatoren", daß für sie die Heilige Schrift das göttliche Gesetz ist, nach welchem sich die Kirche zu richten hat, nach welchem aber auch Handeln und Lehren der Kirche zu beurteilen ist. Der verweltlichten, reich und mächtig gewordenen Kirche stellten sie die Kirche gegenüber, die in apostolischer Armut lebt. Den Ablaß griffen sie auf das schärfste an. Die Kirche war für Huß die Zahl der zum Heil Prädestinierten; sie hat lediglich Christus zum Haupt.

In Böhmen hatte Huß viele Anhänger. Während von der Hierarchie nach und nach härtere Maßnahmen bis hin zum Bann ergriffen wurden, hielten der böhmische König, weite Teile des Adels und des Volkes zu ihm, so daß Huß eine Zeitlang weiterhin wirken konnte. Aber als Huß dann auf dem Konstanzer Konzil den Widerruf verweigerte, wurde er trotz des kaiserlichen Geleitbriefs auf dem Scheiterhaufen als Ketzer verbrannt. Sein Tod wurde in Böhmen zum Fanal. Kaiser und Papst galten als seine Mörder. Unter den Hussiten bildeten sich zwei Gruppen, die gemäßigten Kalixtiner oder Utraquisten, die im wesentlichen nur den Laienkelch forderten, sowie die radikalen Taboriten. Als der Papst 1420 eine Kreuzzugsbulle gegen die Ketzer in Böhmen veröffentlichte, kam es zu den Hussitenkriegen. Fanatisch setzten sich die Hussiten zur Wehr und unternahmen seit 1427 sogar weite Vorstöße in das Reich bis nach Brandenburg und Österreich, um das Gottesreich mit Gewalt zu verbreiten. Unter den Taboriten galt das Alte Testament als Lebensnorm; sie verwarfen jede Hierarchie und lebten in Gütergemeinschaft.

Nachdem die Kalixtiner die Oberhand unter den Hussiten gewonnen hatten, einigte sich sogar das Baseler Konzil mit ihnen in den Prager Kompaktaten (1433). Obwohl das Papsttum diese Kompaktaten nicht anerkannte, sie vielmehr 1452 aufhob, konnten sich die Hussiten behaupten. 1467 spaltete sich von ihnen die Brüderunität ab, die sich selbst als eine Reformbewegung innerhalb der Hussiten nach der Richtschnur des Evangeliums verstand und im Sinne der Bergpredigt zu leben versuchte. Im Reich war der Schrekken der Hussitenkriege auch im 16. Jahrhundert noch nicht vergessen. In manchen Gegenden gab es Gruppen, die sich insgeheim den Lehren der Böhmen anschlossen. Waren andere, ältere Ketzereien um 1500 so gut wie ausgestorben, so kann der Einfluß der Hussiten nicht gering veranschlagt werden. Die hussitische Kritik an zahlreichen Mißständen der Kirche sowie das Vorbild eines an dem göttlichen „Gesetz" ausgerichteten Lebens verfehlten auch im frühen 16. Jahrhundert nicht ihren Eindruck. Vor allem verstummte die Frage nicht, ob Huß in Konstanz wirklich zu Recht verurteilt worden war. Die Hussiten hatten dem Abendland das Beispiel eines erfolgreichen Widerstandes gegeben.

Cornelis Augustijn

Erasmus' Plädoyer für Toleranz

Gerade weil der christliche Charakter der Gesellschaft für Erasmus eine selbstverständliche Voraussetzung ist, wird es zur brennenden Frage, ob deren Einheit noch irgendwie zu retten ist. Diese Frage beherrscht sein Denken in den letzten zehn Lebensjahren. Nach seiner Überzeugung ist der alte Weg einer gewaltsam erzwungenen Einheit in der jetzigen Situation nicht mehr gangbar. Im Lauf der Jahre fesseln verschiedene Aspekte seine Aufmerksamkeit: Die Ketzerverfolgung, die Möglichkeit einer konfessionellen Pluralität innerhalb eines Staatssystems, die Aufrechterhaltung der Einheit bei unterschiedlicher Ausformung des kirchlichen Lebens. Als erstes stellt sich die Frage der Ketzerbekämpfung. Für viele war es eine einfache Angelegenheit. Man wahrt die Einheit der Kirche, indem man Ketzer aus der Gesellschaft entfernt. Menschen unter Anklage der Ketzerei werden durch kirchliche Instanzen beurteilt. Ist ihre Schuld erwiesen, werden sie dem weltlichen Arm übergeben, der sie hinrichtet. Erasmus bezweifelt stark, ob dies der richtige Weg war. Nicht daß er unter allen Umständen von der Gesellschaft Neutralität oder in abstracto Freiheit der Überzeugung forderte, selbst wenn diese die Grenzen des christlichen Glaubens weit überschritt. Er fürchtete das Heidentum und stellte beunruhigt fest, daß in Basel „ein derartiger Unhold" verbrannt wurde, ein Mann, der nicht an das Evangelium glaubte, Beten für schädlich hielt, Christus nicht als Gott und Mensch verehrte und so weiter. Seine Beunruhigung galt der Tatsache, daß solche Leute es in der allgemeinen Verwirrung wagten, ihren Mund zu öffnen, nicht etwa der Hinrichtung. Aber es geschahen andere Dinge. Wohlanständige Menschen, in derselben sozialen Position wie er, wurden angeklagt und verbrannt. Sie hatten sich keiner abscheulichen Blasphemie schuldig gemacht, sondern „in dubiosen und kontroversen, sogar unbedeutenden Dingen" ein wenig anders gedacht als ihre Ankläger. 1523 wurden erstmals Anhänger Luthers hingerichtet: Zwei Augustiner verbrannten in Brüssel auf dem Scheiterhaufen. Werke von Erasmus selbst wurden 1526 und 1527 offiziell verurteilt, und zwar durch die Sorbonne. Nun hatten die Worte „Ketzerei" und „Ketzer" eine ganz andere Bedeutung bekommen als in jenen Tagen, da sein Freund Andrea Ammonio aus London ihm in unbeschwertem Ton von Ketzerverbrennungen berichten konnte. „Es wundert mich nicht, daß der Holzpreis gestiegen ist. Täglich bringen viele Ketzer uns ein Brandopfer dar, es werden noch mehr folgen." Das war 1511, und Erasmus antwortete mit derselben Sorglosigkeit:

Er pfeife auf Ketzer, jetzt schon gar, wo der Winter vor der Tür stehe. Nun aber war es nicht nur für einfache Gemüter wie den Bruder von Ammonios Diener blutiger Ernst geworden.

Unter diesen düsteren Umständen sah sich Erasmus zu einer Besinnung über die Ketzerverfolgung gezwungen. Anlaß dazu bildete ein Abschnitt aus seiner *Paraphrase* von Matthäus aus dem Jahre 1522. Dort hatte er das Gleichnis vom Unkraut im Weizen aus Matthäus 13 behandelt, das bereits seit 1100 Jahren in der Frage der Ketzerverfolgung eine Rolle spielte. Das Unkraut darf durch die Knechte nicht ausgerottet werden, es bleibt inmitten des Kornfelds bis zur Ernte stehen. Erasmus hatte sich die Bemerkung erlaubt, Gott wolle nicht, daß die falschen Apostel und Ketzer getötet, sondern vielmehr, daß sie geduldet würden bis zum Tag der Ernte. Natalis Beda und die spanischen Mönche hatten sich seiner Auslegung heftig widersetzt. In zwei Verteidigungen aus den Jahren 1527 und 1528, die beide auf das Gleiche hinausliefen, gab sich Erasmus Rechenschaft über die Frage, welche Haltung die Gesellschaft heute einnehmen sollte. Eine erste gedankliche Linie ist ein Vergleich der heutigen Praxis mit der Zeit Christi und der Apostel, eine der Konstanten in seinem Denken. In diesem Punkt ist er äußerst bestimmt. Christus und seine Schüler waren die Milde par excellence, und bis zum Jahr 800 galt als strengste Bestrafung die kirchliche Exkommunikation, der Ausschluß aus der kirchlichen Gemeinschaft. Auch Augustinus, der nach anfänglicher Ablehnung die Ketzer schließlich doch bestrafen wollte, hatte nie mehr gefordert als die Bestrafung durch die Obrigkeit; er hatte sich sogar ausdrücklich gegen die Tötung der Donatisten ausgesprochen, obwohl diese nicht nur Ketzer, sondern auch Mörder waren. Als zweites verlangt Erasmus eine klare Trennung zwischen der Aufgabe der Bischöfe und Theologen und jener der Obrigkeit. Der Bischof muß lehren, verbessern, heilen und, in letzter Instanz, exkommunizieren. Die Obrigkeit darf sich nicht, wie es heute geschieht, auf das Urteil von Theologen und Mönchen verlassen, sondern sie muß eine selbständige Untersuchung vornehmen. Eine dritte Konstante ist die Standortbestimmung des Erasmus hinsichtlich der Aufgabe der Fürsten. Er wahrt in diesem Punkt eine gewisse Zurückhaltung: „Ich sporne die Fürsten nicht zum Töten von Ketzern an, rate ihnen aber ebensowenig davon ab. Ich zeige, was das priesterliche Amt enthält." Doch geht er davon aus, daß Fürsten nicht vorschnell nach dem Schwert greifen sollen, „wenn man diejenigen, die gesündigt haben, auf andere Weise heilen kann".

Von unmittelbarer Bedeutung für die Praxis ist seine Bemerkung: „Wenn die Situation in Aufruhr und Tumult mündet und beide Parteien lauthals versichern, die katholische Kirche zu verteidigen, muß der Fürst, solange der Fall nicht hinreichend untersucht ist, beide Parteien zur Ruhe bringen. Was spricht eigentlich dagegen, daß der Fürst Ketzer, die die öffentliche Ordnung stören, aus dem Wege räumt?" Völlig klar ist diese Aussage sicherlich nicht, aber jedenfalls macht sie deutlich, daß Erasmus den Kern des Problems erkannte. Man lebte nicht in einer Situation, in der ein Individuum eigene Meinungen äußerte, die von der Gemeinschaft geprüft werden konnten. Heute stand Gruppe gegen Gruppe, jede war von ihrem eigenen göttlichen Recht überzeugt. Bei dieser Konstellation empfahl Erasmus ein zurückhaltendes Auftreten der Obrigkeit, die in erster Linie für die öffentliche Ordnung zu sorgen hatte. Ist das ein Plädoyer für Toleranz? Sebastian Castellio hat in seinem berühmten, 1554 nach der Hinrichtung Servets herausgegebenen Buch [...] „Müssen Ketzer verfolgt werden?" ausführliche Passagen aus beiden Schriften aufgenommen, und das zu Recht. Die Frage der Toleranz bleibt nicht über alle Zeiten hin konstant. Unter den herrschenden Umständen waren die Auffassungen des Erasmus, auch wenn diese sich eher gegen eine entartete Anwendung der Regeln als gegen die Verfolgung von Ketzern überhaupt richteten, ein Plädoyer für Toleranz.

Heinz Halm

Fatimiden und Ismailiten – Das Reich des Mahdi

Gegenüber von Assuan erhebt sich auf einem Hügel am Westufer des Nils das Mausoleum des dritten Aga Khan. Das Oberhaupt der Sekte der Ismailiten – 1877 in Karatschi geboren und 1957 in Versoix bei Genf gestorben – ist der erste, der nach fast tausendjährigem Exil seines Geschlechts zurückkehrte ins „Land seiner Väter", wie die Grabinschrift in mehreren Sprachen verkündet. Die Aga Khane führen ihre Abstammung zurück auf Fatima, die Tochter des Propheten Mohammed, und auf jene Kalifendynastie, die im Mittelalter unter dem Namen „Fatimiden" eine herausragende Rolle in der Geschichte des Mittelmeerraumes und des Vorderen Orients gespielt hat.

Im 9. Jahrhundert tritt der erste namentlich bekannte Fatimide im südwestlichen Iran als Verkünder einer umstürzlerischen religiös-politischen Heilslehre aus dem Dunkel der Anonymität ans Licht der Öffentlichkeit; verfolgt und aus seiner Heimat vertrieben, muß er nach Syrien fliehen. Von dort lenken er und seine Nachkommen unter konspirativen Bedingungen die Propaganda ihres Geheimbundes, der Ismailiten, und überziehen die ganze islamische Welt – vom Kaspischen Meer bis zum Jemen, vom indischen Subkontinent bis nach Nordafrika – mit einem Netz revolutionärer Zellen. Im Jahre 905 ist der Urenkel des Gründers der Sekte erneut auf der Flucht; nach abenteuerlicher Irrfahrt wird er ins heutige Marokko verschlagen, doch schon fünf Jahre später läßt sich der heimatlose Flüchtling im tunesischen Kairuan als Kalif inthronisieren; das Oberhaupt einer obskuren Sekte wird Herrscher eines Reiches, das den ganzen Maghreb und Sizilien umfaßt. 969 unterwirft sich Ägypten den Fatimiden; sie gründen Kairo als ihre neue Hauptstadt und regieren fortan als islamische Pharaonen das Nilland. Durch die Unterwerfung Palästinas und Syriens wird das fatimidische Kalifat zur Großmacht, die im Mittelmeerraum und im Nahen Osten mit dem christlichen Kaiserreich von Byzanz und dem Kalifat von Bagdad um die politische Vorherrschaft rivalisiert. Im 12. Jahrhundert sinkt der Stern der Dynastie; Ägypten wird zu einem Protektorat der Kreuzfahrer; 1171 werden die Fatimiden von Sultan Saladin entthront und verschwinden von der politischen Bühne.

Die religiöse Organisation der Ismailitensekte überlebt das politische Scheitern der Fatimiden-Dynastie. In Nordpersien tritt nach dem Sturz des fatimidischen Kalifats das Oberhaupt des ismailitischen Terrorbundes der Assassinen mit der Behauptung hervor, ein leiblicher Nachkomme der Fatimiden zu sein, und beansprucht deren religiöses und politisches Erbe. 1256 macht die mongolische Invasion in Iran dem subversiven Treiben und den Attentaten der Assassinen ein Ende; damit verliert sich die Spur der Fatimiden wieder im Dunkeln.

Erst gegen Ende des 15. Jahrhunderts treten die Fatimiden erneut in Erscheinung, nun als wohlhabende und angesehene Notabeln in dem westiranischen Städtchen Maḥallāt, etwa 100 Kilometer südwestlich von Qom; seit dem 18. Jahrhundert dienen sie dem Schah von Persien als Beamte und Provinzgouverneure. Mit einer Teheraner Prinzessin verheiratet, erhält der erst vierzehnjährige Ḥasan ʿAlī im Jahre 1828 vom Schah den persisch-türkischen Ehrentitel *Āġā H̱ān* (Gebieter und Fürst), den seine Nachfahren bis heute tragen. Nach einem gescheiterten Versuch, in Zentraliran einen unabhängigen Staat zu gründen, muß der erste Aga Khan 1842 nach Afghanistan fliehen – Flüchtlinge spielen in der Geschichte der Familie immer wieder eine wichtige Rolle –; 1845 läßt er sich in Bombay nieder und versucht mit Erfolg, sich als Oberhaupt der Ismailitengemeinden Britisch-Indiens zu etablieren. Seine Anerkennung muß er allerdings gegen Zweifler und Widersacher vor einem britischen Gericht durchsetzen; 1866 bestätigt der Richter, Sir

Abb. 5: Kairuan: Sīdī-ʿUqba-Moschee. Die aus 28 Marmorpaneelen zusammengesetzte und mit metallisch reflektierenden Fliesen geschmückte Gebetsnische *(miḥrāb)* wurde von dem Aġlabiden Aḥmad aus dem Irak importiert und im Jahre 862 montiert. Hier wurde das Reich des Mahdi ausgerufen.

Joseph Arnould, in einem aufsehenerregenden Prozeß – *The Aga Khan Case* – die Berechtigung seiner Ansprüche.

In der ganzen islamischen Welt zwischen Marokko und Indien sind die Fatimiden und ihre Erben unter oft abenteuerlichen Umständen umhergeworfen worden; die wechselvollen Schicksale der Familie und der von ihr gegründeten und geleiteten Ismailitensekte sind mit der Geschichte der islamischen Völker vielfältig verknüpft.

13. WISSENSCHAFT, KUNST, THEOLOGIE

Richard Gombrich
Buddhismus und indische Literatur

Die Buddhisten haben wesentliche Beiträge zur indischen Literatur geleistet. Der Pali-Kanon enthält mehrere Gedichtsammlungen. Darunter ist eine Anthologie mit Versen, die von Mönchen der frühen Gemeinde verfaßt wurden *(Theragāthā)*, sowie eine ähnliche Sammlung von Gedichten von Nonnen *(Therīgāthā)*. Die zwei berühmtesten lyrischen Werke des Kanons sind *Dhammapada* und *Suttanipāta*, beides Lehrtexte, in denen buddhistische Wertvorstellungen einprägsam dargestellt sind; sicherlich war den anonymen Autoren oder dem Buddha selbst als Verfasser und ihrer Zuhörerschaft ihr Inhalt wichtiger als ihre literarische Form. Gleichwohl stellt der *Suttanipāta* ein wichtiges Zeugnis der Entwicklung indischer Verskunst dar, und auch die beiden erwähnten Anthologien enthalten viele schöne Versdichtungen. Hier seien einige Verse aus dem ersten Kapitel des *Dhammapada* zitiert:

1. Das Denken macht's, der Geist allein
Bestimmt der Wesen Art und Sein:
Und wer durch Wort und Tat beweist,
Daß beides quillt aus bösem Geist,
Dem folgt das Leid auf seinem Pfad
Gleichwie dem Zugtierhuf das Rad.

2. Das Denken macht's, der Geist allein
Bestimmt der Wesen Art und Sein:

Und wer durch Wort und Tat beweist,
Daß beides quillt aus reinem Geist,
Des Wohlergehn dem Schatten gleicht,
Der nicht von seinen Fersen weicht.

3. „Er schmähte, schlug, besiegte mich,
Was mir gehört, das nahm er sich",
Trägt einer so dem andern nach,
Dann bleibt die Zwietracht immer wach.

5. Es wird ja nie in dieser Welt
Durch Feindschaft Feindschaft abgestellt;
Durch Nichtfeindsein hört Feindschaft auf,
Das ist seit je der Dinge Lauf.

9. Wer, ohne fleckenfrei zu sein,
Ins gelbe Mönchskleid schlüpft hinein,
Sich selbst nicht bändigt, Lügen spricht,
Dem ziemt das gelbe Mönchskleid nicht.

13. Wie Regen, wenn das Dach nicht schließt,
Des Hauses Inneres durchfließt,
So wird, ist schlecht der Geist gehegt,
Von Leidenschaften er durchfegt.

(„Dhamma-Worte", verdeutscht von
R. O. Franke, Jena 1923, S. 29–31.)

Roy Mottahedeh

Wissenschaft im Islam

Innerhalb einer Generation nach dem Tode des Propheten erhielt das islamische Bildungswesen einen weiteren Aufschwung durch die neuen Kontakte der Muslime mit den Bildungstraditionen Ägyptens und Westasiens. Nach der anfänglichen großen Expansion des Islam im siebten Jahrhundert entwickelten sich unter dem Schutz des islamischen Staates eine Vielfalt verschiedenster Bildungseinrichtungen, von den Akademien Alexandrias bis zu den Gesetzesschulen in Beirut, den Rabbinerschulen im südlichen Irak und der großen Medizinerschule in der südiranischen Stadt Gondischapur. Die Beziehung zwischen der islamischen Regierung und diesen Institutionen läßt sich im wesentlichen als Nichtbeachtung und Vernachlässigung umschreiben. Der Islam hielt seinen Frieden mit dem Judentum, dem Christentum und dem Zoroastrismus, doch sahen die frühen Moslems keinerlei intellektuellen oder moralischen Sinn in den feinen theologischen Unterschieden, mit denen sich die früheren Religionen und Sekten des vor-islamischen Mittleren Ostens umgeben hatten, um sich gegenseitig zu bekämpfen. Von den Akademien überlebten die meisten. Einige blühten wie nie zuvor, weil sie es nicht mehr mit einem persischen oder byzantinischen Kaiser zu tun hatten, der diktierte, was orthodoxer Glaube zu sein habe. Anderen erging es schlecht, weil sie für ihr finanzielles Wohlergehen und ihren Ruf auf die Unterstützung eben dieser Kaiser angewiesen waren.

Es dauerte nicht lange, bis die Muslime diesen Schulen mit intellektueller Neugier entgegentraten und auch neue Gläubige aus den Reihen ihrer Studenten gewannen. Eine große Periode der Übersetzungen begann, denn Arabisch wurde bald zur Verkehrssprache, die von jüdischen, christlichen und muslimischen Gelehrten gleichermaßen benutzt wurde. Die großen Fragmente, die die gelehrte Welt des Altertums (und in geringerem Umfang die gelehrte Welt des alten Irans und Indiens) hinterlassen hatte, wurden gesammelt, geordnet und auf arabisch einem Publikum vorgelegt, das diese Fragmente oft mit scharfer Auffassungsgabe und – noch öfter – mit einer Begeisterung studierte, wie sie diese Fragmente schon seit Jahrhunderten nicht mehr in den abgestumpften gebildeten Kreisen des Mittleren Ostens hervorgerufen hatten.

Ein typisches Beispiel für diese Begeisterung war der Kalif Mamun, der oberste Herrscher der Muslime im frühen 9. Jahrhundert und ein großzügiger Förderer von Übersetzungen der überlieferten Texte ins Arabische, besonders der Texte der griechischen Philosophen. Mamun berichtet, eines Nachts habe er im Traum auf dem Bett vor sich einen Mann „von weißer Farbe, mit einer rötlichen Gesichtstönung, breiter Stirn, zusammengewachsenen Brauen, einem Kahlkopf und blutunterlaufenen Augen“ sitzen sehen. Es überrascht nicht, daß Mamun „von Furcht erfüllt“ war. „Wer bist du?“ fragte er; der Mann antwortete: „Ich bin Aristoteles.“ „Das beglückte mich“, fuhr Mamun fort. „Ich sagte: ‚Weiser, darf ich dir eine Frage stellen?‘ Er erwiderte: ‚Frag nur.‘ Darauf fragte ich: ‚Was ist gut?‘“ Daraufhin hatten sie ein kurzes, aber befriedigendes Gespräch, das Mamun wahrscheinlich zu einer ruhigen Nacht verhalf und ihn ganz bestimmt in dem Gedanken bestärkte, daß seine Förderung der Übersetzungen ein Segen für den Islam sei, denn Aristoteles hatte ihm günstigerweise versichert, daß Vernunft und Offenbarung eine Verbindung eingehen können, die dem Guten schlechthin dient. [...] Der Siegeszug systematischer Disputation, insbesondere der Methoden des Aristoteles, unter den Denkern des Islam war vor allem das Werk eines Mannes des elften Jahrhunderts, des Philosophen Avicenna. Abu Ali Ibn Sina (oder Avicenna, wie die lateinischen Übersetzer des Mittelalters die beiden letzten Teile seines Namens wiedergaben) war vielleicht der erste Muslim, der sich die Logik der klassischen Überlieferung vollkommen zu eigen gemacht hat. Sie wurde in solchem Maß ein Teil seiner selbst, daß in seinen Abhandlungen diese überlieferte Logik, die von seinem genialen Geist neu durchdacht, dargestellt und gelegentlich verbessert wurde, nicht mehr wie eine etwas schwerfällige fremde Erfindung, sondern wie ein echtes Kind der islamischen Überlieferung selbst erschien. In Anerkennung dieser Leistung ist er in der islamischen Tradition seither nur noch als „der Meister und Führer“ bekannt.

Avicenna errang diesen Triumph auf dem Höhepunkt der frühislamischen Periode, als der Unterricht noch auf informelle Art, d.h. zu Hause und in der Moschee stattfand. Das von Avicenna hinterlassene autobiographische Fragment (das von seinem vertrautesten Schüler vollendet wurde) zeigt wie diese überkommene individualistische Unterrichtsmethode von einem ihrer brillantesten Geister erlebt wurde.

Avicenna wurde im Jahr 980 im äußersten Nordosten des iranischen Kulturraumes als Sohn eines mittleren Beamten geboren, der für seine Grundausbildung sorgte, wie es für Väter in solchen Verhältnissen in der damaligen Zeit üblich war. Er stellte für seinen Sohn einen Koranlehrer und einen Lehrer der Literatur ein. Ganz nach der Art so vieler vorneuzeitlicher Autoren, für die intellektuelle Bescheidenheit lediglich eine Sache der intellektuell Bescheidenen war, sagt Avicenna von sich, „mit neun Jahren hatte ich die Lektüre des Korans und vieler Werke der Literatur abgeschlossen, so daß viele Leute sehr erstaunt über mich waren“. Wie es sich für einen Mann der Verwaltung gehörte, wünschte der Vater, daß sein Sohn die neuesten Methoden der Kalkulation und Buchführung erlernte, und so schickte er ihn zu „einem Gemüsehändler, der mit dem indischen Zahlensystem arbeitete“ (und mit den dadurch vereinfachten Rechenoperationen), das einige Jahrhunderte später nach Europa gelangte und als „arabische Zahlen“ bekannt wurde.

Danach, so erzählt Avicenna, kam in die Provinzstadt, wo er bei seiner Familie lebte, ein Mann, der sich als kundig in der Philosophie ausgab; „mein Vater ließ ihn also bei uns wohnen, und er machte sich daran, mich zu unterrichten“. Avicenna hatte sich schon etwas mit islamischem Recht befaßt und die Techniken der Dialektik erlernt, deren sich seine Kenner rühmten, und war so zu „einem der gewandtesten Fragesteller“ geworden. Diese Technik wandte er auf die Philosophie an, wie es auch die islamische Überlieferung selbst getan hatte und weiterhin tat. Zusammen mit seinem

Philosophielehrer las er die *Isagoge*, eine wunderbar klare Einführung in die aristotelische Logik, die der syrische Philosoph Porphyrius sechshundert Jahre früher auf griechisch verfaßt hatte und die im Mittelalter in lateinischer bzw. arabischer Übersetzung an beiden Enden der alten Welt zu einem der beliebtesten Elementarbücher geworden war. Avicenna schreibt, daß er jede Frage, die sein Lehrer stellte, „besser begriff als er selbst, und so riet er meinem Vater davon ab, mich neben dem Studium irgendeine andere Tätigkeit aufnehmen zu lassen".

Mit seinem Lehrer studierte er weiterhin die einfacheren Bereiche der Logik; gleichzeitig griff er zu Büchern, um ihre „tieferen Feinheiten" kennenzulernen, und aus Kommentaren zu Büchern wie der *Isagoge* erlernte er die volle Beherrschung des traditionellen Systems der Logik. Er studierte auf eigene Faust die euklidische Geometrie und das große astronomische Werk des Ptolemäus, den *Almagest*, und wandte sich dann den übrigen Studien zu, den Naturwissenschaften und der Metaphysik, soweit sie in Büchern zugänglich waren. Er schreibt: „Die Pforten des Wissens begannen sich vor mir zu öffnen." Als weiteres Gebiet kam noch Medizin hinzu, ein etwas leichteres Fach, in dem „ich mich in sehr kurzer Zeit hervortat"; und das war Avicennas Glück, denn er entdeckte, daß die Leute im elften Jahrhundert – genauso wie im zwanzigsten – für medizinischen Rat sehr viel mehr Geld ausgaben als für philosophischen. Er besuchte auch, trotz seiner nur fünfzehn Jahre, Disputationszirkel, in denen Fragen des islamischen Rechts diskutiert wurden.

Sehr bald danach ergriff den jungen Arzt Avicenna eine Art von philosophischem Fieber, das ihn eineinhalb Jahre nicht mehr losließ: „Während dieser Periode konnte ich nicht eine einzige Nacht durchschlafen, und am Tage befaßte ich mich mit nichts anderem als mit Philosophie und Logik. Ich legte mir eine Kartei an, und für jeden Beweis, den ich prüfte, trug ich die syllogistischen Vordersätze, ihre

Klassifikation und ihre Folgerungen ein. Ich meditierte über die Bedingungen, die auf die Vordersätze anzuwenden wären, bis ich diese Frage für mich geklärt hatte ... Immer wenn mich der Schlaf überkommen wollte oder wenn ich merkte, daß meine Kräfte nachließen, wandte ich mich ab und trank einen Becher Wein, der mich wieder stärkte. Und immer wenn der Schlaf mich überwältigte, sah ich dieselben Probleme im Traum vor mir; über viele Fragen erhielt ich im Schlaf Klarheit. Auf diese Weise fuhr ich fort, bis alle Wissenschaften tief in mir eingewurzelt waren und ich sie so gut verstand, wie es nur menschenmöglich ist. Alles, was ich danach wußte, entsprach genau dem, was ich jetzt weiß; bis zum heutigen Tag habe ich dem nichts mehr hinzugefügt."

Avicennas wachsender ärztlicher Ruhm verschaffte ihm die Gelegenheit, den dortigen Herrscher von einer Krankheit zu heilen; als Zeichen seiner Dankbarkeit schloß dieser dem jungen Arzt die königliche Bibliothek auf. Avicenna sah, daß jeder Raum der Bibliothek einer anderen Wissenschaft gewidmet war; er studierte den Katalog und verschlang die Bücher, die er noch nicht kannte. Mit ungefähr zwanzig Jahren war er so weit, daß er sein erstes Kompendium des Wissens schreiben konnte. An den Höfen der Reichen und Mächtigen war er jetzt ein gerngesehener Gast, und im Gewand eines islamischen Rechtsgelehrten, „mit einer Falte seiner Kopfbedeckung unter dem Kinn", bereiste er den östlichen Iran wie ein junger Mozart der Philosophie, und er wurde von den Anspruchsvollen empfangen und bewundert. In einem Manuskript seiner Biographie heißt es ergänzend: „Man sagt, daß er als junger Mann zu den schönsten Menschen seiner Zeit gehörte und daß am Freitag, wenn er das Haus verließ und sich zur Moschee begab, die Leute sich in den Straßen drängten, um einen kurzen Blick von seiner Vollkommenheit und Schönheit zu erhaschen."

Endlich gelangte Avicenna in den mittleren Iran, gerade

rechtzeitig, um den König von Rayy – einer großen Stadt in der Nähe des modernen Teheran – zu behandeln. Dieser König litt unter der Wahnvorstellung, er sei in eine Kuh verwandelt; „den ganzen Tag über rief er diesem und jenem zu: ‚Tötet mich, dann könnt ihr aus meinem Fleisch einen guten Eintopf machen.'" Da die königliche Kuh die Nahrungsaufnahme verweigerte, magerte sie (bzw. er) immer mehr ab, weshalb die Ärzte auf „Melancholiker" diagnostizierten. In ihrer Verzweiflung riefen die königlichen Ärzte nach Avicenna. Dieser sandte dem König sofort einen Boten: „Bring dem Patienten gute Botschaft und sag ihm: ‚Der Metzger kommt und will dich schlachten.'" Daraufhin soll der getäuschte König einen Freudentanz vollführt haben. Avicenna kam zum König, ein Messer in der Hand; er befahl zwei Männern, „die Kuh" in die Mitte des Zimmers zu bringen, ihn an Händen und Füßen zu binden und auf den Boden zu werfen. Sobald der Patient das hörte, warf er sich voll Freude selbst zu Boden und wurde gebunden. Avicenna ließ sich neben ihm nieder und „legte die Hand auf die Rippen des Patienten, so wie Metzger es machen. ‚Oh, was für eine magere Kuh!' sagte er. ‚Sie taugt nicht zum Schlachten; gebt ihr Futter, bis sie fett wird.'" Avicenna gab ihnen Befehl, den König loszubinden und ihm Essen hinzustellen. Von dieser Zeit an sagten die königlichen Leibärzte jedesmal, wenn sie dem König die von Avicenna verordneten Arzneigetränke und Drogen gaben: „Iß tüchtig, denn davon werden Kühe fett." Nach einmonatiger Behandlung war der König vollkommen gesund.

Nach dieser erfolgreichen Behandlung des melancholischen Kuh-Königs breitete sich Avicennas Ruhm als Hofarzt weiter aus und verschaffte ihm politische Möglichkeiten, wie sie nur wenige Hofärzte jemals hatten. Kurze Zeit später heilte Avicenna den König von Hamadan, einer großen Stadt im Westen des Iran, von einer harmlosen Kolik. Der König machte ihn zu seinem offiziellen Zechgenossen, und als nach einiger Zeit dem Königreich Gefahr drohte, wurde der König von seinem Hof gedrängt, Avicenna zum Wesir, das heißt zum ersten Minister, zu ernennen. Es kam jedoch zu einer Meuterei der Truppen, und um Avicennas Leben zu retten, verbannte ihn der König. Nach vierzig Tagen erlitt der König einen weiteren Kolikanfall; die Truppen hatten sich beruhigt, Avicenna kehrte zurück und wurde für die neuerliche Heilung mit dem Amt des Wesirs belohnt. Ein iranischer Autor des Mittelalters schreibt: „Man kann sagen, daß seit Alexander dem Großen, dessen Minister Aristoteles war, kein König einen solchen Minister wie Avicenna gehabt hat." Der König starb schließlich an einem dritten Kolikanfall, der durch andere Leiden noch kompliziert wurde. Laut Avicennas Schüler befielen diese Krankheiten den König, weil er nur selten die Anweisungen seines Arztes befolgte.

Avicenna, der zwischen zwei königlichen Angeboten, ihn zum Wesir zu machen, schwankte und die politische Situation für unsicher hielt, tauchte im Haus eines Drogisten unter, wo er ohne Aufzeichnungen versuchte, *Kitāb asch-Schifā* (wörtlich „Das Buch der Genesung") zu vollenden, seine große *Summa* der Gelehrsamkeit. Er hatte nie aufgehört zu schreiben, auch nicht während seiner Zeit als führender Staatsbeamter. „Morgens stand er immer vor Tagesanbruch auf", berichtet einer seiner Schüler, „und schrieb einige Seiten des *Kitāb asch-Schifā.* Wenn dann der Tag wirklich anbrach, gab er seinen Schülern Audienz ... Wir setzten unsere Studien fort, bis es ganz hell geworden war, und verrichteten dann unser Gebet hinter ihm. Sobald wir uns am Haustor zeigten, warteten dort zu Pferd schon tausend Männer, unter ihnen die Würdenträger und Honoratioren, aber auch solche, die um Gefälligkeiten baten oder in Schwierigkeiten waren"; worauf sich Avicenna den Staatsgeschäften widmete. Jetzt, in seinem Versteck beim Drogisten und frei von Staatsgeschäften, schrieb er jeden Tag fünfzig Seiten, bis er die Kapitel über Physik und Metaphysik abgeschlossen und mit dem Kapitel über die Logik begonnen hatte. Da fand man ihn plötzlich; er wurde verhaftet und vier Monate lang in einer Burg gefangengesetzt.

Diese Episode scheint den Königen die Lust genommen zu haben, Avicenna nochmals als Philosophen und Wesir zu berufen; von nun an förderten ihn seine Gönner nur mehr als Arzt und als Zierde der Gelehrsamkeit. Er lebte nun in der Stadt Isfahan im Zentrum des Iran, bis er im Alter von sechsundfünfzig Jahren erkrankte. Immer der entschiedene Diagnostiker, befand er, daß „der innere Gouverneur, der meinen Körper regiert hat, jetzt nicht mehr zur Regierung taugt; eine Behandlung hat daher keinen Zweck mehr". Er verweigerte Medikamente und starb einige Tage später in Hamadan.

Hans Belting

Macht der Bilder – Ohnmacht der Theologen

Die Theologen haben immer wieder versucht, materiellen Bildern ihre Macht zu entreißen, wenn diese im Begriff waren, zuviel Macht in der Kirche zu gewinnen. Bilder waren unerwünscht, sobald sie größeren Zulauf erhielten als die Institutionen selbst und ihrerseits im Namen Gottes zu agieren begannen. Ihre Kontrolle war mit verbalen Mitteln ungewiß, weil sie wie die Heiligen tiefere Schichten berührten und andere Wünsche erfüllten, als es die lebenden Kirchenmänner konnten. Deshalb lieferten die Theologen in Bilderfragen immer nur die Theorie einer schon bestehenden Praxis nach. Niemals führten sie die Bilder aus freien Stücken ein, aber sie verboten sie um so lieber. Nur wenn andere sie verboten hatten und damit gescheitert waren, führten sie die Bilder wieder ein, weil sie in den Wünschen der Gläubigen präsent geblieben waren. Ihre Zulassung konnte man dann an Bedingungen knüpfen, die garantierten, daß man den Überblick behielt. Wenn sie die Bilder ‚erklärt' und den Zugang zu ihnen reguliert hatten, waren die Theologen zuversichtlich, die Dinge wieder in der Hand zu haben.

Die Rolle der Bilder, um die es geht, wird manifest in den symbolischen Handlungen, welche Anhänger und Gegner schon immer an ihnen vollzogen, seit man überhaupt Bildwerke errichtete. Bilder eignen sich dazu, aufgestellt und verehrt, aber auch dazu, zerstört und mißhandelt zu werden. Sie sind geradezu geschaffen für eine öffentliche Kundgebung von Loyalität oder für deren Verweigerung, die man an ihnen vertretungsweise praktizierte. Die demonstrative Glaubensausübung gehört zu den Anlässen der Disziplinierung, die jede Religion von ihren Anhängern fordert. Deshalb wurden Juden, Ketzer und Ungläubige gerne dadurch öffentlich ‚entlarvt', daß man ihnen die geheime Bildschändung anlastete. Darauf reagierten nämlich die „verletzten Kultbilder", wie Ludwig Kretzenbacher sie nannte, ebenso wie lebende Personen weinend und blutend. Indem sie sich an den materiellen Glaubenssymbolen Bild, Reliquie und Hostie vergriffen, erwiesen sich die Missetäter in Wahrheit als Saboteure der Glaubenseinheit, die im Prinzip keine Einschränkung erlaubt. So mußten diese Minoritäten immer fürchten, als Attentäter denunziert zu werden, wenn ein Bildkult in ihrer Umgebung zu florieren begann. Die Beispiele reichen bis über die Reformationszeit hinaus und werden noch von Joseph Roth in Galizien geschildert.

Die Kontroversen um Bilder waren dort anderer Art, wo die Parteien nicht *für* oder *gegen* Bilder generell antraten, sondern sich an der ‚richtigen' oder ‚falschen' Auffassung gemeinsamer Bilder maßen. Hierbei war nicht der *Glaube* selbst, sondern die Glaubens*reinheit* im Spiel. So entzweiten sich die Ost- und die Westkirche manchmal ebenso an der Ikonographie der Bilder wie an der berühmten Sprachregelung des *Filioque*. Der päpstliche Legat warf, als er im Jahre 1054 in Konstantinopel das Kirchenschisma ausrief, den

Griechen vor, sie setzten das Bild eines sterblichen Menschen auf das Kreuz und stellten Jesus als Toten dar. Umgekehrt sahen sich die Griechen, als sie 1438 zum Unionskonzil nach Italien kamen, nicht imstande, vor den westlichen Kirchenbildern, mit deren Form sie nicht vertraut waren, zu beten. So wandte der Patriarch Gregor Melissenos gegen die beabsichtigte Kirchengemeinschaft ein: „Wenn ich eine lateinische Kirche betrete, kann ich keinen der dort dargestellten Heiligen verehren, weil ich keinen von ihnen wiedererkenne. Allenfalls erkenne ich Christus, aber auch ihn vermag ich nicht zu verehren, denn ich weiß nicht, in welcher Weise er beschriftet ist." Berührungsangst kommt in Vorbehalten gegenüber Bildern zum Ausdruck, mit welchen eine Glaubensgemeinschaft sich selbst identifiziert oder von anderen etikettiert wird.

Die Kontroverstheologie der Reformationszeit hatte mit schwierigen Fragen zu kämpfen, als die Calvinisten die Bilder abschafften und die Lutheraner sie säuberten. Hier ging es im Grunde um die kirchliche Tradition, aber sie wurde, wie schon im Jahre 787 in Nicäa unter anderen Vorzeichen, an der Bilderfrage demonstriert. Auch lag es nahe, die kirchliche Selbstdarstellung in den sichtbaren Formen der Bilder und in dem ebenso sichtbaren Verzicht auf Bilder zu betreiben. Beide Seiten machten sich, im 8. wie im 16. Jahrhundert, den Besitz der unverdorbenen Tradition streitig, in dem bekanntlich die Identität einer Religion besteht. Da sich ein urkirchlicher Bildgebrauch weder in der Praxis noch in der Theorie finden läßt, ging es erst einmal darum, zu definieren, worin die Tradition bestand. Auch entzündete sich an der Bilderfrage die Kontroverse um die wahre Spiritualität, die durch den ‚Materialismus' des Bildgebrauchs gefährdet schien. Später stritt man um die Rechtfertigung aus dem *Glauben* oder aus den *Werken*, zu denen auch der Kult und die Stiftung von Bildern gehörten. Bekanntlich verloren die Maler ihre Aufträge, als die Reformation in Nürnberg eingeführt wurde.

Aus katholischer Sicht waren die Türken ebenso wie die Protestanten in der Bilderfrage Gegner, in deren Händen die identitätsstiftenden Bilder entehrt wurden. Auch fürchtete man um den Verlust der institutionellen Macht, die an die Bilder geknüpft war. So ging schon der Widerstand der Albigenser und Hussiten in Wahrheit gegen die Institution, die nach ihrer Meinung die Bilder mißbrauchte. Mit der Vernichtung der Bilder hoffte man, die Macht der Institution zu brechen, in deren Besitz sie waren. Umgekehrt war der Bildkult in der Gegenreformation auch ein Akt der Wiedergutmachung und Sühne an den Bildern, und jedes neue Bild sollte symbolisch die Stelle einnehmen, von der ein anderes verdrängt worden war. Dieser polemische Bildgebrauch kulminierte in der Marienfigur, weil es hier auch möglich war, den doktrinären Gegensatz zu den Protestanten auf einen sichtbaren Begriff zu bringen. Alte Marienikonen, die man neu verehrte, dienten auf ihre Weise dem *Traditionsbeweis*, der in ihrem Alter lag. Mariensäulen waren, wie auch Bilder in anderen Zeiten, zugleich Denkmäler der Kirche als Institution und ihres Sieges. Aber auch der Staat verband sich als Sachwalter der Religion mit ihnen und ihrem Kult. So meinten die Revolutionäre, die 1918 die Mariensäule in Prag stürzten, eher die habsburgische Macht, die sie mit ihr identifizierten, als die Religion selbst.

Martin Luther
Vom Segen der Musik

An Ludwig Senfl

Veste Coburg, 1. (4.?) Oktober 1530

Gnade und Friede in Christus. Obwohl mein Name verhaßt ist, so sehr, daß ich darum fürchten muß, ob der Brief, den ich schicke, bester Ludwig, von Dir überhaupt empfangen und gelesen werde, so hat doch die Liebe zur Musik, mit der ich Dich von meinem Gott geschmückt und begabt sehe, diese Furcht überwunden. Diese Liebe läßt mich auch hoffen, daß Dir mein Brief keine Gefahr bringen werde; denn wer würde selbst einen Türken tadeln, wenn er die Kunst liebte und den Künstler lobte? Selbst Deine bayrischen Herzöge,[1] die mir in höchstem Maße ungnädig sind, lobe ich durchaus und ehre sie dennoch vor andern, weil sie die Musik so fördern und ehren. Und es besteht kein Zweifel, daß viele Samen guter Tugenden in den Seelen derer angelegt sind, die von Musik berührt werden; die davon aber nicht berührt werden, scheinen mir Klötzen und Steinen zu gleichen. Denn wir wissen, daß die Musik noch den Dämonen verhaßt und nicht zu ertragen ist. Und ich erkläre ausdrücklich und scheue mich nicht zu behaupten, daß es nach der Theologie keine Kunst[2] gibt, die der Musik zu vergleichen ist, da allein sie, nach der Theologie, zuwege bringen kann, was sonst allein die Theologie zuwege bringt, nämlich ein beruhigtes und fröhliches Gemüt. Ein deutlicher Beweis dafür ist, daß der Teufel, der Urheber bitteren Kummers und ruheloser Verwirrung, beim Klang der Musik fast ebenso flieht wie bei dem Wort der Theologie. Das ist der Grund, weshalb die Propheten sich keiner Kunst so bedient haben wie der Musik, sodaß sie ihre Theologie nicht in Geometrie, nicht in Arithmetik, nicht in Astronomie gefaßt haben, sondern in Musik.[3] So haben sie Theologie und Musik aufs Engste verbunden und die Wahrheit in Psalmen und Liedern verkündet.[4] Aber was lobe ich jetzt die Musik und bemühe mich, in einem so kleinen Briefchen eine derart große Sache abzubilden oder vielmehr zu entstellen? Aber meine Leidenschaft für sie, die mich so oft erfrischt und von großen Beschwerlichkeiten befreit hat, schäumt über und sprudelt derart hervor.

Ich komme auf Dich zurück und bitte, wenn Du eine Bearbeitung des Gesangs „Ich lege und schlafe ganz mit Frieden"[5] hast, so lasse sie mir doch abschreiben und zukommen. Denn diese Melodie hat mich von Jugend auf vergnügt und jetzt noch viel mehr, nachdem ich auch die Worte verstehe. Denn ich habe diese Antiphon[6] nie mehrstimmig gesetzt gesehen. Ich will Dich aber nicht mit der Mühe, sie zu komponieren, beladen, sondern vermute, daß Du sie anderweitig komponiert hast.

Ich hoffe durchaus, daß das Ende meines Lebens bevorsteht, und die Welt haßt mich und kann mich nicht ertragen, mir dagegen ist die Welt ein Ekel, und ich verabscheue sie; so möge der beste und getreue Hirte[7] meine Seele zu sich nehmen.[8] Darum habe ich schon begonnen, diese Antiphon zu singen, und möchte sie gern komponiert hören. Wenn Du sie nicht hast oder nicht kennst, so schicke ich sie hier in Noten geschrieben, die Du, wenn Du magst, auch nach meinem Tod komponieren kannst.[9] Der Herr Jesus sei mit Dir in Ewigkeit, Amen. Entschuldige meine Verwegenheit und Weitschweifigkeit. Grüße Deinen ganzen Musikchor ehrerbietig von mir. Aus Coburg, 4. Oktober 1530.

Martinus Luther

1 Wilhelm IV. (1493–1550) trat 1511 die Herrschaft in Bayern an und regierte seit 1516 gemeinsam mit seinem Bruder Ludwig X. (1495–1545). Beide waren energische Gegner Luthers. 2 Das lateinische „ars" bedeutet sowohl ‚Kunst' wie auch ‚Wissenschaft'. 3 Das sind die vier Fächer des Quadriviums, die zusammen mit den drei Fächern des Triviums (Grammatik, Rhetorik, Dialektik) die septem artes liberales (sieben freie Künste) und somit den Grundstock der philosophischen Ausbildung des Mittelalters darstellen. 4 Luther könnte an 1. Sam. 10,5 und Jes. 5,1 gedacht haben. 5 „in pace in id ipsum"; Ps. 4,9. Es wird berichtet, daß Luther auf der Veste Coburg oft dieses Lied gesungen habe. 6 Liturgischer Psalmgesang. 7 1. Petr. 2,25. 8 1. Kön. 19,4. 9 Senfl scheint daraufhin zwei Kompositionen an Luther gesandt zu haben: „Non moriar, sed vivam", eine Vertonung von Ps. 118,17, sowie das gewünschte „In pace in id ipsum". Das erste Stück hat sich erhalten, während das zweite verschollen ist.

Richard Alewyn
Der Kampf ums Theater

In seiner Abneigung gegen das Theater hatte das protestantische Bürgertum in der Geistlichkeit einen mächtigen Verbündeten. Die öffentlichen Angriffe der Prediger, die Interventionen und Proteste der Konsistorien, sind der Schatten, der die Geschichte der Theater, insbesondere der Oper, im lutherischen Deutschland begleitet. Gleichzeitig mit der Ausbreitung der Oper erwachte im Pietismus ein moralischer Rigorismus, der auch das unschuldigste weltliche Vergnügen verdammte und die Feindschaft gegen das Theater von neuem schürte. Aber seinen leidenschaftlichsten Grad erreichte dieser Affekt erst in den calvinistischen Ländern. Der Theaterhaß des Calvinismus ist in der Angst vor der magischen Gewalt der Bilder dogmatisch tief begründet. Schaudernd flüsterte man sich zu, daß einmal in Marlowes „Dr. Faustus" der Teufel der Beschwörung auf der Bühne leibhaftig Folge geleistet habe, so daß einige Zuschauer vor Entsetzen wahnsinnig wurden. Schon Shakespeares Leben muß man sich von einer fanatischen Agitation der Puritaner begleitet denken. Und dieser Kampf endete tatsächlich mit dem unerhörten Erfolg, daß am 2. September 1642 – kaum 25 Jahre nach dem Tode Shakespeares, des größten Geistes, der sich jemals der Bühne bedient hat – ein Gesetz alle Theater in England schloß. Die Schauspielhäuser sollten zerstört, die Schauspieler ergriffen und mit Ruten gestäupt werden, wo man sie nur fände. Die Mitglieder der Londoner Truppen flüchteten und zerstreuten sich. Der letzte der Kameraden Shakespeares, John Lowin, erwarb in Brentford (Middlesex) die Wirtschaft „Zu den Drei Tauben", wo er hochbetagt starb, „und seine Armut", hören wir, „war groß wie sein Alter".

Liberaler war die Stellung der katholischen Kirche zum Theater. Freilich, theoretisch konnte ihr Vorbehalt nicht größer sein. Sie versagte den Schauspielern die Kommunion wie allen öffentlichen Sündern, nämlich – wie in Frankreich genauer spezifiziert wird – „den Prostituierten, Konkubinen, Komödianten, Wucherern und Zauberern" (kurz, wie das Evangelium sich ausdrücken würde, den „Zöllnern und Sündern"). Infolgedessen starb Molière ohne die heiligen Sakramente, weil der Priester sich weigerte, an seinem Bette zu erscheinen. Und der König mußte einschreiten, um ihm überhaupt ein kirchliches Begräbnis zu verschaffen. Offiziell blieb die Exkommunikation des Schauspielers in Frankreich bis zur Revolution, in Spanien bis in unsere Tage erhalten. Trotzdem hat man das Verhalten der Kirche beim Tode Molières als eine Ausnahme anzusehen, die weniger dem Schauspieler als dem Dichter des „Tartuffe" galt, denn zahllose Beispiele von Schauspielern, die kirchlich getraut und kirchlich begraben wurden, stehen allerorten diesem Einzelfall gegenüber.

Freilich bringt die Gegenreformation auch eine unverkennbare Reaktion gegen das Theater herauf. In Italien trat Carlo Borromeo, der Erzbischof und Reformator von Mailand, an ihre Spitze. Aber er vermochte sich noch nicht einmal in seiner eigenen Diözese durchzusetzen. Die Verdammungsurteile, die die Kirchenväter Tertullian und Chrysostomus gegen das untergehende heidnische Theater geschleudert hatten, standen im Mittelpunkt des Streits. Manche verlangten, andere bestritten, daß diese auch auf das moderne Theater angewendet werden sollten. In Spanien tobte der Kampf besonders heftig. Hier wurden tatsächlich 1598 einmal für ein Jahr die Theater geschlossen, aber sie wurden nur mit um so größerem Triumph wieder eröffnet.

Man weiß nicht, ob der Fanatismus für die Religion oder der Fanatismus für das Theater bei den Spaniern der stärkere war. Jedenfalls war nirgends die Verflechtung zwischen den beiden Mächten eine engere. Die meisten großen Theaterdichter Spaniens waren Geistliche, darunter Calderón, Lope de Vega, Tirso de Molina. Nirgends waren die geistlichen Schauspiele, die Heiligenkomödien und die Autos sacramentales so unlösbar mit dem Volksleben verbunden. Freilich, daß die Berufskomödianten auch in frommen Spielen auftraten, erregte so viel Anstoß wie Erbauung. Man empfand es als Blasphemie, wenn eine Schauspielerin, deren Jungfräulichkeit durchaus zu wünschen übrig ließ, die Hl. Jungfrau darstellte, oder wenn herauskam, daß eine Maria Magdalena von einem Christus schwanger war. Andererseits erzählte man genug Beispiele, daß nicht nur Zuschauer, nein, daß auch Darsteller von ihrem eigenen Spiel so erschüttert worden waren, daß sie ihre Rolle in die Wirklichkeit übersetzten und Buße taten. Wenn anderswo die Schauspielerinnen vergöttert wurden, so wurden sie in Spanien geradezu heiliggesprochen. So jene Maria Calderón, in die sich, als sie sechzehnjährig in Madrid auftrat, nicht nur Stadt und Hof verliebten, sondern die auch Philipp IV. so bezauberte, daß er sie zur Mutter des jüngeren Don Juan d'Austria machte, und die sich nachher ins Kloster zurückzog, Äbtissin wurde und im Geruch der Heiligkeit starb. Eine andere, die in der Blüte ihres Ruhms die Bühne mit der Klosterzelle vertauschte, war die gefeierte Francisca Baltasara. Bei ihrem Tode sollen die Glocken von selber zu läuten angefangen haben. Kein Geringerer als der spätere Papst Clemens IX. hat sie in einer Komödie verherrlicht.

Die Geistlichkeit, vor allem die Klöster, wurden von einem wahren furor theatralis ergriffen. Als den Nonnen von S. Silvestro zu Rom einmal das Theaterspiel nicht gestattet wurde, kam es zu einem förmlichen Aufstand, bei dem eine Nonne im Brunnen ertränkt wurde und eine andere an ihren Verletzungen starb.

Die Bedenken der katholischen Kirche waren im Gegensatz zur protestantischen offensichtlich nur moralischer und nicht auch dogmatischer Natur. Sie richteten sich gegen den Schauspieler, aber nicht gegen das Theater. Die Kirche der Gegenreformation hat das Theater als solches vielmehr in der großartigsten Weise in ihren Dienst gestellt.

14. ARBEIT UND GESCHÄFT

Aaron J. Gurjewitsch
Antike und mittelalterliche Vorstellungen von Reichtum und Arbeit

Das Mittelalter war von Anfang an durch ein Verhältnis zur Arbeit und zum Reichtum charakterisiert, das sich von dem der antiken Welt bedeutend unterschied. In der antiken Welt konnte die Arbeit nicht als Tugend gelten, mehr noch, sie wurde überhaupt nicht als ein wesentliches Kennzeichen des Menschen angesehen. Das menschliche Ideal der Antike verlangte ein Individuum – ein Mitglied der Polis, des Staates, einen Bürger –, das ganz vom gesellschaftlichen, politischen und kulturellen Leben und nicht von der physischen Arbeit erfüllt war. Diese Arbeit wurde den Sklaven und den Freigelassenen auferlegt. Der antike Bürger ist ein Krieger, ein Teilnehmer an der Volksversammlung, an sportlichen Wettkämpfen, religiösen Handlungen, er ist ein Besucher von Schauspielen und gastfreundschaftlicher Gelage – eine Persönlichkeit, die sich außerhalb der Sphäre der materiellen Produktion entwickelt. Der Reichtum ist das Mittel dazu, ein Bürgerleben zu führen, und daher laufen die ökonomischen Theorien der Antike auf die Frage hinaus: Welche Eigentumsart garantiert die besten Bürger? Die antike Zivilisation kannte in ihrer „klassischen" Periode die hohe Würde der physischen Arbeit und deren religiös-sittlichen Wert nicht. Plato, der die sichtbare, fühlbare Welt – diese blasse Kopie einer Welt von Ideen – verwarf, und Aristoteles, der die politische Natur des Menschen unterstrich, verhielten sich zur produktiven Arbeit mit aristokratischer Verachtung. Edle Untätigkeit ist tugendhaft. Die Arbeit war für die Menschen der Antike eine Beschwernis, eine Art Abwendung vom normalen Lebensbild. Jedoch ist es notwendig zu unterstreichen, daß sie unter Muße nicht ein leeres Nichtstun verstanden. Das altgriechische σχολή (lat. schola) bedeutet Freizeit, Muße, Erholung, Nichtstun; doch dieses Wort bezeichnete auch eine Zeit, welche der Gelehrsamkeit und wissenschaftlichen Gesprächen, der Schule, insbesondere der philosophischen Schule (von hier kommt auch das mittelalterliche Scholastica) gewidmet war.

Was die Arbeit betrifft, so hatte der Terminus πόνος noch einen zweiten Sinn, der im Bewußtsein der alten Griechen eng mit dem ersten verflochten war: Last, Leiden, Unglück, Armut. Die physische Arbeit – Leiden und Schmerz – ist das Schicksal der Unfreien und Niedrigen, sie ist eine schwere und schmutzige Beschäftigung, die den Menschen erniedrigt und ihn dem Vieh näherbringt. Der freie Mensch nutzt die Dienste der Sklaven und Diener, welche die Werkzeuge und Instrumente sind, die seinen Wohlstand garantieren. Nur für die Landarbeit wurde eine Ausnahme gemacht; doch gegen Ende der antiken Epoche hörte auch sie auf, ein wesentliches Kennzeichen bürgerlicher Tugend zu sein, die sie in einer patriarchalischeren Zeit, sagen wir zur Zeit des Cincinnatus, noch war. In der Epoche des Imperiums wurde die Vorstellung von der angeborenen Niedrigkeit der Menschen, die sich mit physischer Arbeit beschäftigten, und besonders der Sklaven, im Milieu der herrschenden Klasse allgemein üblich. Natürlich waren in der antiken Gesellschaft teilweise Theorien und Ansichten verbreitet, die dieses negative Verhältnis zur Arbeit zu überwinden versuchten (Kyniker, Seneca, Epiktet). Durch sie wurde der Bruch mit der antiken Sklavenhaltermoral vorbereitet, der schließlich im Christentum seinen deutlichsten Ausdruck fand. Eine hohe Achtung genoß die Arbeit nur im Kreise der Werktätigen selbst.

Das fehlende Interesse an mechanischen Erfindungen, die es ermöglichten, die Handarbeit zu erleichtern, war von Träumen von „Robotern“ und wundersamen Konstruktionen begleitet, welche die völlige Untätigkeit des Menschen garantieren sollten. Das charakterisiert ausreichend klar das Verhältnis zur physischen Arbeit im Altertum. Die Arbeit kann den Menschen nicht veredeln, sie ist sinnlos und abstumpfend; in ihr gibt es keine und kann es auch keine innere Schönheit geben. Das Bild des Sisyphus, der nur deshalb ununterbrochen einen Felsblock bergauf wälzt, damit er sogleich zurückrollt, konnte nur in einer Gesellschaft entstehen, welche die Arbeit als eine Strafe betrachtete. Tatenlosigkeit und die Freiheit von der Notwendigkeit zu arbeiten war nicht allein das Ideal der Besitzenden, sondern auch der Armen; die Devise des Lumpenproletariats war „Brot und Schauspiele“, und ein Leben auf Kosten anderer stellten sie sich als den besten Ausweg aus ihrem erbärmlichen Zustand vor.

Das Christentum, welches das Prinzip „wer nicht arbeitet, soll auch nicht essen“ verkündete, brach radikal mit diesen Einstellungen der klassischen Antike. In einer Gesellschaft der Kleinproduzenten konnte die Arbeit nicht als eine schmachvolle Beschäftigung gelten. In der Arbeit begann man den Normalzustand des Menschen zu sehen. Allerdings wurde dieser Zustand nach der Lehre des Christentums nicht mit der Erschaffung des Menschen zur Notwendigkeit, sondern infolge des Sündenfalls; in der Arbeit sah man auch eine Strafe. Wesentlich ist jedoch, daß die Untätigkeit zu den schwersten Sünden gezählt wurde. Jeder Mensch muß eine bestimmte Funktion erfüllen, jeder muß sich mit seiner Sache beschäftigen, obgleich nicht alle Arten der Tätigkeit, die für die Gesellschaft notwendig ist, in gleichem Maße den Menschen an Gott heranführen. Der Reichtum wurde nicht als Selbstzweck oder als Bedingung für die Garantie eines untätigen Daseins betrachtet. Das Verhältnis zum Reichtum wurde von dem Verhältnis zum Seelenheil bestimmt: Eigentumsbesitz konnte dem Heil der Seele dienen, konnte sie aber auch daran hindern, paradiesische Glückseligkeit zu erlangen. Doch im Reichtum sahen die Anhänger Christi – des Propheten der Armut und der Askese – etwas Zweifelhaftes und moralisch kaum zu Rechtfertigendes. „Es ist leichter, daß ein Kamel durch ein Nadelöhr gehe, denn daß ein Reicher ins Reich Gottes komme" – diese Maxime des Matthäusevangeliums (19, 24) war die Quelle komplizierter geistiger und sozialer Konflikte im Verlaufe des gesamten Mittelalters.

Die ökonomischen Postulate der mittelalterlichen Kirche spiegelten die soziale Realität des Feudalismus wider und verkündeten den Reichtum nicht als letztes Ziel, sondern nur als Mittel und als Garantie des Daseins für jedes Mitglied der Gesellschaft „secundum suam conditionem". Die Produktion ist in der Zeit des frühen Mittelalters nicht den Interessen der Anhäufung und des Gewinns untergeordnet; die Ziele, die sie sich stellte, bestanden in der Sicherung eines „würdigen" Daseins jedes Teils des Ganzen – des Corpus Christianum, das standesmäßig nach dem Willen Gottes gegliedert ist. Hier dient der Reichtum als Mittel, gesellschaftliche Macht zu erlangen und zu festigen, während in der bürgerlichen Gesellschaft der Reichtum selbst zur entscheidenden sozialen Kraft wird. Deshalb ist es in der mittelalterlichen Gesellschaft nicht gleichgültig, worin sich der Reichtum verkörpert – in Land, in Mobilien, in Geld. Zu den verschiedensten Eigentumsarten, die sich im Besitz der Vertreter verschiedener Stände befinden, existierte kein gleiches Verhältnis, im Gegensatz zu dem Reichtum der Bourgeoisie, dessen Natur frei von standesethischen Werten ist.

In der klassenmäßig geteilten Feudalgesellschaft gab es natürlich ein unterschiedliches Verhältnis zur Arbeit bei den Menschen, die den verschiedenen Klassen und gesellschaftlichen Gruppen angehörten. Die sozialen Antagonismen des Mittelalters fanden auch in der Arbeits- und Eigentumskonzeption ihren Ausdruck.

Johannes Reissner

Wirtschaftsprinzipien des Islam

Wirtschaftliches Handeln wird in folgendem theologischen Rahmen gesehen: Der Mensch, wie der Koran (2:30; 6:105; 26:62; 35:39 und 57:7) mehrfach besage, sei zu Gottes Stellvertreter auf Erden bestimmt. Die Erde sei ihm in Dienst gestellt, und alle Anstrengungen um des Lebensunterhalts willen geschähen, um aus Gottes Güte Nutzen zu ziehen. Wirtschaftliche Aktivität und Streben nach Gewinn seien im Islam anders als im Kapitalismus nicht Selbstzweck, sondern das Ziel sei, den Lebensunterhalt zu sichern, damit der Mensch Gott durch Tun des Guten, Dank für seine Güte, Beachtung seiner und der Menschen Rechtsansprüche und Hilfe für die Mitmenschen zufriedenstelle.

Die positive Einstellung des Islam aller wirtschaftlicher Aktivität gegenüber wird von Muḥammad al-Mubārak betont. Arbeit gelte nicht wie im Christentum als Strafe für die Ursünde Adams. Die Hervorhebung der positiven Einstellung ist auf dem Hintergrund des von Europäern erhobenen Vorwurfs eines dem Islam prinzipiell eignenden Fatalismus und einer vermeintlichen Wirtschaftsfeindlichkeit zu sehen. Schon in den dreißiger Jahren hatten muslimische Aktivisten ein Arbeitsethos gepredigt, das ein wenig dem protestantischen Arbeitsethos, wie es von Max Weber beschrieben wurde, ähnelt.

Mit seiner theologischen Zielsetzung wirtschaftlichen Handelns erteilt Muḥammad al-Mubārak gleichzeitig jeder Art von Materialismus eine Absage; sowohl Kapitalismus als auch Sozialismus werden verworfen. Auch diejenigen Autoren, die von einem „Sozialismus im Islam“ gesprochen hatten, hatten sich immer wieder gegen einen Sozialismus, der nur die Befriedigung der materiellen Bedürfnisse zum Ziel habe und zumeist Revolution *(thaura)* oder gar Anarchie *(fauḍā)* brächte, abgegrenzt. Anders als der Sozialismus kämpfe der Islam nicht nur für das Wohl einer Klasse, der Arbeiter, sondern für das der ganzen Gesellschaft, er suche den gerechten Ausgleich zwischen Arm und Reich, denn im Islam habe der Arme einen Rechtsanspruch *(ḥaqq)* auf den Besitz des Reichen.

Zwar hatte Muḥammad al-Mubārak in politischen Reden wie schon viel früher Jamāl ad-Dīn al-Afghānī auch von der Arbeiterklasse gesprochen, doch in den theoretischen Darstellungen islamischer Wirtschaftslehre findet sie keine Anerkennung; der islamische Begriff vom Arbeiter, so Muḥammad al-Mubārak, erstrecke sich auf jeden, der arbeitet.

Nicht nur Klassenharmonie, sondern Harmonie überhaupt ist das Ziel islamischer Soziallehren. Dies zeigt sich schon in Begriffen wie „islamischer Kooperatismus" *(ta'āwunīya islāmīya)* und vor allem auch im Konzept der „gegenseitigen sozialen Verantwortung" *(at-takāful al-ijtimāʿī)*. Zu diesem Konzept hatte schon Muṣṭafā as-Sibāʿī in seinem berühmt gewordenen Buch über den „Sozialismus des Islams" alle Aspekte des Islam, die auch nur irgendwie einen „sozialen Zug" aufweisen, zusammengetragen und sie zum Kennzeichen des Sozialismus des Islam erhoben.

Das Prinzip einer ökonomischen Gleichheit der Menschen wird nicht anerkannt. Einige Reformer und auch Muʿammar al-Qadhdhāfī haben zwar dem Islam die Forderung nach ökonomischer Chancengleichheit zuerkannt, doch in der Regel wird die Gleichheit vor dem Gesetz behauptet. Gemeint ist das islamische Recht, die *sharīʿa*, deren Befolgung zusammen mit der Erfüllung der vielen moralischen Verpflichtungen des Islam zur Schaffung einer solidarischen, harmonischen Gesellschaft führe. Islamische Wirtschaftslehre ist vor allem Sozialethik. [...]

Der Koran (2:275) spricht ein ausdrückliches Zinsverbot aus. Daß dennoch in der muslimischen Gesellschaft die Praxis des Zinsnehmens, sei es durch Anwendung von Rechtskniffen (arab. *ḥiyal* von sing. *ḥīla*) oder dadurch, daß nichtmuslimische Minderheiten die Zinsgeschäfte führten, geübt wurde, ist bekannt. Zur Frage der Gültigkeit von Zinsen im modernen Bankwesen gibt es zwei Positionen. Liberale Muslime wie etwa der Pakistaner Fazlur Rahman meinen, daß mit dem koranischen Terminus *ribā* nicht die relativ geringen Zinsen heutiger Banken, sondern nur der Wucher gemeint sei. Doch die überwiegende Ansicht, die gerade in den letzten Jahren an Boden gewonnen hat, ist, daß mit *ribā* jegliche Art von Zins gemeint ist. Seit einigen Jahren bestehen einige wenige islamische, d. h. ohne Zinsen arbeitende Banken, von denen die Islamische Entwicklungsbank die größte und bekannteste ist. An die Stelle von Zinsnahme tritt bei den islamischen Banken die Regelung, daß der Geldgeber an Gewinn und Verlust wirtschaftlicher Unternehmen, in die die Bank investiert, gleichermaßen beteiligt wird.

Interessant ist, daß die von der Botschaft der Islamischen Republik Iran in Bonn herausgegebene deutsche Übersetzung der neuen Verfassung in den entsprechenden Artikeln (43,5 und 49), die von der unrechtmäßigen Aneignung handeln, nicht von Zins, sondern von Wucher spricht. Im Zusammenhang mit der Gründung einer islamischen Bank in Teheran im Winter 1979 zeigt dies, daß man sich wohl den Weg für beide Arten von Banken offenhalten will.

Eine weitere Einschränkung kapitalistischer Wirtschaftspraktiken gibt es im Islam mit dem Verbot von Monopolisierung (arab. *iḥtikār*), das jedoch in den Quellen nicht annähernd so deutlich formuliert ist wie das Zinsverbot. In der Regel stützen sich islamische Theoretiker auf den Koranvers 59:7, in dem unter anderem gesagt wird, daß die Beute der Muslime nicht unter denjenigen umgehen soll, die schon reich sind. Das in der Verfassung der Islamischen Republik Iran unter dem Grundsatz „Verbot der Schädigung anderer" ausgesprochene Verbot von Monopolisierung und des Hortens (Art. 43,5) ist der erste in der islamischen Welt erkennbare Ansatz, diese Grundsätze beruhend auf islamischer Überzeugung, nicht auf sozialistischer Doktrin, in die Tat umzusetzen.

Zu einem weiteren wichtigen Aspekt kapitalistischen Wirtschaftens, dem Versicherungswesen, besteht bei heutigen Theoretikern islamischer Wirtschaftslehre kaum Einigkeit. Was Versicherungsverträge in den Augen der Muslime suspekt erscheinen läßt, sind ihre Ähnlichkeit mit Zinsnahme, bewußtem Eingehen eines Risikos oder dem Glücksspiel sowie ihre Unvereinbarkeit mit der Glaubensforderung des Gottvertrauens (arab. *tawakkul*). Taqi ad-Dīn an-Nabhānī hat in seinem Werk *Die Wirtschaftsordnung im Islam* Versicherungsverträge jeglicher Art für verboten erklärt, weil sie nicht den Erfordernissen, die die *sharīʿa* an einen Vertrag stellt, entsprächen. Muṣṭafā az-Zarqā hingegen, ein ehemals führendes Mitglied der Muslimbrüder Syriens und im Jahre 1956 syrischer Justizminister, soll einer Artikelserie über das Versicherungswesen in der libanesischen Zeitschrift *al-Īmān* im Frühjahr 1979 zufolge Versicherungen als erlaubt erklärt haben, da es Verträge der gegenseitigen Hilfe und der Solidarität seien, dies aber vom islamischen Recht ausdrücklich gefordert werde. Der Autor der Artikelserie läßt dieses Argument jedoch nicht gelten, erklärt aber Sozialversicherungen in den Ländern, wo sie Pflicht seien, als rechtmäßig, da der Muslim der Obrigkeit zu gehorchen habe. Hier äußert sich der Widerstreit zwischen einer exakten Befolgung der *sharīʿa* und der Anerkennung der Tatsache, daß einige der von Europa übernommenen Praktiken den der *sharīʿa* unterstellten Geist und ihre Ziele bis zu einem gewissen Maß besser erfüllen als die buchstabengetreue Anwendung ihrer Regeln.

Bernhard Lohse
Der Ablaß als „heilige Ware"

Der erste große Streit, der um Luther entstand, ja der von ihm heraufbeschworen wurde, war der Ablaßstreit. Vereinzelt hatte Luther schon in den frühen Vorlesungen den Ablaß angegriffen. In zwei Predigten, deren eine vielleicht schon am 31.10.1516 gehalten wurde, warnte Luther vor den Gefahren des Ablasses. Luther lehnte den Ablaß noch nicht grundsätzlich ab, sah jedoch einen Widerspruch zwischen wahrer Reue und dem Verlangen nach Ablaß.

Was war der Ablaß eigentlich? Der Ablaß stand im Zusammenhang mit dem Bußsakrament. Zur Buße gehörte zunächst die Reue des Sünders, sodann dessen Beichte vor dem Priester sowie die Absolution, schließlich die auferlegte Satisfaktion, durch welche der Sünder für die noch ausstehende Sündenstrafe Wiedergutmachung leisten sollte; hierbei lag die Vorstellung zugrunde, daß eine sündige Tat neben der Schuld auch eine Strafe verwirkt, welche entweder schon hier auf Erden oder im Fegefeuer abgebüßt werden muß. Im einzelnen haben sich im Zusammenhang mit dem Bußsakrament und der Entwicklung der Ablaßlehre im hohen und späten Mittelalter die Auffassungen über das Richteramt Gottes wie der Kirche, über das Fegefeuer sowie über den „Schatz der Kirche", der aus den überschüssigen Verdiensten Christi und der Heiligen besteht und aus dem die Kirche anderen Ablaß gewähren kann, immer weiter ausgebildet. Die Ablässe, die erst im 11. Jahrhundert aufgekommen waren, betrafen ursprünglich die zeitlichen Kirchenstrafen, später auch die zeitlichen Fegefeuerstrafen, weiter den sogenannten Ablaß a poena et culpa und schließlich sogar die Fegefeuerstrafen von schon verstorbenen Angehörigen. In manchen Fragen gingen die Meinungen der Theologen über den Umfang der Ablässe auseinander. Eine amtliche Kirchenlehre über den Ablaß gab es noch nicht, so

Abb. 6: Tetzel bei der Predigt.

Der Ablaßverkauf des Dominikanermönchs Johann Tetzel war der Funke, der den Reformationsstreit entzündete. Man sieht Tetzel (Abb. 6) bei der Predigt, während seine Helfer einen lebhaften Ablaßhandel in einer Kirche betreiben, und (Abb. 7) auf dem apokalyptischen Tier reitend, wie er einfältigen Bauern Geld herauszulocken sucht. Auf beiden Bildern ist die päpstliche Bulle deutlich sichtbar.

Abb. 7: Tetzel auf dem apokalyptischen Tier.

daß im frühen 16. Jahrhundert über diesen in der kirchlichen Praxis sehr wichtigen Komplex keine hinreichende Klarheit bestand.

Die finanzielle Bedeutung des Ablasses war ungeheuer. Für den gewaltigen Finanzbedarf der Kurie und des Kirchenstaates, insbesondere für das luxuriöse Leben in Rom und die zahlreichen Kriege des Papsttums, war der Ablaß eine wesentliche Einnahmequelle. Darüber hinaus wurden im Wirtschaftsleben nicht selten durch die Ausschreibung von Ablässen größere Projekte finanziert, die sonst nicht durchführbar waren; insofern hatte der Ablaß teilweise diejenige Funktion, welche später den Anleihen zukommen sollte. Für unzählige Gläubige hingegen war der Ablaß eine

Gelegenheit, sich vor den Gefahren des Fegefeuers und des ewigen Gerichtes mit Hilfe der Kirche einigermaßen zu schützen; so kam das Heilsverlangen des Volkes dem Finanzbedarf der Kurie entgegen und führte zur Weiterentwicklung des Geschäftes mit der „heiligen Ware“. Kein Geringerer als Luthers Kurfürst Friedrich der Weise war ein frommer Förderer des Ablaßwesens. Er ließ noch 1522 durch einen eigenen Einkäufer in Venedig Reliquien sammeln. Einmal im Jahr wurden diese ausgestellt, damit man durch deren fromme Betrachtung Nachlaß der Fegefeuerstrafen gewinnen könne. 1518 betrug der Wert der Reliquien insgesamt 127 800 Jahre Nachlaß der Fegefeuerstrafen.

Wenn Luther in seinen 95 Thesen vom 31.10.1517 Kritik am Ablaß übte, so tat er das aus seelsorgerlicher Verantwortung sowie auf Grund seiner Verpflichtung, die er als Doktor der Theologie für die rechte Lehre und Verkündigung der Kirche hatte. Da die Ablaßlehre noch nicht dogmatisch festgelegt war, konnte Luther durchaus kritische Anfragen vorbringen, um eine Klärung der Probleme, die mit dem Ablaß zusammenhingen, herbeizuführen. Wegen der Verbreitung der Ablässe und wegen des finanziellen Interesses, das die Kurie an ihnen hatte, war es freilich ein gefährliches Unterfangen, die Ablaßpraxis anzugreifen.

Dirk Käsler
Protestantische Berufsethik und Kapitalismus

Die Berufsethik des asketischen Protestantismus. Als geschichtliche Träger dieser Sonderform des Protestantismus betrachtet und untersucht Weber den Calvinismus, den Pietismus, den Methodismus und „die aus der täuferischen Bewegung hervorwachsenden Sekten“. Weber betont dabei, daß es nicht genügen würde, sich rein an die „sittliche Praxis“ zu halten, sondern daß es unerläßlich sei, sich mit den verschiedenen *dogmatischen* Wurzeln zu beschäftigen.

Weber wendet sich zuerst dem *Calvinismus* zu, als jenem Glauben, „um welchen in den kapitalistisch höchst entwikkelten Kulturländern, den Niederlanden, England, Frankreich, im 16. und 17. Jahrhundert die großen politischen und Kulturkämpfe geführt worden sind“ und dabei insbesondere dem Dogma der „Gnadenwahl“, dem Kern der sogenannten „Prädestinationslehre“. In einer außerordentlich behutsamen und detailreichen Argumentation breitet Weber die theologisch-dogmatische Begründung jener Lehre aus, derzufolge die Menschen um Gottes willen da sind, und das menschliche Leben keinen anderen Sinn als den der Verherrlichung Gottes hat. Dabei ist ein Teil der Menschen als selig, ein anderer als verdammt von Gott vorbestimmt, und kein menschliches Verdienst oder Verschulden kann an Gottes absolut freien Entschlüssen etwas ändern. Die „pathetische Unmenschlichkeit“ einer solchen Lehre hat in Webers Augen insbesondere eine Folge: „das Gefühl einer unerhörten inneren *Vereinsamung des einzelnen Individuums*“. Mit dieser Lehre und ihren radikalen Auswirkungen (kein Prediger, kein Sakrament, keine Kirche, in der letzten Konsequenz: kein Gott) ist in den Augen Webers der Abschluß „jenes großen religionsgeschichtlichen Prozesses der *Entzauberung* der Welt, welcher mit der altjüdischen Prophetie einsetzte und im Verein mit dem hellenischen wissenschaftlichen Denken alle *magischen* Mittel der Heilssuche als Aberglaube und Frevel verwarf“.

Auch hier stößt Weber wieder auf ein Paradoxon: „Es scheint zunächst ein Rätsel, wie mit jener Tendenz zur innerlichen Lösung des Individuums aus den engsten Banden, mit denen es die Welt umfangen hält, die unbezweifelbare Überlegenheit des Calvinismus in der sozialen Organisation sich verknüpfen konnte. Allein gerade sie folgt, so seltsam es zunächst scheint, aus der spezifischen Färbung, welche die christliche ‚Nächstenliebe' unter dem Druck der inneren Isolierung des einzelnen durch den calvinistischen Glauben annehmen mußte. Sie folgt daraus zunächst dogmatisch. Die Welt ist dazu – und nur dazu – bestimmt: der Selbstverherrlichung Gottes zu dienen, der erwählte Christ ist dazu – und nur dazu – da, den Ruhm Gottes in der Welt durch Vollstreckung seiner Gebote an seinem Teil zu mehren. Gott aber will die soziale Leistung des Christen, *denn* er will, daß die soziale Gestaltung des Lebens seinen Geboten gemäß und so eingerichtet werde, daß sie jenem Zweck entspreche. Die soziale Arbeit des Calvinisten in der Welt ist lediglich Arbeit ‚in majorem gloriam *Dei*'. Diesen Charakter trägt daher auch die *Berufs*arbeit, welche im Dienste des diesseitigen Lebens der Gesamtheit steht. Schon bei Luther fanden wir die Ableitung der arbeitsteiligen Berufsarbeit aus der ‚Nächstenliebe'. Aber was bei ihm ein unsicherer, rein konstruktiv-gedanklicher Ansatz blieb, wurde nun bei den Calvinisten ein charakteristischer Teil ihres ethischen Systems. Die ‚Nächstenliebe' äußert sich – da sie ja nur Dienst am Ruhme *Gottes*, nicht: der *Kreatur*, sein darf – in *erster* Linie in Erfüllung der durch die lex naturae gegebenen *Berufs*aufgaben, und sie nimmt dabei einen eigentümlich sachlich – *un*persönlichen Charakter an: den eines Dienstes an der rationalen Gestaltung des uns umgebenden gesellschaftlichen Kosmos." Bei dieser Lehre geht es *nicht* um eine Reproduktion der Lehre von der „Werkheiligkeit": hier steht vielmehr die Frage im Hintergrund, an welchen *Zeichen* der Erwählte seine Berufung zum Heil („effectual calling") ablesen kann. „So absolut ungeeignet also gute Werke sind, als Mittel zur Erlangung der Seligkeit zu dienen – denn auch der Erwählte bleibt Kreatur, und alles was er tut bleibt in unendlichem Abstand hinter Gottes Anforderungen zurück –, so unentbehrlich sind sie als *Zeichen* der Erwählung."

Diese Systematisierung der ethischen Lebensführung und deren „rationaler Charakter", die zur Heiligung des gesamten Lebens führte, das schon fast „den Charakter eines Geschäftsbetriebs“ annahm, führte zur konstanten Selbstkontrolle und einer planmäßigen Reglementierung des Lebens. Weber faßt diese „zu einer systematisch durchgebildeten Methode rationaler Lebensführung“ zusammen unter dem Begriff *„innerweltliche Askese“*.

15. KRISE UND AUFBRUCH DER RELIGIONEN

Thomas Nipperdey
Religionskritik im 19. Jahrhundert

Ein großer Vorgang in der Geschichte der Deutschen, nach rückwärts wie vorwärts übers Kaiserreich hinausreichend, ist das, was wir einerseits die Entkirchlichung und andererseits die Entchristianisierung nennen. Die Deutschen hören auf, in ihrer Mehrheit Christen zu sein, oder wenigstens: sich als Christen zu verstehen. Dieser Tatbestand ist 1914 noch nicht so augenfällig wie heute, aber im Vergleich zu 1815 oder 1850 z. B. ist die Entwicklung schon fortgeschritten – weniger im katholischen, viel stärker im protestantischen Bereich. [...]

Ludwig Feuerbachs radikale Religionskritik und dann die von Karl Marx, Arthur Schopenhauers populäre Philosophie eines antichristlichen pessimistischen Atheismus, eines Atheismus der Erlösung, der Liebe und des Mitleids, die naturwissenschaftliche Kritik der Religion auch jenseits des Vulgärmaterialismus – das war ideengeschichtlich das Ergebnis des zweiten Jahrhundertdrittels für die dezidierte Abwendung vom Christentum. Das dringt jetzt ins Breite. 1872 erscheint ein zeittypisches und wirkungsvolles Buch, das bestimmte Durchschnittstendenzen bündelt: David Friedrich Strauß, der 1837 mit dem „Leben Jesu" eines der nicht nur theologischen Epochebücher des Jahrhunderts geschrieben hatte, veröffentlicht: „Der alte und der neue Glaube. Ein Bekenntnis": Wir sind keine Christen mehr, und wir wollen es nicht mehr sein. Erbsünde und Rechtfertigung oder Erlösung, Teufel und persönlicher Gott – das ist alles ohne Bedeutung für den modernen Menschen, ja der ganze Komplex von Sünde und Reue wird als selbstquälerisch und degradierend zurückgewiesen. Wir haben zwar noch „Religion", ein „pietät"volles Gefühl der Abhängigkeit vom Universum, aber wir begreifen die Welt mit Laplace und Darwin, monistisch und kausal als unendliche Evolution der Materie, einen immanenten Zusammenhang ohne Transzendenz, und ohne nach ihrem Zweck mehr zu fragen. Und wir ordnen unser Leben nach einer historisch sich entfaltenden natürlichen Ethik, der „Idee der Gattung", und – nach den national-liberalen Werten von 1871 – gesunder Egoismus und Wettbewerb gehören dazu. In diesem Zusammenhang handelt Strauß alle zeitgenössischen moralisch-politischen Konfliktfragen, Todesstrafe, Wahlrecht oder Ultramontanismus, ab, tritt er für die Herrschaft der gebildeten Eliten und gegen die ‚französische' Demokratie und ihre Bürgerrechte ein. Der Sonntag ist künftig erfüllt von politischem Gespräch, naturkundlichen und historischen Studien, Literatur und Musik, von Wissenschafts- und Kunstreligion. Das ist Anregung für Geist und Gemüt, Phantasie und Humor, die nichts zu wünschen übrig läßt, „so leben wir, so wandeln wir beglückt!". Es gibt keinen Grund, auf eine kommende Erlösung zu hoffen, es ist alles schon da. Das war etwas dürftig – gegenüber dem menschlichen Leiden oder dem sozialen Elend etwa –, und Nietzsche hatte es nicht schwer, 1873 Strauß als den „Bildungsphilister" – satt, optimistisch, trivial – in der Luft zu zerreißen. Auch sonst wurde das Buch publizistisch mehr angegriffen als gelobt, aber es hatte in elf Jahren doch elf Auflagen: es drückte eine weit ausgebreitete bürgerliche Lebensstimmung aus. Wer den Optimismus von Strauß nicht teilen mochte, fand Genüge an der Popularisierung Schopenhauers durch Eduard von Hartmann, dessen „Philosophie des Unbewußten" (1869), wie seine weiteren christentumskritischen Bücher hoch erfolgreich, eine Zeitlang eine Modephilosophie begründete: Hier stand die Tragik der Welt im Mittelpunkt, die Allmacht einer unbewußten Weltvernunft, und das Ziel der Erlösung allen Seins, eine achristliche Religion des Pessimismus, der, so hieß es, die Zukunft gehöre.

Ein neuer Anstoß der Entchristianisierung ging vom Darwinismus aus, von den weltanschaulichen Konsequenzen, die man aus Darwins biologischen Entdeckungen und Theorien über die Evolution zog (und ziehen mußte). Die Evolutionstheorie stand im Gegensatz zur christlich tradierten Lehre von Schöpfung und Anfang der Welt (und auch deren bisheriger symbolisch ermäßigten Deutung), sie machte die teleologische Interpretation der Welt, den Schluß von ihrer Zweckmäßigkeit auf einen göttlichen Schöpfer, überflüssig, und sie vernichtete, indem sie den Menschen in die Evolution einordnete, seine Sonderstellung als gottverwandtes Geistwesen. Die Geschichte des Lebens, die Welt, der Mensch waren, so mußte es scheinen, ohne den zentralen Gedanken eines Schöpfergottes zu erklären. Das war ganz neu, das war wahrlich radikal. Der alte Gott, so spottete Strauß, war „in Wohnungsnot geraten", überflüssig geworden. [...]

In Deutschland ist es der bedeutende Jenenser Zoologe Ernst Haeckel gewesen, der Darwin popularisiert und – provoziert auch durch die antidarwinistische Reaktion der Kirchen – scharf gegen das Christentum ausgespielt hat. „Die natürliche Schöpfungsgeschichte" 1868 und „Anthropogonie" 1874 breiteten die Lehre von der rein immanenten Evolution des Lebens aus (und dazu das sogenannte „biogenetische Grundgesetz", wonach die Entwicklung des Embryos die des Lebens insgesamt wiederholt). Haeckel nannte diese Lehren „Monismus". Haeckels Thesen waren in der Biologie durchaus umstritten, aber er erhob den Monismus mit geradezu messianischem Ton selbst zur Religion, zur Religion sowohl der Wissenschaft wie der Entwicklung, zum Gegenstand neuer Predigt. „Der Monismus als Band zwischen Religion und Wissenschaft“ 1892 und vor allem der Bestseller von 1899, „Die Welträtsel“, waren dafür typisch. Die leidenschaftliche und militante Verneinung Gottes (das Spottwort vom „gasförmigen Wirbeltier“), im Namen einer durchgängig naturwissenschaftlichen Weltanschauung, verband sich mit einer Welt- und Allfrömmigkeit, mit dem Glauben an die Erhebung des Gemüts durch Kunst und Wissenschaft, mit dem Glauben an eine bessere Menschheit der Zukunft und ein höheres vom Christentum befreites Ethos. [...]

Wichtig ist dann [...] eine zweite Phase des ‚Sozialdarwinismus‘, in der nicht mehr die Evolution – wie bei Haeckel und den Sozialisten –, sondern der Kampf ums Dasein, ums Überleben der Fähigsten, im Mittelpunkt stand und daraus Geschichte gedeutet und Politik programmiert wurde. Diese Art zu denken – sie breitete sich am Rande der Wissenschaft und in der Publizistik, bei Eugenikern und Rassebiologen und in völkischen Sekten aus –, mußte nicht nur Vorstellungen von Gott und Unsterblichkeit ganz hinter sich lassen, sondern mit der Vorstellung vom Lebensrecht des Stärkeren auch die Restbestände christlicher Moral und Humanität verdrängen und entmachten (und verband sich dann leicht mit einem vulgarisierten Nietzsche). [...]

War es schon mehr als schwierig, den überlieferten Begriff „Gott“ mit der wissenschaftlich erklärten Welt in Bezug zu setzen, so war es noch schwieriger, zwischen einem vielleicht nicht auszuschließenden Gott der Welt und dem biblischen Vater Jesu Christi, dem Gott der Philosophen und dem Gott Abrahams, wie Blaise Pascal formuliert hatte, zu vermitteln. Aber das war damals ein Problem der Theologen. Für die Mehrheit der Randkirchlichen war unter dem Einfluß der Naturwissenschaften der Zweifel an dem Gott der Philosophen die Hauptsache und von jenem „anderen Gott“ war nicht viel die Rede, Ethik war ein Problem für sich, aber konnte gegen jenen Zweifel kaum den Agnostizismus überwinden. [...]

Eine neue Epoche im Kampf gegen das Christentum eröffnet Nietzsche, und sein Angriff ist gewiß intellektuell-moralisch der bedeutendste dieser Jahrzehnte. [...]

Säkularer Glaube

[...] Zunächst sind es zwei bürgerliche Grundwerte, die gemeinsam oder isoliert in den Rang von letzten Wirklichkeiten rücken, sinnstiftend, überdauernd, die Gegenwart rechtfertigend und in die Zukunft übersteigend – innerweltliche Transzendenzen: die Arbeit und die Familie. Das immer schon Selbstverständliche, das zum Fristen und Überstehen des Lebens Notwendige wird zu einem Letzten. Wo der Horizont von Heil und christlicher Ewigkeit schwindet, in die das Leben gespannt ist, werden die Mittel – wie das Arbeiten – zum Zweck, zum Letzten, zum Selbstzweck, wird die Natur- und Kulturtatsache, verheiratet zu sein, Kinder und Enkel zu haben, zum Lebensinhalt, zur Lebenserfüllung. Man arbeitet nicht, um zu leben, sondern man lebt, um zu arbeiten, oder jedenfalls: Ein Leben ohne Arbeit, das Paradies der Arbeitsfreiheit ist keine positive Vorstellung. Arbeit also, für welchen individuellen oder sozialen oder kulturellen Zweck immer, für die Familie und die Kinder, die Nation, die Zivilisation, die Kultur, die Erhaltung der Ordnung oder den Fortschritt, das ist es, was eigentlich Lebenssinn stiftet. Und ebenso die Familie, die Kinder, in denen man überdauert, in Erinnerung, Erbe und biologischer Kontinuität, so bei Unternehmern und Bildungsbürgern, oder die Kinder, die es besser haben sollen, für die also man lebt und arbeitet, so bei Arbeitern und kleine Leuten. Diese bürgerliche Disposition breitet sich weit aus in die Arbeiterschaft und ins Bauerntum hinein. Die Friedhöfe der Zeit mit ihren Grabsteinen geben beredtes Zeugnis davon, rhetorisch überhöht gewiß, aber doch ganz charakteristisch. Die Arbeit und die Familie, auch wenn sie im Grundsatz oder doch häufig Freude machen, Erfolg und Glück vermitteln, reichen über den individuellen Willen zu sich selbst, die Selbstverwirklichung oder den Egoismus hinaus, in der Arbeit und in der Familie wirkt man für andere. Das ist Erbe und Selbstverständlichkeit aus christlich-religiösen Überlieferungen. Und solch überindividueller Bezug gilt für alles, was Anspruch darauf machen kann, daß man dafür lebt, daß es Sinn und Dauer stiftet, daß es die Frustrationen und Kontingenzen, die Zufälle und das Scheitern und die Schicksalsschläge ertragbar macht. Also: die praktische Religion des Bürgertums ist zunächst die von Arbeit und Familie, und das dehnt sich weit in das Landvolk und die „respektable" Arbeiterschaft aus. [...]

Die sozialdemokratische Subkultur war, anders als die bürgerliche, grundsätzlich ganz und faktisch sehr stark von Kirche und Christentum abkehrt, auch da, wo kirchliche Riten der Lebensübergänge noch eingehalten wurden. Wir haben davon gesprochen. Aber nun: Die wahre Lehre war Gegenstand eines Glaubens, die Partei eine andere Kirche; die Arbeiter‚bewegung' deutete Gegenwart, Vergangenheit und Zukunft; das Endziel war Gegenstand der Hingabe und der Hoffnung und forderte Opfer; die Moral war die der Brüderlichkeit; die Bewegung, und das war die Partei, gewährte Trost und Geborgenheit und spannte das Leben und das Konkrete des Täglichen in die weiten Perspektiven, sie leistete das, was ehedem Kirche und Religion geleistet hatten. Bebels Bestseller „Die Frau und der Sozialismus" war, über die rationale Welt- und Gesellschaftserklärung hinaus, ganz eschatologisch bestimmt, vom Zusammenbruch der alten Welt und der Vision der neuen besseren Welt des „Zukunftsstaates". Darum auch hatten die Konflikte um Endziel und Wege den Charakter und die moralische Qualität von Glaubenskämpfen.

Rotraud Wielandt

Re-Islamisierung?

Heute koexistieren in der islamischen Welt all die besprochenen Grundmuster kultureller Identifikation: Nach wie vor begreifen sich zahlreiche Muslime, vor allem solche aus von der Verwestlichung relativ wenig erfaßten Bevölkerungskreisen und Regionen, primär von der Religion her; andere, die an den durch Europa angeregten ideologischen Entwicklungen stärker partizipieren, betrachten sich als Träger der einen oder anderen Form von Nationalkultur; einige Intellektuelle schließlich sind auf der Suche nach ihrer kulturellen „Persönlichkeit". Welche dieser Bezugsgrößen auch jeweils im Zentrum des Selbstverständnisses und damit zugleich des Selbstbehauptungsstrebens stehen mag: sie verbindet sich zumindest unausgesprochen mit einem Urteil darüber, wie man es überhaupt macht, im Fluß der Zeit und unter wechselnden äußeren Einflüssen „man selbst" zu bleiben. Erhält eine Kulturgemeinschaft ihr Selbst, indem sie so bleibt, wie sie anfangs war? Oder wenigstens, indem sie immer dieselben Normen zu verwirklichen sucht, an denen sie sich in ihren Ursprüngen orientierte? Anhänger des Wahhabismus Saudi-Arabiens, des salafitischen Reformismus und neuerer fundamentalistischer Strömungen würden für sich entweder beide Fragen oder mindestens die zweite positiv beantworten. Für sie ist kulturelle Selbstbehauptung immer ein Weg zurück: Rückbesinnung auf die Prinzipien des „reinen" Urislams, Rückkehr zu ihrer möglichst konsequenten Anwendung, Wiederentdeckung derjenigen Phasen der eigenen Vergangenheit, in denen sie angeblich vollkommen verwirklicht waren. Die Kultur, die auf diese Weise gegenüber der europäpischen durchgehalten werden soll, ist also in ihrem Wertsystem gänzlich statisch. Doch vertreten auch etliche Muslime unserer Zeit einen dynamischeren Kulturbegriff. Sie sind der

Überzeugung, daß Kulturgemeinschaften ebenso wie Individuen nicht von Anfang an ein für allemal „sie selbst" sind, sondern daß sie ihr Wesen verwirklichen, indem sie die ihnen innewohnenden Möglichkeiten in der Auseinandersetzung mit neuen Situationen und Gedanken ständig weiter entfalten. Von daher ist für sie kulturelle Selbstbehauptung ein Weg nach vorn: Ergründung und Erprobung dessen, was das islamische Erbe unter veränderten historischen Bedingungen und in einem neuen Bildungshorizont fürderhin bedeuten kann. Es geht nach ihrem Empfinden nicht um die Bewahrung eines immer Gleichen, sondern um die Bewährung der Tragfähigkeit einer sich kontinuierlich fortentwikkelnden Tradition. Eine solche Vorstellung von der Zukunft arabisch-islamischer Kultur haben während der letzten zwanzig Jahre vor allem Denker des arabischen Westens verfochten, so zum Beispiel die Tunesier Maḥjūb ibn Mīlād und Hishām Juʿaiyiṭ (Hichem Djait), ferner der Marokkaner ʿAbdallāh al-ʿArwī (Abdallah Laroui).

Der Prozeß, den man vereinfachend als „Re-Islamisierung" zu bezeichnen pflegt, hat dafür gesorgt, daß gegenwärtig Anhänger einer statisch verstandenen islamischen Kultur viel Beachtung finden. Doch bleibt abzuwarten, ob nicht Muslime, die eine Neuinterpretation ihres geistigen Erbes im Lichte der Intellektualität des 20. Jahrhunderts für legitim und notwendig halten, auf die Dauer für die Lösung konkreter Zeitprobleme Besseres zu leisten vermögen.

Heinrich Bergstresser/Sibylle Pohly-Bergstresser

Animismus in Nigeria

In Nigeria existiert eine ungewöhnliche Vielfalt religiöser Gemeinschaften. Die traditionellen Herrscher mit ihren Priestern, Schamanen und Medizinmännern spielen dabei einen wichtigen Part im religiösen Leben der Menschen, stellen sie doch oft die Verbindung her zu den Göttern, Geistern und Seelen der Vorfahren.

Nur wenige bekennen sich heute noch ausschließlich zu den animistischen Religionen. Die meisten Nigerianer zählen sich entweder zum Christentum, zum Islam oder deren lokalen Varianten. Aber trotz seiner Zugehörigkeit zu Kirche oder Moschee kann jeder Mensch nach Bedarf und Seelenlage seinen Schrein aufsuchen. Er kann Shekwoi, Oghene, Ogun, Esu, Chukwu oder Mami Water anbeten, ihnen danken oder sie um Schutz bitten vor den bösen Geistern des gierigen Nachbarn, des Bruders, der Böses im Schilde führt, Hilfe erflehen gegen Krankheit und Unfruchtbarkeit, die neidische Freunde und Verwandte herbeigezaubert haben.

Diese religiösen Praktiken, vermischt mit Magie und Zauberei, sind über das ganze Land verbreitet. Sie garantieren Priestern und Heilkundigen Macht und Einfluß und den Gläubigen die Möglichkeit, Identitätskrisen, Wertewandel, Ängste und Sehnsüchte in einer immer schwerer zu durchschauenden Welt zumindest teilweise seelisch-körperlich zu verarbeiten.

Für den Fremden ist diese Welt weitgehend unverständlich und verschlossen. Aber es gibt religiöse Feiern, die auch dem interessierten Laien eine Ahnung vermitteln von den Dimensionen animistischer Religionsausübung in Nigeria. So ist Ile-Ife eines der Zentren, wo jährlich rund 200 Festlichkeiten zu Ehren der vielen Götter der Yoruba-Mythologie stattfinden.

Das Olojo-Fest ist sicherlich eines der wichtigsten: Der Ooni von Ile-Ife hat seine intensiven Gebete und Gespräche mit den Göttern beendet und tritt nun, beschützt von seiner Leibgarde, den Lokolokos, mit der „Aare“, der perlenbestickten Krone auf dem Kopf, in die Öffentlichkeit. In diesem Moment gehört er selbst der Geisterwelt an. Er bringt am Oke-Mogun-Schrein Ogun, dem Gott des Krieges und des Eisens, dem Heiligen der Schmiede, der Jäger und der Fernfahrer, ein Opfer dar als Dank für den Schutz, den der Gott Ile-Ife und dem gesamten Yoruba-Land gewährt.

Aber auch die Maskentänze in verschiedenen Landesteilen sind Ausdruck der tiefen Verbundenheit mit Geistern, Heiligen und Ahnen. Verschiedene Ethnien, wie die Igbira in Kwara State oder die Abua in Rivers State, besitzen Masken, die die respektierten und gefrüchteten Elemente des Jenseits darstellen. Wenngleich viele dieser Maskentänze inzwischen zur reinen Unterhaltung verkommen sind, so spielen einige noch immer tragende Rollen bei Initiationsriten und Erntedankfesten, bei Geburt, Hochzeit und Tod.

Die Frauen, die so häufig bei heiligen Handlungen abseits stehen müssen, finden bei Maskentänzen gelegentlich ihren rituellen Platz. So z. B. bei der Ohworu-Maskerade im Urhobo-Land, die den Frieden der Wasser- und Waldgeister erbittet und bei der die beiden wichtigsten Masken Frauen darstellen. Sonst aber sind Auftritte der Masken und kultische Handlungen eine Männerdomäne, und Priesterinnen wie die der Göttin Mami Water im Nigerdelta bleiben auch weiterhin die Ausnahme.

Der Glaube an die Götter der Vorfahren, an die Heiligkeit der traditionellen Herrscher sitzt tief in den Seelen der Nigerianer. Dem Kolonialismus und der rationalen Welt des 20. Jahrhunderts trotzend, leben Geister, Naturgottheiten, Zauber und Magie fort, denn der tägliche Kampf ums Überleben läßt keine Zeit, die Welt und ihre Mechanismen zu verstehen. Leiden und Nichtverstehen sichert dem Animismus auch weiterhin seinen Platz im komplizierten kulturellen und sozialen Geflecht des Landes.

Leo Prijs
Bné Brák – die Tora-Stadt

Wer echtes, traditionelles Judentum im heutigen Israel kennenlernen will, begebe sich nach Bné Brák, einer nur fünf Kilometer von Tel Aviv entfernten, etwa 110000 Einwohner zählenden Ortschaft. Der motorisierte Besucher muß freilich wissen, daß an Sabbaten und Feiertagen aufgrund von Beschlüssen der Gemeindeverwaltung jeglicher Autoverkehr innerhalb der Stadtgrenzen verboten ist. Der von auswärts kommende Autofahrer mag sich ärgern, wenn er die Einfahrt zur Stadt durch Schranken gesperrt vorfindet, für die Einwohner ist diese strikte Einhaltung der Sabbatruhe nicht nur religiöses Gebot, sondern auch ein ökologischer Segen: Jung und alt profitiert davon, daß am Sabbat und an Feiertagen die Luft nicht durch Gestank verpestet ist und daß man sich ohne Angst vor Autos auch auf den Straßen zu Fuß bewegen kann. Besonders für kinderreiche Familien – und religiöse Familien sind meist kinderreich – ist diese Bewegungsfreiheit bei Spaziergängen eine große Erleichterung. Das Stadtbild ist geprägt durch die 400 Synagogen und Betstuben und die vielen großen und kleinen Talmud-Akademien, in denen sich an die 8000 Studenten dem Studium des Talmud und sonstiger religiöser Literatur hingeben. In der größten dieser Akademien studieren allein über 1000 Jünger. Diese Jeschíwa, die auf einem Hügel steht und das ganze Stadtbild beherrscht, ist eine Gründung des 1969 verstorbenen Rabbi Josef Kahanemann. Er war eine charismatische Persönlichkeit, der es während seiner ausgedehnten Reisen in die Diaspora gelang, die Herzen und die Geldbeutel seiner Glaubensgenossen zu öffnen. Dadurch war es ihm möglich, seine Institution ständig zu erweitern, z. B. durch Errichtung eines Studentenwohnheimes. All dies, sagte er von sich, habe er mit 21 Fingern geschaffen – mit den 20 an Händen und Füßen und dem Finger Gottes.

Als Rektor seiner Akademie vernachlässigte er nicht seine Lehrtätigkeit, bei der er sich als überragender Kenner des Talmud erwies.

Bné Brák beherbergte auch den berühmtesten Talmudgelehrten seiner Zeit, den wie Kahanemann aus Litauen eingewanderten, 1953 verstorbenen Rabbi Abraham Karelitz. Er war ein Privatgelehrter, der nie eine bezahlte Rabbinatsstelle annehmen wollte, aber wegen seiner überragenden Gelehrsamkeit und menschlichen Eigenschaften von orthodoxen Juden in aller Welt dennoch als oberste Instanz in allen religiösen Fragen anerkannt war. Die Hochschätzung des Rabbi auch in nichtreligiösen Kreisen zeigte sich darin, daß Ben Gurion, als er sich in seiner Eigenschaft als Ministerpräsident mit dem Rabbi über Fragen der Religion im Staat Israel beraten wollte, ihn nicht etwa nach Jerusalem, seinem Amtssitz, bemühte, sondern sich höchstpersönlich nach Bné Brák begab, um mit dem Rabbi in seiner armseligen Wohnung zu konferieren.

Eine Reportage über Bné Brák aus der Feder des Journalisten Menachem Michelson beginnt mit der Feststellung, daß in Bné Brák, dieser Stadt mit der höchsten Geburtenziffer und der niedrigsten Zahl von Verbrechen in Israel, sich alles um die Religion drehe; insofern sei Bné Brák mehr als eine Ortschaft – es sei ein *Phänomen*. Der Reporter meint sodann, der reine orthodoxe Lebensstil, wie er dort vorherrsche, sei nirgends sonst in der Welt zu finden. Dazu sei angemerkt, daß man natürlich auch in Jerusalem und anderen Städten Israels und der Diaspora Stadtviertel mit reiner orthodoxer Lebensweise antrifft, aber eben nur Stadtviertel, wie in Jerusalem Méa Shearím, nicht ganze Städte. Der Verfasser zitiert sodann den Spruch: „Bné Brák ist zwar nicht das Paradies, wohl aber die Straße, die zum Paradies führt." Er bemerkt dazu aber, daß Bné Brák angesichts der Zwistigkeiten innerhalb der verschiedenen orthodoxen Gruppierungen und Ausrichtungen noch weit davon entfernt sei, eine Straße zum Paradies zu sein. In einer Beziehung je-

Abb. 8: Rabbiner (Buchillustration um 1905 von Ephraim Mose Lilien, 1874–1925). „Es befanden sich unter den Schülern meines Großvaters scharfsinnige Köpfe und hervorragende Gelehrte, prädestiniert für leitende Stellen in jüdischen Gemeinschaften. Er betreute seinen Weinberg, den Weinberg Gottes, mit souveränem Überblick; insbesondere schärfte er seinen Schülern stets ein, sich in ihrer Eigenschaft als Tora-Gelehrte von jeglichem Standesdünkel fernzuhalten und auch keinerlei Druck auf das Publikum auszuüben, um einen Rabbinatsposten zu erlangen. Trotz seiner väterlichen Liebe zu jedem einzelnen seiner Schüler hielt er sich ihnen gegenüber an den pädagogischen Grundsatz des Talmuds: ‚Mit der Linken stoße man den Zögling von sich (d. h. man halte Distanz), mit der Rechten aber ziehe man ihn zu sich heran', d. h. Liebe sei mit Strenge gepaart [...].“ (Rabbi Salomo Schreiber über seinen Großvater, den in Preßburg wirkenden berühmten Rabbi Moses Schreiber, gestorben 1839.)

doch, stellt der Reporter fest, seien sich alle orthodoxen Einwohner einig: am Sabbat und an Feiertagen kein Telefon, kein Autoverkehr, kein Fernsehen. Die meisten Familien besitzen überhaupt kein Fernsehen, wegen seines angenommenen schlechten moralischen Einflusses, vor allem auf Kinder.

Der Reporter schildert den durch Sirenenton angezeigten Sabbatbeginn am Freitagabend, gekennzeichnet durch Abendgottesdienst und häusliche Sabbatfeier. Dann: „Am Sabbatmorgen, nach dem Morgengottesdienst und der Mahlzeit, strömt die ganze Bevölkerung – besonders wenn es ein sonniger Tag ist – familienweise zu einem Spaziergang hinaus in die Straßen, vor allem in die Hauptstraße. Dort trifft man sich, plaudert miteinander, prahlt mit den neuesten Babys. Männer, Frauen und Kinder sind sabbatlich gekleidet; die Frauen tragen ihren sabbatlichen Putz. Gruppen von Teenager-Jungen auf der einen Seite der Straße und Gruppen von Teenager-Mädchen auf der anderen Seite beäugen sich gegenseitig, flüstern, kichern und lachen. Dies ist die lokale Version von Liebesgeschichten."

Zum Abschluß macht der Reporter darauf aufmerksam, daß Bné Brák schon im Altertum existierte und im Talmud erwähnt wird. „Rámi, Sohn des Jechéskel", heißt es dort (Ketubot 111 b), „kam von Babylonien in das Heilige Land. In Bné Brák angelangt, sah er Ziegen, die Feigen aßen. Honig tropfte von den Feigen und Milch von den Ziegen. ‚Dies', rief Rámi aus, ‚ist das Land, das von Milch und Honig fließt' (Deut. 26,9)." „Vielleicht", meint der Reporter mit Blick auf diese talmudische Erzählung humorvoll, „war Bné Brák schon immer etwas Besonderes."

Manfred Pohl
Woran glauben die Japaner?

Die Toleranz der Japaner in Glaubensfragen kennt keine Grenzen: Bei Umfragen geben die meisten Befragten Zugehörigkeit zu mehreren Religionen an, sie sind danach Shintoisten, Buddhisten oder auch Anhänger sogenannter „neuer Religionen“ – alles zugleich. 1988 gab es bei 122 Mio. Einwohnern 115 Mio. Shintoisten, 92 Mio. Buddhisten, 14,4 Mio. Anhänger „neuer Religionen“, 17 Mio. Mitglieder der buddhistischen Riesensekte „Soka gakkai“ und 1,4 Mio. Christen. Im großen und ganzen aber zeigen Religionsstatistiken nach Zugehörigkeit, daß feste Glaubensbindungen selten sind: 1986 gaben 30% bei einer Zeitungsumfrage an, sie praktizierten „irgendwie“ ihren Glauben, aber immerhin 51% glaubten an die Existenz eines Gottes oder an Götter. Dagegen besuchten 70% regelmäßig zu Neujahr den örtlichen Shinto-Schrein und 72% die Gräber ihrer Ahnen ein- oder zweimal im Jahr; 35% beteten um geschäftlichen Erfolg oder eine erfolgreiche Schulprüfung. Die regelmäßigen statistischen Erhebungen zeigen für die Zeit zwischen 1973 und 1983 ein interessantes Phänomen, das sich nach Zeitungsmeldungen auch heute fortsetzt: Japans Jugend glaubt wieder stärker an Göttliches in irgendeiner Form, auch Geisterglaube hat sich unter den jungen Leuten Japans verbreitet. Die meisten Zahlen über Religionszugehörigkeit werden von den Glaubensgemeinschaften den Behörden zur Verfügung gestellt, daher ist ein hoher Unsicherheitsfaktor anzunehmen. Die angeführten Umfrageergebnisse basieren jedoch auf Erhebungen des Amtes des Ministerpräsidenten.

Zyniker haben einmal das Verhältnis der Japaner zur Religion mit der Kurzformel karikiert: shintoistische „Taufe“ und Hochzeit, buddhistisches Leichenbegängnis und Erziehung auf einer christlichen Universität (mindestens für

Mädchen). Diese „Toleranz“ bedeutet aber nicht Gleichgültigkeit in religiösen Fragen, vielmehr wird religiöser Glaube in Japan nicht dogmatisch eingegrenzt, wie ja auch die Religion des Buddhismus ohne Schwierigkeien shintoistische Götter in ihren Kreis von „Gottheiten“ aufgenommen hat. Deshalb sind die festgefügten Lehrgebäude der christlichen Konfessionen für Japaner nur schwer anzunehmen. Der Begriff der „Sünde“ ist Japanern fremd, dagegen kennt die japanische Kultur den zentralen Begriff der „Scham“ als Reaktion auf Regelverletzungen.

Kurzdefinitionen der Hauptreligionen Japans sind fast unmöglich, am schwersten fällt das im Shinto. Die wichtigste Glaubensvorstellung ist hier wohl die Ahnen- und Naturverehrung. Westliche Besucher können shintoistische Heiligtümer (Schreine) leicht an den oft leuchtend roten „torii“-Toren erkennen, die den Schreinbezirk markieren. In der Natur werden Felsen, Wasserfälle, kurz viele auffällige Naturerscheinungen, zu verehrungswürdigen Stätten und durch Tabu-Seile als „heilig“ gekennzeichnet. In den Schreinen werden die verschiedensten Gottheiten, z. B. auch die vergöttlichten Ahnen einer Sippe oder eines Dorfes, verehrt. Reinigungszeremonien und Bittgebete (norito) sind Hauptteile der Kulthandlung. Shinto kennt keine „Gottheiten“ im westlichen Sinne, sondern die „kami“, die verehrt werden, sind eher wirkenden Kräften in der Natur vergleichbar. Der Kult der Shinto erscheint in vielen verschiedenen Ausprägungen, darunter der „Staats-Shinto“, der im 19. Jahrhundert zur religiös begründeten Staatsideologie mit einem Auserwähltheitsanspruch des japanischen Volkes wurde und den Tenno als höchsten „kami“ vergöttlichte. Wichtiger für das tägliche Leben und den Jahreslauf der Japaner ist demgegenüber aber der Volks-Shinto mit seinen zahllosen Gottheiten und religiösen Bräuchen; nicht zuletzt die ausgelassenen Schrein-Feste spielen hier eine zentrale Rolle.

Seit dem 6. Jahrhundert ist der Buddhismus mit seinen verschiedenen Schulen und Sekten fester Bestandteil des religiösen Lebens in Japan. Nicht nur als Glaubensrichtung, sondern auch als politischer Faktor ist der Buddhismus zur prägenden Kraft der japanischen Kultur geworden. Alle buddhistischen Schulen sehen die Welt als Übel an, das Leben ist Teil eines Wiedergeburtszyklus, der durchbrochen werden muß. Menschliche Vergehen („karma") erzwingen immer aufs neue die Wiedergeburt; Glaube an Buddha und Befreiung vom „karma" erlöst aus diesem Kreislauf. Solche Buddhaschaft können alle Lebewesen erlangen. In Japan werden fünf Buddhas besonders verehrt: der historische Buddha Shaka (Prinz Gautama), Amida im westlichen Paradies, der Lichtbuddha Dainichi, Miroku, der zukünftige Buddha, und Yakushi, der Herr des östlichen Paradieses und Krankheitsheiler. Unter den Buddhas rangieren die Bodhisattvas (jap. bosatsu), die Buddhaschaft erlangt haben, aber lehrend und helfend weiter unter den Menschen wirken. Besondere Verehrung genießen Kannon (oft vielarmig dargestellt, mit weiblichen Zügen) und Jizo, der als kleine Figur mit rotem Mützchen und Opfergaben vor sich an den Straßenrändern sitzt und Kinder (im Straßenverkehr), Reisende und werdende Mütter beschützt. Kieselsteinchen auf seinem Kopf oder vor ihm helfen Jizo, verstorbene Kleinkinder über den Fluß der Unterwelt zu bringen.

Die kultischen Handlungen sind in den verschiedenen Richtungen des Buddhismus unterschiedlich, aber sie weisen zwei Gemeinsamkeiten auf: Rezitieren heiliger Texte (Sutren) und Anrufung des Namens Buddhas (nembutsu). Zahlenmäßig die größte buddhistische Sekte ist heute die Soka gakkai („Gesellschaft zur Schaffung von Werten"), die der Nichiren-Schule angehört und das Lotus-Sutra als alleingültigen heiligen Text ansieht. Die unaufhörliche Rezitation der Anfangszeile dieses Sutra („Oh, du Kleinod im Lotus") bringt angesichts der nahe bevorstehenden Endzeit der Welt Erlösung. Einflüsse aus China brachten im 13. Jahrhundert eine radikale Abkehr von Texten und Priestern: Der Zen-Buddhismus lehrte, durch eigene Kraft, in der Meditation, „satori“ (Erleuchtung) zu erlangen. Zuerst übernahmen die Samurai diese neue Lehre, dann verbreitete sie sich in allen Schichten und prägte entscheidend die japanischen Künste. Buddhistische Kultstätten werden als „Tempel“ (tera) bezeichnet, während die shintoistischen Heiligtümer „Schreine“ (jinja) sind. Buddhistische Feste sind fester Teil des Jahres, besonders das O-bon-Fest (Toten- bzw. Ahnenfest) im Juli oder August.

Die „neuen Religionen“ sind meist Stifterreligionen, die Ende des 19. und Mitte des 20. Jahrhunderts in Zeiten gesellschaftlicher Umbrüche und politischer Unruhen aus verschiedensten religiösen Einflüssen entstanden. In einigen Fällen waren es Frauen aus bäuerlichen Familien, die nach einem „Gesicht“, nach wunderbaren Krankenheilungen oder Träumen eine neue religiöse Bewegung ins Leben riefen. Zu solchen „neuen Religionen“ ist auch die erwähnte Soka gakkai zu zählen, aber auch ohne sie mitzurechnen, haben diese Gruppen heute mehr als zwölf Millionen Mitglieder.

Damit verglichen, ist das Christentum unbedeutend. Rund 400000 katholische Christen und ca. eine Million Protestanten, aufgesplittert in zahlreiche Sekten, zählt man heute.

Kurt Hübner

Wiederkehr des Mythos?

Weder Hölderlin noch Wagner, das sei ausdrücklich hervorgehoben, verbinden mit der Idee der Wiederkehr eines goldenen Zeitalters die Herstellung unveränderter Urzustände. „Und rückwärts soll die Seele mir nicht fliehn“, ruft Hölderlin aus, „/Denn tödlich ist's.“ Damit meint er, eine bloße Rückwärtswendung wäre ohne Leben, weil das Vergangene nur im Medium der Gegenwart wirklich zu sein vermag, sei es im Gedächtnis zur Zeit der Mythos-fernen Nacht, sei es in einer Wiedergeburt. Eine echte Wiedergeburt entspränge schon deswegen einer anderen Lebenswirklichkeit, weil die Erinnerung an die Götterferne ebenso wenig wie diejenige an die Götternähe wieder ausgelöscht werden kann. Vielleicht noch deutlicher finden wir diese Auffassung bei Wagner, der ja die Wiederkehr des heilen Urzustandes nicht in griechischer oder germanischer Form, sondern in der Gestalt eines mythischen Christentums erwartet. Wieder stoßen wir hier auf eine Variante der Grundvorstellung, daß das gleiche in verschiedenem Gewande wiederkehrt, weil die Substanz der Archái nur im Sterblichen offenbar wird, das ewigem Wandel unterliegt. Diese Mannigfaltigkeit in der Erscheinung des an sich Gleichen hat damit eine *synchrone* und *diachrone* Form: Die erste liegt zum Beispiel vor, wenn wir die verschiedenen Erscheinungsweisen desselben Mythos in der frühen Antike verfolgen, die zweite zeigt zum Beispiel die Fortsetzung des griechischen Mythos in demjenigen Hölderlins und Wagners.

Eine Wiederkehr des Mythos in gleicher Form wie früher ist also schon deswegen ausgeschlossen, weil wir nicht in eine Welt zurückschlüpfen können, der unsere Erfahrungen vollständig unbekannt waren. Ferner müssen alle heute so zahlreichen Versuche, aus unserer von Wissenschaft, Technik und damit industrieller Produktion geprägten Kultur einfach auszusteigen, daran scheitern, daß die Zerstörung dieser Kultur den Massen die Lebensgrundlage entzöge und im allgemeinen Elend enden müßte. Vergessen wir auch nicht, daß sich solche Versuche nur allzuoft zugleich gegen eine der bewunderswertesten Leistungen menschlichen Geistes richten. Die Fragwürdigkeit des Weges, der vor etwa dreihundert Jahren eingeschlagen wurde, nimmt weder denen, die ihn beschritten haben, etwas von ihrer Größe und Kühnheit, noch vermag sie die Wohltaten zu schmälern oder die unübersehbare Fülle von Erkenntnissen herabzusetzen, die auf der anderen Seite damit die Menschheit errungen hat. Im übrigen läßt sich eine Wiederkehr mythischer Erfahrungen [...] trotz ihrer theoretischen Möglichkeiten und grundsätzlichen Rechtfertigung überhaupt nicht in irgendeiner Weise *machen*. Wenn sie sich nicht nur verstreut, wie heute, sondern in einer die Allgemeinheit bestimmenden Form wieder einstellt, und zwar in geschichtlich gewandelter Gestalt, was ja, wie gesagt, die Voraussetzung dafür ist, so ist das, mythisch gesehen, ein Geschick, wissenschaftlich ein Zufall. Es kann also in keinem Falle erzwungen oder vorhergesagt werden. Es geschieht einfach.

Dennoch läßt sich feststellen, daß sich die geschichtliche Lage bereits gewandelt hat. Die [...] Fragwürdigkeit des wissenschaftlich-technischen Fortschrittes, besonders sichtbar geworden in zahlreichen sozialen Problemen, in der Umweltzerstörung und den Gefahren der Atomenergie, ist heute so sehr in aller Munde, daß hier nicht näher darauf eingegangen werden muß. Weniger ins allgemeine Bewußtsein gedrungen, wenn auch auf lange Sicht vielleicht noch wirksamer, ist die wissenschaftlich-theoretische Einsicht in die Unmöglichkeit, der Wissenschaft eine absolute Grundlage zu geben. Mit dieser Einsicht ist ausgeschlossen worden, daß man sich nur deshalb der Wissenschaft weiterhin verpflichtet fühlt, weil sie im Besitz der alleinigen Wahrheit ist, gleichgültig, wohin uns ihr Fortschritt führt und wie enttäuschend die Wirklichkeit sein mag, die sie uns zeigt. Schließlich haben die Ergebnisse einer nunmehr beinahe zweihundert Jahre währenden Mythos-Forschung eine stille Revolution eingeleitet, weil sie, obgleich noch kaum beachtet, erschüttert haben, was uns vorher geradezu selbstverständlich schien, nämlich die Meinung, Mythen seien bloße Ausgeburten der Phantasie, zumindest von der Wissenschaft überholt und widerlegt.

Wenn sich also auch, wie gesagt, im gegebenen Zusammenhang keine sichere Vorhersage für die Zukunft machen läßt, so darf man doch andererseits vermuten, daß die Epoche einseitiger wissenschaftlich-technischer Prägung ihren Höhepunkt bereits überschritten hat. Aber wenn vorangegangene Erfahrungen nicht gänzlich wieder vergessen werden können, so läßt sich für die Zukunft nur eine Kulturform vorstellen, in der Wissenschaft und Mythos weder einander unterdrücken noch unverbunden nebeneinanderher bestehen, sondern in eine durch das Leben und das Denken vermittelte Beziehung zueinander treten. Wie das aber möglich sein soll, davon wissen wir heute noch nichts.

Autoren- und Quellenverzeichnis

Alle genannten Werke sind im Verlag C. H. Beck, München, erschienen

RICHARD ALEWYN, 1902–1979, wurde 1931 Privatdozent für deutsche Literatur in Berlin und folgte 1932 einem Ruf an die Universität Heidelberg. Nach seiner Entlassung 1933 lehrte er in Paris und New York; 1948 kehrte er aus der Emigration nach Deutschland zurück und wirkte in Köln, Berlin und zuletzt in Bonn als Ordinarius für deutsche Sprache und Literatur.
Bei C. H. Beck erschienen: Das große Welttheater. Die Epoche der höfischen Feste, 1989.

Aus: Das große Welttheater, S. 124–127.

JAN ASSMANN, geb. 1938, ist Professor der Ägyptologie in Heidelberg. Zahlreiche Veröffentlichungen vor allem zur ägyptischen Religion und Literatur.
Bei C. H. Beck erschienen: Ma'at. Gerechtigkeit und Unsterblichkeit im Alten Ägypten, 1990.

Aus: Ma'at, S. 174–177, 145–149, 53 f., 230 f., 281–283.

CORNELIS AUGUSTIJN, geb. 1928 in Rotterdam, ist seit 1968 Ordinarius für Kirchengeschichte an der Freien Universität Amsterdam.
Bei C. H. Beck erschienen: Erasmus von Rotterdam. Leben, Werk, Wirkung, 1986.

Aus: Erasmus von Rotterdam, S. 155–157.

HANS-GEORG BECK, geb. 1910, war von 1960 bis 1975 Ordinarius für Byzantinistik an der Universität München. Er war langjähriger federführender Herausgeber der Byzantinischen Zeitschrift und zeitweise Vizepräsident der Deutschen Forschungsgemeinschaft, Mitglied des Wissenschaftsrates, Präsident des Deutschen Studienzentrums in Venedig.
Bei C. H. Beck erschienen: Das byzantinische Jahrtausend, 1978; Byzantinisches Lesebuch, 1982; Byzantinisches Erotikon, 1986.

Aus: Das byzantinische Jahrtausend, S. 264–266.

Aus: Byzantinisches Lesebuch, S. 316–319.

Hans Belting, geb. 1935, ist Professor für Kunstgeschichte an der Universität München und Mitglied der Heidelberger Akademie der Wissenschaften.
Bei C.H. Beck erschienen: Bild und Kult. Eine Geschichte des Bildes vor dem Zeitalter der Kunst, 1990.

Aus: Bild und Kult, S. 11f.

Heinrich Bergstresser, geb. 1949, Dipl.-Politologe und Afrikanist, ist Redakteur bei der Deutschen Welle und derzeit für die Friedrich-Naumann-Stiftung in Nigeria tätig.
Bei C.H. Beck erschienen: Nigeria, 1991 (zus. mit S. Pohly-Bergstresser).

Aus: Nigeria, S. 79–82.

Bhagavata Purana.

Aus: Die Erzählungen von Visnu. Indische Mythen und Legenden, herausgegeben von Lydia Icke-Schwalbe, 1990, S. 94–96, 5–8.

Brahmanas.

Aus: Weisheit des alten Indien, Band 1, herausgegeben von Johannes Mehlig, 1987, S. 156f.

Walter Burkert, geb. 1931, war Dozent bzw. Professor in Erlangen und Berlin und ist heute Professor für Klassische Philologie an der Universität Zürich.
Bei C.H. Beck erschienen: Antike Mysterien. Funktionen und Gehalt, 1990.

Aus: Antike Mysterien, S. 12–14.

Heribert Busse, geb. 1926, von 1973 bis 1991 Professor und Direktor des Seminars für Orientalistik in Kiel, jetzt emeritiert.

Aus: Der Islam in der Gegenwart, herausgegeben von Werner Ende und Udo Steinbach, [3]1991, S. 21–23.

Karl Christ, geb. 1923, ist emeritierter ordentlicher Professor für Alte Geschichte an der Philipps-Universität Marburg.

Bei C.H. Beck erschienen: Römische Geschichte und deutsche Geschichtswissenschaft, 1982; Die Römer. Eine Einführung in ihre Geschichte und Zivilisation, [2]1984; Geschichte der römischen Kaiserzeit. Von Augustus bis Konstantin, 1988.

Aus: Geschichte der römischen Kaiserzeit, S. 577–591, 597f.

MANFRED CLAUSS, geb. 1945, ist Professor für Alte Geschichte an der Freien Universität Berlin.
Bei C.H. Beck erschienen: Sparta. Eine Einführung in seine Geschichte und Zivilisation, 1983; Geschichte Israels. Von der Frühzeit bis zur Zerstörung Jerusalems (587 v. Chr.), 1986; Mithras. Kult und Mysterien, 1990.

Aus: Mithras, S. 171f.

Aus: Geschichte Israels, S. 192f.

ALFONS DEISSLER, geb. 1914, ist em. Ordinarius für Alttestamentliche Literatur an der Universität Freiburg/Br.

Aus: Vom Anfang der Welt. Wissenschaft, Philosophie, Religion, Mythos, herausgegeben von Jürgen Audretsch und Klaus Mainzer, [2]1990, S. 183–185.

GERHARD ENDRESS, geb. 1939, ist seit 1975 Professor für Orientalistik an der Ruhr-Universität Bochum.
Bei C.H. Beck erschienen: Der Islam. Eine Einführung in seine Geschichte, [2]1991.

Aus: Der Islam, S. 32–39.

EGON FRIEDELL, 1878–1938, Wiener Kabarettist, Schauspieler, Kritiker und Übersetzer, vor allem aber als Schriftsteller und Essayist berühmt.
Bei C.H. Beck erschienen: Kulturgeschichte Ägyptens und des Alten Orients. Leben und Legende der vorchristlichen Seele, 1989; Kulturgeschichte der Neuzeit. Die Krisis der europäischen Seele von der Schwarzen Pest bis zum Ersten Weltkrieg, 154. Tsd. 1989; Kulturgeschichte Griechenlands. Leben und Legende der vorchristlichen Seele, 42. Tsd. 1984; Das Friedell-Lesebuch, 1988.

Aus: Kulturgeschichte Ägyptens und des Alten Orients, S. 293–296, 382–386.

HORST FUHRMANN, geb. 1926, ist Präsident der ‚Monumenta Germaniae Historica' und Professor für Geschichte an der Universität Regensburg.
Bei C. H. Beck erschienen: Von Petrus zu Johannes Paul II. Das Papsttum: Gestalt und Gestalten, [2]1984; Einladung ins Mittelalter, [4]1989; Fern von gebildeten Menschen. Eine oberschlesische Kleinstadt um 1870, 1989.

HANS-JÜRGEN GOERTZ, geb. 1937, ist Professor am Institut für Sozial- und Wirtschaftsgeschichte in Hamburg.
Bei C. H. Beck erschienen: Pfaffenhaß und groß Geschrei. Die reformatorischen Bewegungen in Deutschland 1517–1529, 1987, Die Täufer. Geschichte und Deutung, [2]1988; Thomas Müntzer. Mystiker, Apokalyptiker, Revolutionär, 1989.

JOHANN WOLFGANG VON GOETHE, 1749–1832.
Bei C. H. Beck erschienen: Werke. Hamburger Ausgabe in 14 Bänden, 1982 f.; Goethes Briefe und Briefe an Goethe, Hamburger Ausgabe, 1988.

ROLAND GÖTZ, geb. 1963, Lic. theol., ist Wissenschaftlicher Mitarbeiter am Institut für Kirchengeschichte, Kath.-Theol. Fakultät, der Universität München.

RICHARD GOMBRICH, geb. 1937, ist Boden Professor für Sanskrit an der Universität Oxford und Fellow des Balliol College. Bei C. H. Beck hat er folgende Werke zus. mit Heinz Bechert herausgegeben: Die Welt des Buddhismus, 1984; Der Buddhismus. Geschichte und Gegenwart, 1989.

Buddhas und Bodhisattvas 114
Buddhismus und indische Literatur 235
Aus: Die Welt des Buddhismus, S. 91 f., 87 f.

Aaron J. Gurjewitsch, geb. 1924, ist heute leitender wiss. Mitarbeiter am Institut für allgemeine Geschichte der Akademie der Wissenschaften der UdSSR in Moskau.
Bei C. H. Beck erschienen: Das Weltbild des mittelalterlichen Menschen, ^{4}1989; Mittelalterliche Volkskultur, 1987.
Zwei Höllen 146
Aus: Mittelalterliche Volkskultur, S. 229, 238–240.
Antike und mittelalterliche Vorstellungen von Reichtum und Arbeit . 253
Aus: Das Weltbild des mittelalterlichen Menschen, S. 247–250.

Heinz Halm, geb. 1942, ist Professor für Islamische Geschichte am Orientalischen Seminar der Universität Tübingen.
Bei C. H. Beck erschienen: Das Reich des Mahdi, 1991.
Fatimiden und Ismailiten – Das Reich des Mahdi 231
Aus: Das Reich des Mahdi, S. 11 f.

Kurt Hübner, geb. 1921, ist o. em. Professor für Philosophie an der Universität Kiel.
Bei C. H. Beck erschienen: Die Wahrheit des Mythos, 1985.
Schöpfungsgeschichte und Kosmologie 103
Aus: Vom Anfang der Welt. Wissenschaft, Philosophie, Religion, Mythos, herausgegeben von Jürgen Audretsch und Klaus Mainzer, ^{2}1990, S. 188–192.
Wiederkehr des Mythos? 285
Aus: Die Wahrheit des Mythos, S. 409 f.

F. de Jong, geb. 1944, ist seit 1987 Inhaber des Lehrstuhls für Islamische Sprachen und Kulturen an der Universität Utrecht.
Magie im Islam 127
Aus: Der Islam in der Gegenwart, herausgegeben von Werner Ende und Udo Steinbach, ^{3}1991, S. 492–495.

Dirk Käsler, geb. 1944, ist Professor für Soziologie an der Universität Hamburg.
Bei C. H. Beck hat er herausgegeben: Klassiker des soziologischen Denkens. Band I: Von Comte bis Durkheim, 1976 (vergriffen); Band II: Von Weber bis Mannheim, 1978.
Protestantische Berufsethik und Kapitalismus 264
Aus: Klassiker des soziologischen Denkens, Band II, S. 89 f.

Etienne Lamotte (1903–1983). Professor der Universität Löwen.

Aus: Die Welt des Buddhismus, herausgegeben von Heinz Bechert und Richard Gombrich, 1984, S. 56f.

Bernhard Lohse, geb. 1928, ist Professor für Kirchen- und Dogmengeschichte an der Universität Hamburg.
Bei C.H.Beck erschienen: Martin Luther. Eine Einführung in sein Leben und sein Werk, [2]1982.

Aus: Martin Luther, S. 22f., 54f.

Martin Luther, 1483–1546.
Bei C.H.Beck erschienen: Briefe an Freunde und an die Familie, 1987.

Aus: Briefe an Freunde und an die Familie, S. 58f.

Johannes Mehlig, geb. 1928, ist Professor und Direktor des Instituts für Indische Philologie und Altertumswissenschaft der Martin-Luther-Universität Halle/Wittenberg.
Bei C.H.Beck hat er herausgegeben: Weisheit des alten Indien, 2 Bände, 1987; Náráyana: Hitopadesa oder Die freundliche Belehrung, 1988.

Aus: Weisheit des alten Indien, Band 2, S. 52f.

Virginia R. Mollenkott ist Professorin für Englisch an der New York University.
Bei C.H.Beck erschienen: Gott eine Frau? Vergessene Gottesbilder der Bibel, [3]1990.

Aus: Gott eine Frau?, S. 21–25.

Roy Mottahedeh, geb. 1940 in New York City, lehrt an der Princeton University Orientalistik und gilt international als Spezialist für islamische Geschichte.
Bei C.H.Beck erschienen: Der Mantel des Propheten oder Das Leben eines persischen Mullah zwischen Religion und Politik, [2]1988.

Aus: Der Mantel des Propheten, S. 147f., 70–77.

Tilman Nagel, geb. 1942, ist ordentlicher Professor für Arabistik an der Universität Göttingen.

Bei C.H.Beck erschienen: Der Koran. Einführung – Texte – Erläuterungen, 1983; Die Festung des Glaubens. Triumph und Scheitern des islamischen Rationalismus im 11. Jahrhundert, 1988.
Der Schöpfergott im Koran 100
Aus: Der Koran, S. 172–175.

THOMAS NIPPERDEY, geb. 1927, ist Professor für Neuere Geschichte an der Universität München.
Bei C.H.Beck erschienen: Nachdenken über die deutsche Geschichte. Essays, [2]1986; Religion im Umbruch. Deutschland 1870–1918, 1988; Deutsche Geschichte 1800–1866. Bürgerwelt und starker Staat, [4]1987; Deutsche Geschichte 1866–1918. Erster Band: Arbeitswelt und Bürgergeist, 1990.
Religionskritik im 19. Jahrhundert 268
Aus: Religion im Umbruch, S. 124–130, 136–140.

ALBRECHT NOTH, geb. 1937, ist Professor am Seminar für Geschichte und Kultur des Vorderen Orients der Universität Hamburg.
Die arabisch-islamische Expansion 206
Aus: Geschichte der arabischen Welt, herausgegeben von Ulrich Haarmann, 1987, S. 58–64.

ELEONORE VON OERTZEN, Dr. phil., geb. 1952, arbeitet nach mehreren Studienaufenthalten in Lateinamerika als Sozialwissenschaftlerin in Hannover.
Bei C.H.Beck erschienen: Peru, 1988.
Indianermission in Peru 217
Aus: Peru, S. 146–150.

BLAISE PASCAL, 1623–1662, französischer Philosoph, Mathematiker und Physiker.
Mémorial 72
Aus: Christliche Mystik. Texte aus zwei Jahrtausenden, herausgegeben von Gerhard Ruhbach und Josef Sudbrack, 1989, S. 360f.

MANFRED POHL, Dr. phil., geb. 1943, ist Mitarbeiter am Institut für Asienkunde in Hamburg und Lehrbeauftragter an der Universität Hamburg.
Bei C.H.Beck erschienen: Japan, 1991.
Woran glauben die Japaner? 282
Aus: Japan, S. 238–243.

SIBYLLE POHLY-BERGSTRESSER, geb. 1950, Dipl.-Pädagogin und Ethnologin, ist freie Journalistin mit Schwerpunkt Afrika.
Bei C.H.Beck erschienen: Nigeria, 1991 (zus. mit H. Bergstresser).

Steven Runciman, geb. 1903, lehrte von 1932 bis 1938 an der Universität Cambridge. Von 1942 bis 1945 war er Professor für byzantinische Kunst und Geschichte an der Universität Istanbul. Von 1953 bis 1954 lehrte er am Magdalen College Oxford und wurde danach an verschiedene Universitäten in Großbritannien und Amerika berufen.
Bei C.H. Beck erschienen: Geschichte der Kreuzzüge, 27. Tsd. 1989; Die Eroberung von Konstantinopel 1453, [4]1990.

Aus: Geschichte der Kreuzzüge, S. 105–115.

Heinrich Schipperges, geb. 1918, Dr. med., Dr. phil., 1960 Facharzt für Neurologie und Psychiatrie, 1961–1986 Direktor des Instituts für Geschichte der Medizin in Heidelberg.
Bei C.H. Beck erschienen: Die Kranken im Mittelalter, [2]1990.

Aus: Die Kranken im Mittelalter, S. 150–155.

Heinrich und Margarethe Schmidt. Pfarrer Heinrich Schmidt studierte Theologie und Kunstwissenschaft mit Schwerpunkt Ikonographie. In Zusammenarbeit mit seiner Frau Margarethe Schmidt hat er im Rahmen der Erwachsenenbildung erfolgreich Einführungsvorträge zur christlichen Kunst gehalten.
Bei C.H. Beck erschienen: Die vergessene Bildersprache christlicher Kunst. Ein Führer zum Verständnis der Tier-, Engel- und Mariensymbolik, [4]1989.

Aus: Die vergessene Bildersprache christlicher Kunst, S. 129–136.

Walter Schubart, geb. 1897, war zunächst Jurist und ging 1933 aus politischen Gründen nach Riga. Er lehrte an der dortigen Universität als Dozent für Philosophie und machte sich durch mehrere philosophische Werke einen Namen. Seit 1941 ist er verschollen.
Bei C.H. Beck erschienen: Religion und Eros, 26. Tsd. 1989.

Aus: Religion und Eros, S. 43–45, 58–61.

Albert Schweitzer, 1875–1965, Theologe, Musiker, Arzt und Philosoph.
Bei C.H. Beck erschienen: Aus meiner Kindheit und Jugendzeit, 151. Tsd. 1985; Das Christentum und die Weltreligionen. Zwei Aufsätze zur Religionsphilosophie, [2]1984; Die Ehrfurcht vor dem Leben. Grundtexte aus fünf Jahrzehnten, [5]1988; Friede oder Atomkrieg. Vier Schriften, [3]1984; Kultur und Ethik, 77. Tsd. 1990; Selbstzeugnisse, [8]1988; Straßburger Predigten, [2]1986; Die Weltanschauung der indischen Denker. Mystik und Ethik, 1987.

KERRIN GRÄFIN VON SCHWERIN, Dr. phil., geb. 1941, ist Privatdozentin an der Humboldt-Universität und an der Freien Universität Berlin.
Bei C.H. Beck erschienen: Indien, 1988.

GÜNTER STEMBERGER, geb. 1940, ist Professor für Judaistik an der Universität Wien.
Bei C.H. Beck hat er veröffentlicht: Geschichte der jüdischen Literatur. Eine Einführung, 1977; Juden und Christen im Heiligen Land. Palästina unter Konstantin und Theodosius, 1987; Das Klassische Judentum. Kultur und Geschichte der rabbinischen Zeit (70 n. Chr. bis 1040 n. Chr.), 1979; Midrasch. Vom Umgang der Rabbinen mit der Bibel. Einführung, Texte, Erläuterungen, 1989; Der Talmud. Einführung – Texte – Erläuterungen, ^{2}1987; (als Herausgeber:) Die Juden. Ein historisches Lesebuch, ^{3}1991; (zus. mit Hermann L. Strack:) Einleitung in Talmud und Midrasch, ^{7}1982.

JOSEF SUDBRACK, geb. 1925, Dr. theol., ist Herausgeber der Zeitschrift „Geist und Leben", München. Zusammen mit Gerhard Ruhbach hat er bei C.H. Beck herausgegeben: Große Mystiker. Leben und Wirken, 1984; Christliche Mystik. Texte aus zwei Jahrtausenden, 1989.

UPANISCHADEN.

Vinayapitaka.

Aus: Weisheit des alten Indien, Band 2, herausgegeben von Johannes Mehlig, 1987, S. 298 f.

Rotraud Wielandt, geb. 1944, ist Professorin für Islamkunde und Arabistik an der Universität Bamberg.

Aus: Der Islam in der Gegenwart, herausgegeben von Werner Ende und Udo Steinbach, ³1991, S. 558 f.

Herbert Wilhelmy, geb. 1910, war bis zu seiner Emeritierung 1978 ordentlicher Professor für Geographie in Tübingen und Direktor des dortigen geographischen Instituts.
Bei C. H. Beck erschienen: Bhutan. Land der Klosterburgen, 1990.

Aus: Bhutan, S. 82 f.

Manfred Wöhlcke, Dr. phil. habil., geb. 1942, ist seit 1978 Lateinamerika-Referent an der Stiftung Wissenschaft und Politik in Ebenhausen.
Bei C. H. Beck erschienen: Brasilien. Anatomie eines Riesen, ²1987; Umweltzerstörung in der Dritten Welt, 1987; Der Fall Lateinamerika. Die Kosten des Fortschritts, 1989.

Aus: Brasilien, S. 153, 154–156, 150–152.

Erik Zürcher, geb. 1928, ist Professor für Geschichte Ostasiens und Direktor des Sinologischen Instituts der Universität Leiden.

Aus: Die Welt des Buddhismus, herausgegeben von Heinz Bechert und Richard Gombrich, 1984, S. 194 f.

Abbildungsverzeichnis

1 Mithras als „Zeitgott“ (Relief aus Rom). Entnommen aus: Manfred Clauss, Mithras. Kult und Mysterien, C. H. Beck, München 1990, S. 173.

2 Die Anhebung des Govardhana-Berges (Viṣṇu-Schrein, Naturalien- und Kunstkabinett der Franckeschen Stiftungen zu Halle). Entnommen aus: Die Erzählungen von Viṣṇu. Indische Mythen und Legenden aus dem Bhāgavata Purāṇa und Überlieferungen aus Tamilnadu und Orissa, C. H. Beck, München 1990, S. 97.

3 Tibetisches Kind (Foto). Entnommen aus: Heinz Bechert und Richard Gombrich (Hrsg.), Die Welt des Buddhismus, C. H. Beck, München 1984, S. 27.

4 Die Göttin Ma'at (Relief aus dem Grab Sethos' I., 19. Dyn., um 1300 v. Chr.). Entnommen aus: Jan Assmann, Ma'at. Gerechtigkeit und Unsterblichkeit im Alten Ägypten, C. H. Beck, München 1990, S. 2.

5 Kairuan: Sīdī-'Uqba-Moschee (Foto). Entnommen aus: Heinz Halm, Das Reich des Mahdi. Das Kalifat der Fatimiden in Nordafrika, C. H. Beck, München 1991, Abb. 5.

6 Tetzel bei der Predigt (Holzschnitt auf der Titelseite der Lutherschen Streitschrift „Über den römischen Ablaß“, 1520). Entnommen aus: Geoffrey Barraclough (Hrsg.), Die Welt des Christentums. Kirche und Gesellschaft in zwei Jahrtausenden, C. H. Beck, München 1982, S. 188.

7 Tetzel auf dem apokalyptischen Tier. (Holzschnitt aus einer zeitgenössischen Streitschrift gegen Tetzel.) Entnommen aus: Die Welt des Christentums (siehe zu Abb. 6), S. 188.

8 Rabbiner (Buchillustration um 1905 von Ephraim Mose Lilien, 1874–1925). Entnommen aus: Leo Prijs, Worte zum Sabbat. Über die jüdische Religion, C. H. Beck, München 1990, Titelbild. Das Zitat im Bildtext wurde entnommen aus: Leo Prijs, Das Lehrer-Schüler-Verhältnis in einer Talmud-Hochschule vor 150 Jahren, in: Leo Prijs, Worte zum Sabbat, S. 99.

Buchanzeigen

Der Islam: Geschichte und Gegenwart

Tilman Nagel
Der Koran
Einführung – Texte – Erläuterungen
2., unveränderte Auflage 1991. 371 Seiten. Leinen

Gerhard Endreß
Der Islam
Eine Einführung in seine Geschichte
2., überarbeitete Auflage 1991. Etwa 330 Seiten. Broschiert

Werner Ende / Udo Steinbach (Hrsg.)
Der Islam in der Gegenwart
Unter redaktioneller Mitarbeit von Michael Ursinus.
3. Auflage 1991. 766 Seiten, 8 Abbildungen und 2 Karten auf Tafeln. Leinen

Ulrich Haarmann (Hrsg.)
Geschichte der arabischen Welt
Unter Mitwirkung von Ulrich Haarmann, Heinz Halm, Barbara Kellner-Heinkele, Helmut Mejcher, Tilman Nagel, Albrecht Noth, Alexander Schölch, Hans-Rudolf Singer, Peter von Sivers.
2., durchgesehene Auflage 1991. 720 Seiten. Leinen

Johann Christoph Bürgel
Allmacht und Mächtigkeit
Religion und Welt im Islam
1991. Etwa 420 Seiten. Leinen

Maxime Rodinson
Die Faszination des Islam
Deutsch von Irene Riesen.
2. Auflage 1991. 175 Seiten. Paperback
Beck'sche Reihe Band 290

Verlag C. H. Beck München